Josef van Ess
Dschihad gestern und heute

Centrum Orbis Orientalis et Occidentalis (CORO)
Zentrum für Antike und Orient

Akademie der Wissenschaften zu Göttingen
Georg-August-Universität Göttingen

Julius-Wellhausen-Vorlesung

Herausgegeben von
Reinhard G. Kratz und Rudolf Smend

Heft 3

De Gruyter

Josef van Ess

Dschihad gestern und heute

De Gruyter

ISBN 978-3-11-024569-1
e-ISBN 978-3-11-024570-7
ISSN 1867-2213

Library of Congress Cataloging-in-Publication Data

Ess, Josef van.
Dschihad gestern und heute / Josef van Ess.
p. cm. – (Julius-Wellhausen-Vorlesung ; Heft 3)
Includes bibliographical references and index.
ISBN 978-3-11-024569-1 (hardcover 23 × 15,5 : alk. paper)
1. Jihad – History. 2. Islam – Doctrines – History. I. Title.
BP182.E87 2011
297.7'209–dc23
2011024707

Bibliografische Information der Deutschen Nationalbibliothek

Die Deutsche Nationalbibliothek verzeichnet diese Publikation in der Deutschen Nationalbibliografie; detaillierte bibliografische Daten sind im Internet über http://dnb.d-nb.de abrufbar.

Druck: Hubert & Co. GmbH & Co. KG, Göttingen
∞ Gedruckt auf säurefreiem Papier

Printed in Germany

www.degruyter.com

Inhalt

Sebastian Günther
Einführung: „So ist denn Theologie im Islam
eine durchaus irdische Wissenschaft" VII

Josef van Ess
Dschihad gestern und heute 1

I. Der Vortrag 3

II. Kommentar 26

A. Vorspann: Wellhausen und der Dschihad
Das Fatwa von 1914 26

B. Einleitung 47

C. Hauptteil 53

1. Der Ursprung des Dschihad
und seine frühe Entwicklung 53

2. Der Dschihad und das islamische Recht 69

a) „Beuterecht" 80
b) *Ius in bello*, Kriegführungsregeln 85
c) Die Klassifizierung der Gegner 88
d) Waffenstillstand und Friedensverträge 92
e) Das Aufenthaltsrecht
für nichtmuslimische Ausländer 94

3. Der Dschihad-Begriff der islamischen Reformer 97

4. Die Moderne 117

Bibliographie 133

„So ist denn Theologie im Islam eine durchaus irdische Wissenschaft“

Einführung zur dritten Julius-Wellhausen-Vorlesung

Sebastian Günther
Universität Göttingen

Julius Wellhausen (1844–1918) leistete, wie bekannt, nicht nur auf dem Gebiete der Traditionsgeschichte des Alten Testaments Epochales; auch in der Arabistik und Islamwissenschaft nimmt er – vor allem aufgrund seiner beispielgebenden Rekonstruktion der frühislamischen Geschichte – einen zentralen Platz ein.[1]

Wellhausen verband in seinen arabistischen Studien auf besonders eindrucksvolle Weise literarische Quellenanalyse mit historischer Kritik. Als Theologe methodisch bestens geschult und als Schüler Heinrich Ewalds (1803–1875) mit dem Arabischen wohlvertraut, brachte Wellhausen die Islamwissenschaft durch zahlreiche Publikationen entscheidend voran. Zu nennen sind vor allem: das 1887 erschienene Buch *Reste arabischen Heidentums*, welche er aus islamischen Quellen erschloß; sodann die wichtige Arbeit zu *Muhammed in Medina* aus dem Jahre 1882, mit der Wellhausen das Feld der poli-

---

1 Zur Bedeutung Julius Wellhausens für die Arabistik und Islamwissenschaft siehe auch Johann Fück, *Die arabischen Studien in Europa bis in den Anfang des 20. Jahrhunderts*, Leipzig: Harrassowitz, 1955, S. 223–226; Albert Dietrich, *Arabistik und Islamwissenschaft in Göttingen*, Göttingen: Hubert & Co, 1974 (ohne Paginierung; englische Übersetzung von Sonja Adrianovska und Sebastian Günther: http://www.uni-goettingen.de/de/24595.html); sowie Tilman Nagel (Hrsg.), *Begegnung mit der Arabistik. 250 Jahre Arabistik in Göttingen*, Göttingen: Wallstein Verlag, 1998, S. 16–17.

tischen Geschichte des frühen Islams betrat; sowie die bis heute mit Gewinn zu lesende Untersuchung zu den *religiös-politischen Oppositionsparteien im alten Islam*, erschienen 1901. Es ist aber in erster Linie die Studie *Das arabische Reich und sein Sturz* aus dem Jahre 1902, in der Wellhausen auf der Grundlage von in jener Zeit erstmals in gedruckter Form zugänglichen arabischen Quellen ein höchst eindrucksvolles analytisches Bild der frühislamischen Geschichte erarbeitete und der Islamwissenschaft damit inhaltlich und methodisch ganz entscheidende neue Impulse gab.

Im Rahmen der dritten Wellhausen-Vorlesung, zu welcher die Akademie der Wissenschaften zu Göttingen und das Centrum Orbis Orientalis in Würdigung des wissenschaftlichen Gesamtschaffens Julius Wellhausens einladen, ist es eine ganz besondere Ehre und Freude, den Referenten des heutigen Abends, den Islamwissenschaftler Herrn Professor Dr. Dr. Josef van Ess aus Tübingen, auf das Herzlichste begrüßen zu dürfen.

Einige einleitende Bemerkungen zu Herrn van Ess seien seinem Vortrag vorausgeschickt, auch wenn er mir im Vorfeld seines Besuches schrieb: „Sie armer Mensch müssen also über mich reden. Eine grauenhafte Situation, wie eine Grabrede. Und das auch noch 20 Minuten lang. Das ist entschieden zu viel. … Wellhausen hatte die Gabe der lapidaren Kürze; das sollte man nicht leichtsinnig über Bord werfen.“ Den Rat, die mir einräumte Redezeit nicht zu überschreiten, werde ich somit gerne befolgen.

Zur Biographie

Josef van Ess, am 18. April 1934 in Aachen geboren, studierte von 1953 bis 1958 an den Universitäten Bonn und Frankfurt. Er widmete sich der Islamwissenschaft, wobei er sich mit den drei „klassischen Islam-Sprachen“ – Arabisch, Persisch und Türkisch – befaßte. Des weiteren studierte er Semitische Sprachen, Klassische Philologie sowie Philosophie.

1959 wurde Josef van Ess in Bonn mit einer Dissertation zur Gedankenwelt von al-Ḥāriṯ ibn Asad al-Muḥāsibī, einem bedeutenden islamischen Mystiker und Theologen aus der ersten Hälfte des 9. Jahrhunderts, promoviert. Die Habilitation in Frankfurt erfolgte im Jahre

1964 mit einer Studie zur islamischen Scholastik, genauer gesagt: zur „Erkenntnislehre des ʿAḍud ad-Dīn al-Īǧī," eines einflußreichen islamischen Theologen aus der ersten Hälfte des 14. Jahrhunderts.

Zwischen 1964 bis 1968 wirkte Herr van Ess als Dozent an der Universität Frankfurt/Main. Reisen führten ihn in diesen Jahren zunächst nach Los Angeles, wo er ein Vierteljahr lang als Gastprofessor an der University of California wirkte, danach in den Libanon, um ein weiteres Jahr lang an der American University in Beirut zu lehren.

1968 kehrte Josef van Ess nach Deutschland zurück, da er den Ruf auf den Lehrstuhl für Islamkunde und Semitistik der Eberhard-Karls-Universität Tübingen angenommen hatte. In Tübingen trat er die Nachfolge Rudi Parets (1901–1983) an, dessen besonders sorgsame und reich kommentierte Übersetzung des Korans auch über die Fachwelt hinaus gut bekannt ist. Den Lehrstuhl für Islamkunde und Semitistik am Orientalischen Seminar der Universität Tübingen hatte Herr van Ess bis zu seiner Emeritierung im Jahre 1999 inne. Diese über dreißigjährige Zeit unermüdlichen wissenschaftlichen Schaffens als Ordinarius – welche zahlreiche, nicht nur für die Islamwissenschaft wegweisende Arbeiten hervorbrachte, sowie seine – ich sage dies mit allem gebotenen Respekt – charismatische Gelehrtenpersönlichkeit ließen die kleine, am Neckar gelegene Stadt Tübingen zu einem regelrechten Mekka für Arabisten und Islamwissenschaftler werden.

Die enge Verbundenheit von Josef van Ess mit Tübingen und der Eberhard-Karls-Universität ist aus mindestens zwei Gründen hervorzuheben. Zum einen bewirkte sie, daß begabte Orientalistik-Studenten aus Nah und Fern nach Tübingen pilgerten, um bei ihm zu studieren und promoviert zu werden. Nicht wenige seiner einstigen Schüler sind heute selbst Professorinnen und Professoren und wirken an den großen Universitäten von Beirut bis Chicago. Zum anderen hat das umfangreiche wissenschaftliche Schaffen von Josef van Ess entscheidend dazu beigetragen, die bis in das 16. Jahrhundert zurückreichende Tübinger Tradition der Beschäftigung mit orientalischen Sprachen und Kulturen neu zu befruchten und international auf das höchste Niveau zu führen. Man mag sich in diesem Zusammenhang in Erinnerung rufen, daß zu jener Tübinger orientalistischen Tradition im 19. Jahrhundert – und damit zu den Vorgängern von Herrn van Ess – namhafte Gelehrte wie der schon erwähnte Göttinger Theologe und Orientalist Heinrich Ewald gehörten, d. h. einer der „Göttinger Sieben", die von König Ernst August I. wegen ihres Protestes gegen die Änderung der Verfassung aus allen Ämtern und Ehren entlassen wurden. Ewald wurde kurz darauf auf einen Lehrstuhl nach Tübingen berufen. Desgleichen verlieh Enno Littmann (1875–1958) – auch er für kurze Zeit in Göttingen tätig – der Tübinger Orientalistik in der ersten Hälfte des 20. Jahrhunderts durch seine Forschungen und regen Wissenschaftskontakte mit der arabischen Welt eine besondere Dynamik. Diese produktive Atmosphäre, welche die Tübinger orientalischen Studien in jener Zeit auszeichnete, schien Josef van Ess den nahezu idealen Rahmen für seine wissenschaftliche Arbeit zu bieten. Diesen Eindruck vermittelt zumindest die Tatsache, dass er mehrere Rufe an andere renommierte Universitäten ablehnte; dazu zählen die University of California, Los Angeles (1961, 1964, 1972, 1975), die University of Chicago (1967), Princeton University (1968), Harvard University (1975), sowie die Universitäten Bonn (1976) und Oxford (1977). Doch all dies will nun keinesfalls heißen, daß Josef van Ess sein gesamtes wissenschaftliches Leben in Tübingen verbracht hätte. Im Gegensteil, er lehrte mehrfach als Gastprofessor im Ausland; so in Princeton, Oxford und Paris.

Josef van Ess erfreut sich in der Welt der Wissenschaft größter Anerkennung. Dies zeigen zum einen die Ehrendoktorwürden, die ihm die École Pratique des Hautes Études in Paris und die Georgetown University in Washington verliehen. Von dieser hohen Wertschätzung zeugen im Weiteren seine Mitgliedschaften in einer ganzen Reihe hochangesehener wissenschaftlicher Organisationen und Akademien.[2] Doch nicht zuletzt sind Preise wie der 1999 an ihn verliehene *International Book Prize of the Islamic Republic Iran* sowie die im gleichen Jahre überreichte *Levi Della Vida Medal for Islamic Studies* des Grunebaum Centers for Near Eastern Studies der University of California in Los Angeles beeindruckende Belege seines exzellenten internationalen Rufes als Autor und Wissenschaftler.

Eine ganz besondere Ehre allerdings wurde Josef van Ess 2009 zuteil, als ihm der Orden *Pour le mérite* für Wissenschaften und Künste

---

2 Josef van Ess ist Mitglied in folgenden Akademien: Academia de Buenas Letras, Barcelona; Académie des Inscriptions et Belles Lettres, Paris; Academia Europea; British Academy; Heidelberger Akademie der Wissenschaften; Irakische Akademie; Iranische Akademie für Philosophie; Medieval Academy of America; sowie der Tunesischen Akademie (Bait al-Ḥikma).

verliehen wurde. Zu dieser Auszeichnung möchten wir Ihnen, lieber Herr van Ess an dieser Stelle auf das Herzlichste gratulieren!

Wissenschaftliches Schaffen

Das wissenschaftliche Œuvre von Josef van Ess auch nur annähernd zu umreißen, ist hier weder möglich noch beabsichtigt. Die Liste seiner Publikationen füllt mehrere Seiten und enthält neben 15 Monographien eine Vielzahl von Aufsätzen. Zentrale Themen wie die islamische Erkenntnislehre und die Anfänge der islamischen Theologie treten dabei ebenso hervor wie die Häresiographie oder etwa der Chiliasmus in der islamischen Welt. Hier und heute soll nur auf drei Werke etwas näher eingegangen werden, welche seine Forschung zur islamischen Theologie besonders gut charakterisieren.

Das Erste ist die umfangreichste und sicher wichtigste Arbeit von Herrn van Ess: das sechsbändige, enzyklopädische Werk mit dem Titel *Theologie und Gesellschaft im 2. und 3. Jahrhundert der Hidschra: Eine Geschichte des religiösen Denkens im frühen Islam*. Diese zwischen 1991 und 1997 erschienene Untersuchung ist ein unentbehrliches Handbuch für all jene, die sich mit der frühislamischen Religions- und Geistesgeschichte befassen. Josef van Ess bemerkt in diesem Buch unter anderem, dass sich die islamische Theologie und die muslimische Gesellschaft im 8. und 9. Jahrhundert noch ganz am Anfang ihrer Herausbildung befanden. Die islamische „Gesellschaft wie [auch die muslimischen] Theologen waren noch auf der Suche nach ihrer Identität" und die Geschichte ihres Aufeinander-Einwirkens sei deshalb zugleich auch eine Darstellung der frühesten Entwicklungen der islamischen Orthodoxie. Ein wichtiges Anliegen der Studie zur frühislamischen Theologie und Gesellschaft sei es deshalb, die heutigen Auffassungen zum Islam von dem Bild zu befreien, welches uns die späteren islamischen Quellen in Bezug auf die theologischen Entwicklungen in den ersten drei Jahrhunderten des Islam oft glauben machen wollen: „daß nämlich der Islam schon immer das gewesen sei, was er später war."[3]

---

3 *Theologie und Gesellschaft im 2. und 3. Jahrhundert der Hidschra. Eine Geschichte des religiösen Denkens im frühen Islam*, 6 Bde., Berlin und New York: Walter de Gruyter, 1991–1997, Bd. 1 (1991), S. VII.

Diese Hinwendung zur tiefgreifenden Analyse, Charakterisierung und Deutung der frühislamischen Theologie, wie sie in seiner *Theologie und Gesellschaft* vorliegt, zeichnet sich aber bereits in der Habilitationsschrift zur *Erkenntnislehre des ʿAḍud ad-Dīn al-Īǧī* ab. Dort schreibt Josef van Ess: „So ist denn Theologie im Islam eine durchaus irdische Wissenschaft … Gott ist fern und unbegreiflich, unantastbar in seiner Einzigkeit; die Offenbarung aber und die auf sie gegründete Lehre [sind] von scheinbar gläserner Klarheit, überall rationaler Erhellung offen, nicht von Mysterien gleich der Trinität etwa oder der Inkarnation verschleiert."[4] Es ist darum nur allzu treffend und im Grunde genommen symptomatisch für das Gesamtschaffen von Herrn van Ess, wenn der Bonner Orientalist Stefan Wild feststellt: „Dem, was manchmal leeres Klappern von Argumenten, Spiel von Topoi zu sein scheint, gibt van Ess seinen ‚Sitz im Leben' und unter der Hand verwandelt sich scheinbar lebensferne Problematik in spannende Geistesgeschichte."[5] Die Untersuchung zu ʿAḍud ad-Dīn al-Īǧī bietet in diesem Sinne eine systematisierte Darstellung der wichtigsten Entwicklungsetappen und Charakteristika der islamischen Erkenntnislehre von ihren Anfängen bis ins 14. Jahrhundert.[6] Ein weiteres Ziel, das Josef van Ess mit diesem Buch neben dem historischen bzw. geistesgeschichtlichen verfolgte, ist ein philologisches; denn es geht ihm auch darum, die einschlägige (in diesem vorliegenden Fall: *kalām*-spezifische) arabische Terminologie einzukreisen und zu erhellen. Der dabei zugrundegelegte Ansatz zielt darauf ab, aus den Quellentexten selbst zentrale Begriffe und Konzepte zu erschließen und diese dem Leser in adäquater Übersetzung zu vermitteln.[7] Dieser Ansatz kann angesichts der in unseren Tagen zunehmenden Abkehr der westlichen Islamwissenschaft von der Erschließung grundlegender Quellenwerke der arabisch-islamischen Kultur und der Hinwendung zur ‚leichteren Kost' der Sekundärliteratur nicht hoch genug veranschlagt werden.

---

4 *Die Erkenntislehre des ʿAḍud al-Dīn al-Īǧī. Übersetzung und Kommentar des ersten Buches seiner Mawāqif*, Wiesbaden: Steiner, 1966, S. 21.

5 *Zeitschrift der Deutschen Morgenländischen Gesellschaft* 118 (1968), S. 419–423, insbes. 422.

6 Josef van Ess nennt dies ein „Stenogramm der Vergangenheit"; vgl. *Die Erkenntislehre*, S. 8.

7 *Die Erkenntislehre*, S. VII sowie 11–12.

Nicht über dieses Werk, obgleich die Einschätzung hier ebenso zutreffend wäre, sondern über das 2001 erschienene Buch *Der Fehltritt des Gelehrten: Die „Pest von Emmaus" und ihre theologischen Nachspiele* (Heidelberg: Universitätsverlag), befand der Wiener Islamwissenschaftler Herbert Eisenstein: Es ist „eine – im absolut positiven Sinne – typische van Ess Studie ... [Sie] ist gründlich und akribisch bearbeitet, logisch und konsequent ausgeführt, reich angemerkt und bleibt trotz zahlreicher (scheinbarer) Abweichungen und Weiterführungen immer auf der Straße der untersuchten Thematik."[8] In *Der Fehltritt des Gelehrten* geht van Ess der Frage nach, wie die islamischen Theologen mit einer Katastrophe, wie sie eine Pestepidemie darstellt, umgingen. Ausgangspunkt der Untersuchung sind arabische Texte, die von einer Seuche berichteten, welche das muslimische Heer nur wenige Jahre nach dem Tode des Propheten Muhammad während der Eroberung Syriens in der Nähe Jerusalems heimsuchte. Interessanterweise wird in diesen Texten das Unglück des Seuchentodes nicht als unvermeidliche Heimsuchung dargestellt, sondern als Zeichen der göttlichen Barmherzigkeit und als etwas grundsätzlich Positives, von dem schon der Prophet gesprochen habe. Mehr noch, der Kampf mit einer schrecklichen Krankheit und Seuche wird geradezu mit dem „Anstrengen bzw. Bemühen (arab.: *ǧihād*) auf dem Wege Gottes" und mit dem Märtyrertod auf dem Schlachtfeld gleichgesetzt – ein Umstand, der nicht nur die für alle Religionen bedeutsame Frage nach dem Sinn von Leid und Erlösung aufwirft, sondern uns auch schon nahe an das Thema der heutigen Vorlesung führt.

Doch bevor Professor van Ess nun gleich selbst das Wort ergreift, möchte ich noch auf zwei neue Buchprojekte hinweisen. Eine sich auf zwei Bände erstreckende Studie mit dem Titel *Der Eine und das Andere: Beobachtungen an islamischen häresiographischen Texten* ist zum Druck beim Verlag de Gruyter eingereicht; diese Untersuchung ist der Geschichte der islamischen Sektenkunde vom 8. bis zum 19. Jahrhundert gewidmet.[9] Zudem ist noch ein weiteres Buch in Arbeit, das Josef van Ess über seinen geschätzten Lehrer Helmut Ritter (1892–1971) schreibt.

---

8 *Wiener Zeitschrift für die Kunde des Morgenlandes* 92 (2002), S. 290–291.

9 Erschienen 2011 in der Reihe *Studien zur Geschichte und Kultur des islamischen Orients*, hrsg. von Lawrence I. Conrad, Bd. 23.

Beschließen möchte ich diese Einführung mit einigen Worten, die Sie, sehr geehrter Herr van Ess, im Jahre 2000 in einem *Weimarer Gespräch* mit dem damaligen Bundespräsidenten Johannes Rau und dem Präsidenten der Islamischen Republik Iran, Said Muhammad Chatami, zum „Dialog der Kulturen“ sagten und die in unserer zunehmend heterogenen Welt zum tieferen Nachdenken anregen. Sie bemerkten hier folgendes: „Ein Dialog wird nicht sofort zur Erkenntnis der Wahrheit führen. So wird er ja auch nicht definiert. Wenn wir vom Dialog der Kulturen sprechen, bedienen wir uns im Grunde nur einer Metapher. Kulturen reden nicht selber. Was wir meinen, ist, daß Menschen über die Grenzen ihrer eigenen Kultur hinaus miteinander reden oder reden sollten. Die Grundintention ist dabei das gegenseitige Verstehen, ein Begriff, der in der deutschen Philosophie und Religionswissenschaft eine große Rolle gespielt hat.“[10] In diesem Sinne übergebe ich das Wort an den heutigen Redner, Herrn Professor Dr. Dr. Josef van Ess, zu seinem Vortrag „Dschihad – gestern und heute.“

10 http://www.bundespraesident.de/dokumente/-,2.23903/Rede/dokument.htm (10.01.2010).

Dschihad gestern und heute

Josef van Ess
Universität Tübingen

Der Dschihad ist in aller Munde. Aber es ist schwer geworden, ihn zu verstehen, schwerer noch, Verständnis für ihn zu wecken. Ähnlich wie bei der Gentechnik hat das Thema den Kreis der Spezialisten längst gesprengt; es ist an die Öffentlichkeit getreten. Das ist einerseits zu begrüßen; jeder muß sich angesichts der politischen Situation entscheiden, wie er dazu steht. Andererseits aber ist der Kenntnisstand gering, und es sieht vorläufig nicht danach aus, als ob sich daran in absehbarer Zukunft viel ändern würde. Zwar gibt es mittlerweile schon Wissenschaftler – in den USA eher als in Deutschland –, die sich zeit ihres Lebens nur mit einem einzigen Thema, eben diesem, beschäftigen; aber viele Punkte sind noch unerforscht, und es ist nicht unbedingt gesagt, daß jeder Lust verspürt, sich dem Detail zu widmen. Die Quellen sind zahlreich und weit verstreut; sie bieten erhebliche philologische Schwierigkeiten, und ihrer Interpretation sind kaum Grenzen gesetzt. Auch ich bin kein „Spezialist". Ich habe nie über das Thema geschrieben, und das bedrohliche Anschwellen der Sekundärliteratur bereitet mir eher Verdruß als daß es mich freut. Aber ich habe die Entwicklung der Diskussion in groben Zügen verfolgt und mir einen Reim darauf zu machen versucht. Gelegentlich habe ich einen Vortrag darüber gehalten, wenn sich angesichts bestimmter aktueller Ereignisse Ratlosigkeit ausbreitete oder umgekehrt in den Medien, der Politik oder der Öffentlichkeit die Gewißheit um sich griff, den passenden Schlüssel in der Hand zu haben. Dabei ist kaum mehr herausgekommen als der Versuch, die Sache etwas durchsichtiger zu machen und auf diese Weise gelassene Distanz zu schaffen. Zur Einzelforschung habe ich nicht viel beizutragen; es ging mir darum, der wie immer auseinanderstrebenden Interpretation ein Gerüst zu geben.

Die vorliegende Studie ist aus einem Vortrag erwachsen. Bei diesem stellte sich das Problem, daß in der kurzen Zeit, die für die mündliche Präsentation zur Verfügung stand, Klarheit nur um den Preis radikaler Vereinfachung zu erreichen war. Die „kleine Form", die dafür gewählt werden muß, ist eine Kunst des Augenblicks; sie läßt sich nicht einfach dadurch, daß man das weggelassene Detail nachher im Druck wieder hinzufügt, in etwas Permanentes überführen. Um dies zu erreichen, müßte man, wenn ein Thema so wenig untersucht und bekannt ist wie dieses, ein Buch schreiben; dazu aber fehlt mir die Kompetenz und mittlerweile auch die Zeit. Ein Vortrag verliert die Façon, wenn man ihn nachträglich ausstopft; die Gewichte sind dann falsch verteilt. Ich habe mich darum entschlossen, den Text – abgesehen von kleinen stilistischen Änderungen – so zu belassen, wie ich ihn am 27. November 2009 in Göttingen vorgetragen habe, und alles zusätzliche Material in Form von Digressionen und Anmerkungen hinterher folgen zu lassen. Der Leser mag dann selber entscheiden, was er davon braucht. Ich werde dabei auch klarstellen, was beim jetzigen Stand der Forschung halbwegs gesichert ist und was bloße Hypothese. Man möge allerdings berücksichtigen, daß der Kommentar erst nachträglich entstanden ist; die erneute Durcharbeitung des Materials hat stellenweise zu gewissen Inkongruenzen mit der Vortragsfassung geführt. Ich habe diese Inkongruenzen im allgemeinen nicht ausgeglichen; die Konzeption sollte transparent bleiben. Hinzu kommt, daß mir nicht mehr an allen Stellen gegenwärtig war, worauf sich meine Behauptungen gründen. Ich habe zwar die gesamte Sekundärliteratur, soweit sie mir greifbar war, noch einmal verglichen; aber für einige Einzelheiten habe ich die Belege nicht mehr gefunden. Da ich bei der Publikation zeitlich etwas unter Druck stand, habe ich die Gunst des Zufalls, die solchen Schwierigkeiten im allgemeinen abhilft, nicht mehr abwarten können.

Ein Vortrag, der vor einem breiteren Publikum gehalten wird, dient der Information; er hat nicht die Aufgabe, die Forschung voranzubringen. Meine Absicht war, der historischen Dimension des Themas zu ihrem Recht zu verhelfen. Zahlreiche Stellungnahmen zum Dschihad bleiben in der Aktualität hängen; das macht sie parteiisch und mindert ihren Wert. Allerdings sollte man nicht übersehen, daß auch die Geschichtsschreibung immer nur selektiv vorgeht; im vorliegenden Fall kann dies schon deswegen nicht anders sein, weil wir vorläufig über die historische Entwicklung viel zu wenig wissen. Die Sekundärliteratur ist von mir natürlich nicht erschöpfend erfaßt. Zudem ist bei ihr darauf zu achten, woher sie kommt und unter welchem Gesichtswinkel der Autor schreibt. Arabische Arbeiten sind manchmal apologetisch, israelische etwas giftig, amerikanische nicht immer philologisch auf der Höhe und darum gelegentlich auch der Masse der Texte nicht ganz gewachsen. Die deutsche Orientalistik ist bei dem Thema verhältnismäßig zurückhaltend; der Nahe Osten ist ja in zunehmendem Maße von Emotionen besetzt. Man muß sich freilich ohnehin fragen, ob man in den Geisteswissenschaften überhaupt zu sicheren Erkenntnissen und nicht eher zu bloßen Meinungen kommt. Aber man sollte sich wenigstens nicht die Gelegenheit nehmen lassen, diese Meinungen zu begründen. Mehr als dies wollte ich auch mit meinem Kommentar nicht erreichen.

Die Herausgeber haben sich durch den Umfang des Textes nicht abschrecken lassen. Herr Dr. Martin Jagonak hat das von mir erstellte Computer-Manuskript formatiert, die Anmerkungen nach dem Muster der Publikationsreihe vereinheitlicht und aus ihnen eine Bibliographie erarbeitet. Ihnen allen gilt mein uneingeschränkter Dank.

Juli 2011 Josef van Ess

I. Der Vortrag

Julius Wellhausen war 70 Jahre alt, als der Dschihad in seinen Gesichtskreis trat. Ein Krieg war ausgebrochen, von dem man noch nicht wußte, daß man ihn später einen „Weltkrieg“, den Ersten zudem, nennen würde. Zuerst war es ja nur ein Aufgebot von Europäern gewesen, die sich anschickten, blind ihre weltgeschichtliche Rolle zu verspielen. Die Begeisterung, mit der man an die Sache heranging, ist uns heute unbegreiflich. Die Deutschen taten es allen anderen zuvor; von einer „heiligen Pflicht“ war die Rede, und die eigene Kultur wurde beschworen, die sich damals noch von der „Zivilisation“ der anderen, der „Western civilization“, wie wir heute sagen, unterschied. So waren es denn auch die Deutschen, denen es am eindrucksvollsten gelang, den Orient in das unverantwortliche Treiben hineinzuziehen. Ende Oktober 1914, drei Monate nach Beginn der Feindseligkeiten, trat das Osmanenreich an der Seite der Mittelmächte gegen Rußland in den Krieg ein, und entsprechend der „heiligen Pflicht“, auf die die Deutschen sich beriefen, kam den Muslimen nun aus der Tiefe ihres geschichtlichen und religiösen Erbes der „Heilige Krieg“ ins Gedächtnis: Im November rief der Schaich ul-islam in Istanbul den Dschihad aus. Die Gegenseite hatte dem nur die „Entente cordiale“ entgegenzusetzen, das „herzliche Einverständnis“, das zu dem Bündnis zwischen Engländern und Franzosen geführt und dem sich das Zarenreich hinzugesellt hatte; man drängte dort auf die Öffnung der Dardanellen, um geographisch und strategisch zueinanderzukommen. Die Türken sahen hinter diesem Ansinnen jenen europäischen Imperialismus am Werke, durch den sie bereits in den Jahrzehnten zuvor beträchtliche Teile ihres eigenen Besitzes verloren hatten; zudem bestand die Welt für sie weniger aus Staaten als aus Religionsgemeinschaften, von denen sie eine ganze Menge auf ihrem Territorium hatten und unter denen die orthodoxen Kirchen sich leicht mit dem Zarenreich verbünden konnten. Die Ausrufung des Dschihad war insofern eine Beschwörung der eigenen „Werte“; so wie die Deutschen gegen einen Feind zu kämpfen meinten, der unkultiviert war, so kämpften die orientalischen Verbündeten gegen Ungläubige. Zwar kam man dort bald in die Not, erklären zu müssen, warum man sich dazu mit anderen Ungläubigen, nämlich den Deutschen, verbünde. Aber die Mächte der Entente lieferten bald den nötigen Rechtfertigungsgrund, indem sie Kolonialtruppen anwarben; denn unter diesen waren nicht wenige Muslime: Inder bei den Engländern, Senegalesen und Nordafrikaner bei den Franzosen. Muslime dürfen nach islamischem Recht nicht gegen andere Muslime kämpfen; nach dem Gesetz des Dschihad machte der Angreifer sich also schuldig.

Die Realität hatte allerdings wie immer ihre eigenen Gesetze. Mochte der Schaich ul-islam auch die Religion bemühen, so dachte die Politik doch längst in anderen Kategorien. Die forsche jungtürkische Regierung hatte sich der europäischen Aufklärung verschrieben; dabei hatte sie, ohne es recht zu merken, den europäischen Imperialismus gleich mitgeerbt. Enver Pascha, der Kriegsminister und Oberbefehlshaber, verband mit dem Dschihad den Gedanken an eine osmanische Einflußsphäre, die sich vor allem auf Persien und Afghanistan erstreckte, aber auch Zentralasien in den Blick nahm, wo es eine Menge „Rußlandtürken" gab, von denen man hoffen konnte, daß sie sich gegen das Zarenreich einsetzen ließen. Die Deutschen sahen dies alles nicht ungern; sie unterhielten seit 30 Jahren eine Militärmission im Osmanenreich, die beauftragt war, die osmanische Armee zu modernisieren, und in Berlin bildete sich nun ein Stab von Diplomaten und Orientalisten, der im Rahmen einer sog. „Nachrichtenstelle für den Orient" den jungtürkischen Träumen zuarbeiten sollte. Man gab dort eine Zeitschrift heraus, die El-Dschihad hieß und im Orient verteilt wurde. Außerdem ließ man ein paar deutsche Abenteurer von der Leine, Oskar von Niedermayer z. B. oder Werner-Otto von Hentig, die mithilfe Afghanistans Indien verunsichern und auf dem Wege dorthin herausbekommen sollten, wie in Persien die Chancen für eine Aufstandsbewegung standen, die sich unter dem Zeichen des Dschihad vielleicht entfesseln ließ.

Im Verlaufe der Ereignisse blieb es nicht bei diesem einen Fatwa. Die Deutschen sorgten für zwei weitere, beide aus schiitischer Quelle, und einer jüngeren persischen Studie zufolge waren es schließlich mehrere Dutzend – etwa soviele wie heute an der deutschen Universität Reformvorschläge. Gebracht haben sie alle nichts. Einem Fatwa muß man ja erst einmal glauben, bevor man ihm folgt, und die Umstände waren nicht danach. Der Krieg im islamischen Orient spielte sich vor allem in Mesopotamien, später auch in Palästina ab, wo die einheimische Bevölkerung in puncto Kampfbereitschaft eher zurückhaltend war; die dort lebenden Araber sahen einfach nicht ein, warum sie für die Türken Dschihad üben sollten, und die Christen unter ihnen schon gar nicht. Kriegsbegeisterung wie in Deutschland blieb den Türken, die sich schon in mehreren Kriegen auf dem Balkan verausgabt hatten, völlig fremd. In Palästina waren die einzigen, bei denen man Sympathien für die deutsche Sache erwartete, die deutschen Siedler, vor allem die Zionisten; sie mußten darum, als die Briten näherrückten, von diesen mit der Balfour Declaration ruhiggestellt werden. In Deutschland ließ derjenige Orientalist, der das erste Fatwa in seiner Zeitschrift auf deutsch publiziert hatte, der spätere Kultusminister Carl Heinrich Becker, sich auf eine Kontroverse mit seinem holländischen Kollegen Christiaan Snouck Hurgronje ein, der in Indonesien als Kolonialbeamter tätig gewesen war und nun befürchtete, daß die dortigen Muslime sich auflehnten und damit die holländische Neutralität im Kriege gefährdet werde. Snouck sprach von einem „Dschihad made in Germany", und Becker verwahrte sich dagegen; aber auch dieser Streit blieb eine Angelegenheit unter Orientalisten, ein „Sturm im Wasserglas", wie Beckers Schüler Hellmut Ritter später sagte. Österreicher haben sich an der deutschen Dschihadseligkeit anscheinend nicht beteiligt.

Heute spielt sich derselbe Sturm in den Medien ab; dort ist der Dschihad ein beliebtes Erklärungsmuster. Aber man hat in der Zwischenzeit zur Kenntnis genommen, daß Dschihad nicht eine Angelegenheit geschulter Heere ist, sondern von Einzelpersonen. Darum sieht man in ihm vornehmlich einen Ausdruck unstrukturierter Gewalt, ähnlich wie wir es in unserer eigenen Kultur von den Fußballrowdys kennen oder von den sog. Hooligans oder neuerdings auch von Amok laufenden Schülern. Aber ist das nun mit Bezug auf den Dschihad die ganze Wahrheit? Es ist vorläufig wieder nur ein zeitgebundenes Urteil. Das fängt schon mit der sprachlichen Formulierung an. Wir benutzen das Wort „Gewalt" da wie engl. „violence", rein negativ und moralisch abwertend. Das Deutsche ist an sich differenzierter; denken Sie an Wörter wie „Verfügungsgewalt" oder „Sprachgewalt" oder daran, daß wir manchmal von den Medien als einer „vierten Gewalt" reden. Wellhausen, der an den Dschihad ohnehin nicht viele Gedanken verschwendete, hätte sich gewiß anders ausgedrückt. Er schätzte die „Staatsgewalt"; er war ein Verehrer Bismarcks und hatte sich deswegen den Unmut seines Göttinger Lehrers Heinrich Ewald, eines der „Sieben", zugezogen. Seine erste Professur trat er

1872 an, als vor seinen Augen das neue Kaiserreich entstand, in der Folge eines gewonnenen Krieges. Staaten hatten aus seiner Sicht „Interessen“; diese lassen sich, wenn es denn nicht anders geht, mit Gewalt durchsetzen. Dschihad paßte da nicht hinein; auch das „Arabische Reich“, über das er 1902 geschrieben hatte, jenes Machtgebilde also, das die Umaiyaden nach dem Aufkommen des Islam geschaffen hatten, war dem Dschihad schnell entwachsen.

Dem Thema Dschihad näherte sich statt seiner zu etwa der gleichen Zeit ein anderer Orientalist, Friedrich Schwally, jünger als er und damals außerordentlicher Professor an der Reichsuniversität Straßburg; er schrieb über den „Heiligen Krieg“. Aber gemeint war „Der heilige Krieg im alten Israel“, und die Arbeit erschien als erstes Heft der „Semitischen Kriegsaltertümer“. Für unser Ohr (und unser Bild vom Nahen Osten) ist das falsch fokussiert. Aber Schwally sagt gleich zu Anfang, auf Seite 1, was man zu einer Zeit, in der der Staat hoch im Kurs stand, vom Heiligen Krieg hielt; „in den Kreisen niederer Kultur“, so heißt es dort, steht der Krieg „in enger und sichtbarer Verbindung mit der Religion“. Nur dann kann es geschehen, daß man sich Gott als den „Herrn der Heerscharen“ vorstellt; gemeint ist natürlich Yahwe Sebaot, „Dominus deus Sabaoth“, wie er im Sanctus der katholischen Messe, dem Trishagion der ersten Wellhausen-Vorlesung,[1] genannt wird. Wellhausen hätte diesem Erklärungsansatz vermutlich zugestimmt: der islamische Dschihad ebenso wie die Kriegszüge der Kinder Israels als Ausdrucksform einer niedrigeren Kulturstufe. Im Alten Testament richtete sich das Augenmerk vor allem auf Deuteronomium, Kapitel 20, wo es zu Anfang hieß: „Wenn du in den Krieg ziehst wider deine Feinde und siehst Rosse und Wagen eines Volks, das größer ist als du, so fürchte dich nicht vor ihnen; denn der Herr, dein Gott, der dich aus Ägyptenland geführt hat, ist mit dir“. In welcher Form ist er da *mit* den Israeliten?

Schwally hebt dann die Verse 5–8 heraus, wo die Fälle behandelt werden, in denen ein wehrfähiger Mann vom Kriegsdienst freigestellt ist. Er wehrt sich dagegen, daß hier einfach ein „unpraktischer Philanthrop“ zu Worte komme; für ihn war auch bei der Enthaltsamkeit von militärischer Betätigung die „Heiligkeit“ des Krieges am Werke,

1 H. G. M. Williamson, *Holy, Holy, Holy. The Story of a Liturgical Formula.* Berlin 2008.

insofern diese nicht durch sexuelle Aktivität befleckt werden durfte. Wellhausen hatte denselben Abschnitt insgesamt für einen späteren Zusatz gehalten. Auch ihm war Pazifismus fremd; wenn jemand sich der Wehrpflicht entziehen durfte, so allenfalls durch Untauglichkeit. Zwar hätte er sich wahrscheinlich nicht darauf eingelassen, daß, wie 1912 in einer islamkundlich angehauchten amerikanischen Missionszeitschrift zu lesen stand, die „Semiten" schlechthin nicht zwischen Religion und Krieg unterscheiden können; dazu schätzte er den Pragmatismus der Umaiyaden zu hoch, die ja schließlich auch Semiten waren. Aber wenn Kriege „in enger und sichtbarer Verbindung mit der Religion" geführt wurden, wie er zu Beginn seines Umaiyadenbuches ähnlich selber gesagt hatte,[2] so war er als liberaler Protestant darüber doch wie Schwally längst hinaus. Selbst im Orient konnte so etwas nur in Form eines Mahdi-Aufstandes passieren, im Sudan zum Beispiel. Daß man bei dem Krieg, der gerade begonnen hatte, in Europa bald trotzdem wieder mit religiös-moralischen Kategorien hantieren und die Schuldfrage aufwerfen würde, hat er nicht mehr erlebt; Wellhausen ist 1918 gestorben.

Wie soll man mit diesem Befund umgehen? Man hat in Deutschland damals den Dschihad ebenso mit großen Hoffnungen begleitet, wie wir ihn heute als rückständig verabscheuen. Dafür, daß wir in der Zwischenzeit klüger geworden seien, spricht wenig; wir haben ja, obwohl wir für den Dschihad kaum noch Verständnis haben, mit Mudschahidun sympathisiert, als sie in Afghanistan noch gegen die Russen antraten. Vielmehr ist es wohl so, daß der Zeitraum, den wir bisher anvisierten, knapp ein Jahrhundert, für eine genaue Diagnose zu kurz ist. Wir müssen tiefer in die Geschichte hinabsteigen. Aber nicht nur zu den Wurzeln, also dem Koran. Das macht heute jeder; aber es reicht nicht aus. Geschichte ist nie bloßer Rückgriff auf das unveränderliche Alte, sondern ein kontinuierlicher Prozeß der Interpretation. Dieser Prozeß speist das historische Gedächtnis derer, die daran beteiligt sind; Elemente aus verschiedenen Epochen können sich dann miteinander verbinden. Ich will vier dieser Epochen herausheben und an ihnen die Entwicklung des Dschihadbegriffs kurz aufzeigen: 1. Dschihad im Koran und im Denken der Urgemeinde (7. Jh.); 2. Dschihad in der Blütezeit des islamischen Rechts (etwa um das Jahr

---

2 *Das Arabische Reich und sein Sturz*, S. 6; s. u. S. 26, Anm. 5.

1000); 3. Dschihad im Zeitalter des europäischen Kolonialismus und der islamischen Reformtheologie, und 4. Dschihad heute, vor allem in jenen Bewegungen, denen wir das Attribut „fundamentalistisch" beilegen, so wie dieses in der westlichen Welt – genauer: mit Bezug auf bestimmte Strömungen innerhalb der nordamerikanisch-protestantischen Theologie – seit etwa hundert Jahren gebraucht wird.

1. Kein Zweifel, Dschihad ist ein koranischer Begriff; in vorislamischer Zeit findet sich das Wort in dieser Bedeutung im Arabischen noch nicht. Das zugehörige Verb heißt wörtlich so etwas wie „sich bemühen, sich anstrengen". Gemeint ist dies entweder karitativ, da läuft es auf „Gemeindearbeit" hinaus, oder militärisch, da trifft dann „Einsatz" den Sinn am besten, wie heute bei unserem Afghanistan-„Einsatz". Im Neuen Testament gibt es ein griechisches Verb, das dem grob entspricht: κοπιᾶν „müde werden", bei Paulus im terminologischen Wortgebrauch als „sich abarbeiten" verstanden.[3] Leute, die so etwas tun, also „sich abarbeiten", sind im Arabischen *muǧāhidūn*. Die militärische – oder wenn Sie so wollen: gewalttätige – Variante ist schon im Koran stark entwickelt. Das hat historische und soziale Gründe. Diese kommen beim Vergleich mit Jesus gut heraus. Jesus hatte nur einmal Gelegenheit, Gewalt zu üben, in dem Ereignis, das wir als die Vertreibung der Wechsler aus dem Tempel kennen; er verletzte damit in symbolischer und darum empörender Weise die Heiligkeit des Ortes. Dann war auch schon Schluß; er wurde hingerichtet, in den Augen der Obrigkeit und vermutlich auch von Teilen der Bevölkerung als Terrorist. Muhammad dagegen starb einen normalen Tod, als erfolgreicher Revolutionär; vorher war es ihm gelungen, einen althergebrachten Kult abzuschaffen, obgleich dieser seiner Vaterstadt Mekka bzw. einigen reichen Familien viel Geld eingebracht hatte. Gelungen war es ihm dadurch, daß er Teile dieses Kultes, nämlich die Verehrung der Kaʿba, in seine neue Religion einbaute. Aber er hatte auch Gewalt üben müssen, mit anderen Worten: Krieg geführt, Karawanen überfallen, um sein Unternehmen zu finanzieren und die Wirtschaftskraft der Mekkaner zu schwächen. Er hatte „Sanktionen verhängt", wie wir heute sagen würden. Für diese segensreiche Tätigkeit wird im Koran, der hier wohl die Situation selber

3 ThWNT III, S. 828 f.

spiegelt, Propaganda gemacht, mit unmißverständlichen Worten. Ich übersetze – etwas frei, um den Ton besser herauszuholen (Sure 47:4): „Wenn ihr mit den Ungläubigen zusammentrefft, so macht sie einen Kopf kürzer! Wenn ihr es dann soweit bringt, sie völlig niederzukämpfen, dann legt sie in Fesseln! Ihr könnt sie dann später auf dem Gnadenwege freigeben oder Lösegeld fordern. Dies solange, bis ihr euch kriegerische Aktionen sparen könnt ... Gott könnte natürlich, wenn er wollte, sich auch selber gegen die (Ungläubigen) helfen. Aber es liegt ihm daran, die einen von euch (gemeint sind die Anhänger Muhammads) durch die anderen (nämlich die Ungläubigen) auf die Probe zu stellen."

Eine interessante Stelle! Gott könnte eigentlich, so wird gesagt, selber Krieg führen. Dann verhielte er sich wie Jahwe im Alten Testament; es gibt im Alten Testament ja die sog. Jahwe-Kriege. Der verehrte Stifter der Wellhausen-Vorlesung, Rudolf Smend, hat 1963 in einer Monographie diesen Terminus selber vorgeschlagen. Aber Allah verhält sich viel rationaler; er läßt die Menschen Krieg führen und schaut dabei zu. Wir nennen so etwas einen Stellvertreterkrieg. Die Menschen müssen sich darin bewähren; Gott stellt sie auf die Probe. Getötet werden die Ungläubigen nur, solange sie aktiven Widerstand leisten. Kriegsgefangene dagegen tötet man nicht; man macht lieber ein Geschäft mit ihnen, mithilfe eines Lösegeldes. Man steckt sie auch nicht jahrelang in ein Gefängnis; dazu fehlten damals ohnehin noch die technischen Möglichkeiten. Ein bißchen barbarisch ging es also schon zu; aber in mancher Beziehung immer noch nicht so barbarisch wie heute. Man darf nicht vergessen: Wir haben es mit einer Stammesgesellschaft zu tun. Kämpferische Betätigung war nicht nur selbstverständlich; sie galt auch als außerordentlich hoher Wert. Der Kämpfer war ein Held und Kampf das beste Mittel, um zu Ruhm und Ansehen zu gelangen. Daran änderte der Koran überhaupt nichts. Man machte auch weiterhin Beute. Denn Beute war etwas Gutes; ohne sie hätte man kaum überlebt. Muhammad hielt sich mit den Seinen ja nach der Hidschra als Flüchtling in Medina auf, einer Oase, in der alle Subsistenzmöglichkeiten längst verteilt waren. Man kann sich in einer Oase nicht einfach mit einem Schwarm von Anhängern der einheimischen Bevölkerung hinzugesellen; dazu fehlt nicht nur der Platz, sondern auch der Unterhalt, die „Jobs", wie wir heute sagen würden. Deswegen also der Krieg, ein Krieg, für den es gewisse Regeln gab, an die man sich aber, wie das so ist, nicht immer hielt. Eine Kriegserklärung gab es allerdings nicht, ebensowenig wie heutzutage bei uns; das Zeichen zum Losschlagen kam direkt von Gott. Das ist denn auch der Punkt, an dem der Koran über all die Zeugnisse, die wir aus der vorislamischen arabischen Poesie zum Lobpreise des Kämpfens besitzen, hinausgeht; Gott kommt ins Spiel, mit einem Auftrag. Muhammad konnte sich diesen neuen Gedanken natürlich nur leisten, weil er als Prophet auftrat. Ansonsten war er ein Mudschahid wie alle anderen auch; er nahm an den Kämpfen und Beutezügen selber teil – und verlor bei dieser Gelegenheit auch einmal ein paar Zähne. Die Sache mit der Prüfung war also ernst gemeint.

Wenn Gott den Menschen aber prüft, dann sollte er ihn eigentlich auch belohnen. Es heißt darum an derselben Stelle weiter: „Denen, die um Gottes willen getötet werden, wird er ihre Werke nicht fehlgehen lassen. Er wird sie rechtleiten ... und sie ins Paradies eingehen lassen" (Sure 47:4–6). An ein Jenseits hatten die heidnischen Araber nicht geglaubt. Aber kaum ist es da, wird es auch schon strategisch eingesetzt, zum Ausgleich für das Risiko, das man beim kriegerischen „Einsatz" einging. Das half bei der Begeisterung – auch später nach dem Tode des Propheten, als der Dschihad sich in einer beispiellosen Expansionsbewegung als Instrument der Glaubensverbreitung bewährte und auf diese Weise im Orient das erste Weltreich nach dem des Alexander entstand. Denn natürlich war die Zahl der Gefallenen jetzt wesentlich höher als zuvor unter dem Kommando des Propheten; aber diese wurden nun in der Begriffswelt des religiösen Systems allesamt zu Blutzeugen, wobei das arabische Wort für „Zeuge", das hier benutzt wird *(šahīd)*, das griechische μάρτυς aufnimmt, von dem unser „Märtyrer" abgeleitet ist. Diese Entwicklung ist nachkoranisch. Zwar kommt das Wort *šahīd* auch im Koran schon vor; aber dort muß man es eher mit „Bekenner" übersetzen, also „Zeuge", aber nicht „Blutzeuge". Um ein echter „Bekenner" zu werden, empfahl es sich, am Leben zu bleiben.

Nachkoranisch ist dann auch die Diskussion darüber, wer überhaupt Dschihad üben soll. Es gab ja kein stehendes Heer. Zu Lebzeiten des Propheten hatte seine ganze Gemeinde am Dschihad teilgenommen; wer sich drückte, wurde im Koran als unsicherer Kantonist gebrandmarkt, als „Heuchler" nach der üblichen Übersetzung. Der Kreis derer, an die das Gebot sich richtet, wird dort nie eingeschränkt, immer nur „die Gläubigen“, nie „die jungen Leute“ oder „die Kriegstüchtigen“, nicht einmal „die Männer“. Aber Dschihad im Sinne des Krieges war keine Verpflichtung; es war eine Ehre. Der Gläubige wird darum im Koran zwar aufgefordert, gegen die Ungläubigen zu kämpfen; aber er wird nicht dazu gezwungen. Man soll, aber man muß nicht. Die Frage war, ob mit der Eroberung Mekkas und dem Sieg über die heidnischen Polytheisten der göttliche Auftrag erfüllt war oder ob man die Botschaft des Islams auch über die Grenzen der Arabischen Halbinsel hinaustragen sollte. Man entschied sich für das Letztere; die Dynamik hätte sich vielleicht auch gar nicht stoppen lassen. Aber man mußte dann auch die Folgen in Kauf nehmen. Man brauchte Verwaltungskader, und die kämpfende Truppe sollte nun tunlichst aus Leuten bestehen, die einerseits tapfer, andererseits aber auch entbehrlich waren. So erklärt sich, warum die Eroberer Syriens zu einem großen Teil Südaraber waren, Jemeniten, die den Islam erst spät angenommen hatten und nach dem Tode Muhammads z. T. wieder abgefallen waren; sie wurden aufgefordert, sich erst einmal im Feindesland zu bewähren, „Einsatz“ zu zeigen. Die Medinenser dagegen und vor allem die Mekkaner blieben eher zu Hause; denn in Medina saß der Kalif, und in Mekka lebten all diejenigen, die wußten, wie man mit Geld umgeht und wie die immense Kriegsbeute am besten zu verteilen war.

Unter den syrischen Muslimen sind dann auch Zeichen einer Naherwartung nachzuweisen. Wenn man nämlich überzeugt war, daß die Welt ohnehin bald am Ende sein werde, machte einem das Paradiesesversprechen den Kriegstod besonders leicht. Da aber nicht alle so dachten, kam es zwischen denen, die zuhause geblieben waren, und denen, die die Arabische Halbinsel verlassen hatten, innerhalb der Urgemeinde zu einer Polarisation. Man machte sich auf die Dauer Gedanken darüber, wie universal das Dschihad-Gebot eigentlich sei. In Syrien sagte man, es gelte für alle. In Medina dagegen behaupteten die Juristen, es gelte nur für einige, nämlich gerade soviele, wie ausreichen, damit man vernünftig Krieg führen kann. Letzteres war die bürgerliche Lösung; wer zum Krieg aufrief (in Medina), war nun nicht mehr unbedingt derjenige, der auch (in Syrien) in den Krieg zog. Zwar forderte der Koran zum Dschihad auf, und niemand leugnete, daß derjenige, der dieser Aufforderung folgte, sich verdient machte und ins Paradies kam. Aber ins Paradies kam man sowieso; denn damals glaubten die Muslime mehrheitlich noch, daß schon die Zugehörigkeit zum Islam – protestantisch gesprochen: der Glaube – selig mache. Man mußte also, um den Dschihad interessant zu machen, bei den Blutzeugen noch ein wenig zugeben. Sie kommen *sofort* ins Paradies, so hieß es; die anderen müssen warten bis nach dem Gericht. So kennen wir die Sache noch heute.

Ich fasse Punkt 1 zusammen: Alles, was in dieser ersten Phase gedacht und getan wurde, ist zeitgebunden, kontingent. Dschihad hätte sich genausogut in Gemeindearbeit äußern können, karitativ. Aber auch: Religion ist kein Wellness-Unternehmen. Der militärische Dschihad war ein Gebot der Zeit; ohne ihn hätte der Islam nicht überlebt. Die Leidtragenden sahen darin, soweit sie es nicht vorzogen, Muslime zu werden, einen Ausdruck von Gewalt; im Mittelalter sprach man von „Feuer und Schwert". Die Byzantiner, auch sie unterlegen, drückten sich ähnlich aus; der Papst hat seinerzeit auf Manuel II., den Palaiologen, verwiesen, der seinen fiktiven „Dialog" mit einem Muslim auf diese Weise würzte.

2. Ich habe die Juristen ins Spiel gebracht. Sie bekamen bald mehr zu tun. Der Dschihad, als Eroberungskrieg verstanden, blieb stecken; damit hatte man nicht gerechnet. Warum Gott das zuließ, kostete die Theologen einiges Kopfzerbrechen. Aber da alles Grübeln an den Verhältnissen nichts änderte, verlegte man sich darauf, über die Regeln nachzudenken, nach denen sich ein Krieg auf gottgewollte Weise führen ließ. Man präzisierte die alten Privilegien, z. B. das Beuterecht. Etwa so: Was geschieht, wenn das Beutegut durch mehrere Hände geht, wenn etwa in einem Grenzkrieg wie in Kilikien und im Taurus, wo man auf die Heere der Byzantiner stieß, die Front hin- und hergeht und ein Muslim dem Feind etwas abnimmt, das ursprünglich einem anderen Muslim gehört hat; muß er es diesem nun zurückerstatten? Oder: Was soll man mit unbeweglicher Beute machen, mit „Immobilien" also, d. h. dem eroberten Land? Das Staatsbewußtsein war anfangs nur schwach entwickelt; die Eroberer waren zum Teil ja Beduinen. So konnte man sich zwar vorstellen, daß die „Gemeinde" hier durch den Kalifen vertreten werde, der dieses eroberte Land treuhänderisch verwaltet; aber das Gefühl, daß die Muslime in ihrer Gesamtheit zu jeder Zeit daran ein Mitbestimmungsrecht haben, also auch

über die Einkünfte dieses Landes, nämlich die Steuern, mitverfügen dürfen, hat sich tief eingeprägt.

Oder: Darf man während eines Krieges die Zivilbevölkerung töten? Die Meinungen waren geteilt – wie auch in der Frage, ob man den Kampf durch Zerstörungen unterstützen dürfe. Im letzteren Fall kamen ökologische Überlegungen zum Tragen. Die islamische Gesellschaft zog in vielen Gegenden ihren Wohlstand aus einem weit verzweigten und komplizierten Bewässerungssystem, bei dessen Zerstörung das Fruchtland unter Umständen auf Generationen verloren war. Daher eine gewisse Tendenz der Juristen, die Zerstörung von Dämmen für verboten zu erklären. Man hob auch darauf ab, daß manche Bäume – Palmen etwa oder Ölbäume – sehr langsam wachsen; es war darum verpönt, sie im Krieg als Repressalie abzuhacken. Das sind alles Probleme, die mutatis mutandis auch uns heute noch vor Augen stehen und bei denen die Realität des Krieges bzw. der Besatzungspolitik den im Frieden entwickelten Regeln der Juristen (die ja vielleicht nur „unpraktische Philanthropen" sind, mit Schwally zu reden), nie ganz gehorchen wird. Innerhalb der *šarīʿa* erwuchs auf diese Weise aus dem Dschihad-Begriff eine Art Kriegsrecht (ius in bello). Letzteres wurde allerdings nie kodifiziert; wir finden die Überlegungen vielmehr in juristischen Handbüchern oder Monographien, die von Professoren verfaßt wurden und im Lehrbetrieb eine Rolle spielten. Wenn sie Anklang fanden, konnten sie zur Grundlage von Fatwas werden, juristischen Gutachten also. Sie wurden zwar auch dadurch nicht verbindlich; aber sie repräsentierten ein Wertesystem. Die Sache liegt dann ähnlich wie bei unserem Folterverbot oder der Diskussion um die Streubomben. Da gibt es zwar meistens irgendwelche Abkommen oder Konventionen; aber wichtig ist im Ernstfall eher, wieweit die Militärs und die Juristen, die ihnen die Sache mundgerecht machen, sich dem Wertesystem verpflichtet fühlen, aus dem heraus diese Regeln konzipiert wurden.

Wir wissen aus den Diskussionen um Guantánamo, daß juristisches und ethisches Verhalten davon abhängt, wie man den Gegner kategorisiert: Wenn sich z. B. sagen läßt, daß er gar kein Kriegsgefangener im eigentlichen Sinne sei, läßt sich viel leichter mit ihm kurzer Prozeß machen oder auch nach Gutdünken verfahren. Sprachregelungen erhalten hier ein großes Gewicht. Dazu bietet auch die *šarīʿa* wiederum Parallelen, positive wie negative und immer realitäts-, also fallbezogen. Dschihad führte man gegen Ungläubige; das ergab sich aus dem Koran. Gegen Muslime darf man also erst dann Dschihad führen, wenn es gelingt, sie umzudefinieren. Man mußte dann von „Ketzern" reden – oder allenfalls von „Aufrührern". Diese letztere Bezeichnung ließ sich wiederum aus dem Koran herausholen; allerdings reichte es da häufig, von einem Feldzug oder einer „Strafaktion" zu sprechen statt von Dschihad.

Aber wie nun umgekehrt? *Muß* man gegen jede Art von Ungläubigen Dschihad führen? Das konnte sehr lästig werden. Muhammads Ungläubige waren ein klarer Fall gewesen; die heidnischen Mekkaner hatten sich deswegen auch alle nach ihrer Unterwerfung zum Islam bekennen müssen. Doch wie verhielt es sich mit den Byzantinern? Gegen sie hatte man zwar Krieg geführt; aber nur die direkten Kombattanten hatten, wenn sie besiegt wurden und nicht im Kampfe fielen, den Islam annehmen müssen. Diejenigen Christen dagegen, die man sonst durch den Dschihad an Untertanen hinzugewann, vor allem die nützliche und im allgemeinen friedliche Landbevölkerung, ließ man lieber Steuern zahlen. Man begründete dies damit, daß Christen keine *eigentlichen* Ungläubigen seien, nicht gar so arge Heiden wie die seinerzeit unterworfenen Mekkaner. Man bezeichnete sie vielmehr – ebenso wie im übrigen die Juden – als „Schriftbesitzer"; damit gehörten sie einer Zwischenklasse an. Diese Religionsgemeinschaften behielten denn auch eine gewisse Selbständigkeit, vor allem bei der Ausübung ihres Kultes und in privatrechtlicher Hinsicht – eine Konzession, die zwar im Koran angelegt ist, aber ihre Wurzeln im vorislamischen Iran, in der Praxis der Sasaniden hat. Da liegt die Frage nahe, wie man es denn mit den Zoroastriern hielt, den Anhängern der ehemaligen sasanidischen Staatsreligion, die sich keineswegs alle sogleich zum Islam bekehrten. Sie hatten zwar nach ihrer eigenen Meinung ebenfalls eine Heilige Schrift, das Avesta; aber im Koran hatte Gott ihrer im Gegensatz zu den Christen und den Juden nicht gedacht. Dennoch wandte die islamische Obrigkeit auch hier keinen Zwang an; ihnen mit dem Tode zu drohen, wäre schon rein ökonomisch gesehen keine glückliche Idee gewesen. Vielmehr erkannte man ihnen ebenfalls den Status von Schriftbesitzern zu, ebenso wie später den Hindus, als der Islam sich durch Dschihad nach Indien ausbreitete – obgleich die Hindus nun überhaupt kein prophetisches Buch mehr hatten. Dschihad ist normalerweise nicht mit Bekehrungsaktionen oder Mission verbunden; er zielt vielmehr darauf ab, Land zu erobern und die Rechtshoheit des Islams (mitsamt seiner Steuergesetzgebung) durchzusetzen. Im Einzelfall konnte die *šarīʿa* somit recht flexibel sein. Der Pragmatismus erklärt sich z. T. daraus, daß das islamische Recht kasuistisch vorging, wie wir das aus England gewohnt sind. Krieg und Gewalt werden nicht wegdiskutiert; sie gehören zur Welt mit dazu. Aber der Mensch kann, wenn er denn will, der Gewalt Grenzen setzen.

So kam man im Kapitel über den Dschihad schließlich vom Krieg zum Frieden. Zwar neigen wir heute dazu, die Reihenfolge umzukehren: Friede ist der übergeordnete Wert, und Krieg ist nur eine Störung, die man so lange wie möglich als „Friedensmission" ausgibt, mit der die rechte Ordnung, so wie wir sie uns vorstellen, wiederhergestellt wird. Das ist aber eine ganz junge Entwicklung. Islamische Juristen des Mittelalters hätten so nicht denken können, und auch im heutigen Orient ist der Zweifel groß, ob die westlichen Gesellschaften, die immerhin zwei Weltkriege hinter sich gebracht haben, in der Lage sein werden, ihre neue Sicht der Dinge bei sich selber durchzusetzen. Dennoch sprach auch der Koran schon vom Frieden; ein Friedensschluß war das, worauf der Dschihad abzielte. Man erhoffte sich dadurch die Einheit im Glauben. Das ließ sich aber, wie man feststellen mußte, im Weltmaßstab nicht erreichen. Also lernte man, Verträge zu schließen, sogar Nichtangriffspakte. Man bestand zwar darauf, daß diese nicht auf ewige Zeiten gelten dürften; aber manchmal hielt man sich länger an sie als wir heute an den Atomsperrvertrag, und erneuern konnte man sie natürlich, soviel man wollte. Man hatte auch die juristische Möglichkeit, einem Fremden, der in das „Haus des Islams" einreiste, einem Fernhandelskaufmann z. B. oder einem Diplomaten, Schutz für seine Person und seinen Besitz zu garantieren; dafür gab es ein eigenes Rechtsinstitut, eine Art Asylrecht. Nur eines blieb strikt verboten: daß nämlich Muslime Waffen an Ungläubige verkauften. An den umgekehrten und heutzutage häufigeren Fall, daß Muslime sich ihrerseits Waffen von den Ungläubigen verkaufen lassen, dachte man damals leider nicht. Aber die europäische Orientalistik hat aufgrund dieser Sachlage behaupten können, daß die Muslime mit dem Dschihad ins Völkerrecht eingestiegen seien.

Fazit zu Punkt 2: Was die Juristen sich damals ausdachten, blieb alles umstritten, und daß man sich immer danach gerichtet hätte, wird man nicht unbedingt behaupten wollen. Aber auch: Schon damals hat man die bis heute strittigen Punkte entdeckt, zu einer Zeit, zu der wir in Deutschland gerade bei den Ottonen angelangt waren. Völkerrecht ist eine Frage des Datums. Der Westen ist vor kurzem wieder einmal daraus ausgestiegen; aber vielleicht steigt er ja auch wieder ein. Das war schon um 1000 bei den Muslimen kaum anders.

3. Das islamische Recht hat sich bis heute gehalten, als ideelle Richtschnur, selbst in den Staaten, wo es längst von einer andern Gesetzgebung abgelöst worden ist. Beim Dschihad kam es zu einem Wechsel der Perspektive erst in den sog. Reformbewegungen des späten 19. Jahrhunderts. So behaupte ich jedenfalls jetzt einmal, nicht nur um Zeit zu sparen, sondern auch weil die Forschungslage nichts anderes erlaubt. Ich überspringe ja viele Jahrhunderte, fast ein ganzes Jahrtausend. So etwas tut man als Historiker erfahrungsgemäß nicht ungestraft. Aber ich habe das Gefühl, daß der Dschihad in manchen Epochen und Regionen generationenlang im öffentlichen Gespräch kaum eine Rolle spielte. Selbst da, wo unsere Wissenschaft ihn lange vermutet hat, kann es vorkommen, daß die jüngere Forschung ihn als treibende Kraft wieder aus dem Spiel nimmt. Das gilt z.B. für die Landnahme der Osmanen im Anatolien des frühen 14. Jahrhunderts. Da hat man in der Nachfolge von Paul Wittek in den *ġāzīs*, den „Frontkämpfern“ unter Osman und seinem Sohne Orhan, die sich zu einer Art Orden zusammengeschlossen hatten, *muǧāhidūn* gesehen. Aber die englischsprachige Forschung ist davon wieder abgerückt. Man kann Grenzkämpfe führen und seinen Herrschaftsbereich ausdehnen, also ein Ġāzī sein, ohne einer Dschihad-Ideologie zu folgen. Auch Atatürk hat noch den Titel Ġāzī erhalten, nachdem er zuerst die Engländer bei Gallipoli besiegt und nach 1918 auch die griechischen Truppen aus dem Land geworfen hatte; ein Mudschahid war er deswegen nicht. Dschihad war, spätestens seitdem die Juristen sich seiner angenommen hatten, lediglich „Überbau“.

Daß er als „Überbau“ in den letzten Jahrzehnten des 19. Jahrhunderts wieder in Funktion trat, verdankte er einem bestimmten Anlaß. Nun gibt es Ideologie ohne einen Anlaß ohnehin nicht. Aber man muß den Anlaß richtig definieren. Heutzutage neigen Politiker und Medien dazu, zu sagen, daß der Anlaß zum Dschihad die Schwäche des Gegners sei, die Schwäche des Christentums oder die Schwäche des

Westens. Deshalb sei der Islam eine Gefahr. Damals aber war das anders. Der Anlaß war der Angriff der Europäer, also das, was wir Kolonialismus nennen. Ausgelöst wurde die Entwicklung in Indien. Dort hatten sich schon früh die Portugiesen und die Holländer festgesetzt. Aber erst die Engländer, die ihnen folgten, setzten ihre Handelsinteressen in eine imperialistische Politik um. Sie wollten dabei so wenig wie möglich ihre eigenen Leute in Gefahr bringen; darum musterten sie einheimische Söldner an, Hindus ebenso wie Muslime, die in eigenen Armee-Einheiten zusammengefaßt wurden. Dort kam es im Jahre 1857 zu einer Revolte, der sog. Mutiny („Meuterei"), die unter den Kolonialbeamten und deren Familien manche Opfer forderte und großen Schrecken auslöste. Als man die Sache vor den Kriegsgerichten juristisch aufarbeitete, hatten vor allem die Muslime einen schweren Stand; die Engländer vermuteten nämlich hinter der Rebellion den Einfluß des Dschihad-Gedankens. Muslimische Intellektuelle sind damals, wenn wir einem Bericht von ihrer Seite glauben können, in den Verhören vor allem nach ihrem Verständnis der entsprechenden Koranstellen gefragt worden; man hielt sie für „Schläfer", wie wir heute sagen würden. Natürlich reagierten sie so, wie man dies auch heute erwarten würde: Sie hoben den friedlichen Charakter des Islams hervor. Diese Schutzbehauptung verwandelte sich auf die Dauer in eine feste Lehre: Zum Dschihad sei man, so hieß es jetzt, nur dann berechtigt, wenn man durch feindselige Handlungen herausgefordert werde. Das war bei der Mutiny nicht der Fall gewesen. Sie war nicht durch einen Angriff oder eine Repressalie ausgelöst worden, sondern dadurch, daß die Kartuschen der Patronen, die man den Soldaten in die Hand gab, mit Schweinefett eingefettet waren; das war den Hindus und den Muslimen gleichermaßen widerlich. Nun also war der Dschihad, neu interpretiert, ein reiner Verteidigungskrieg. Früher war er aus der Glaubensbegeisterung erwachsen; jetzt akzeptierte man ihn nur noch als Reaktion. Man ging dann noch einen Schritt weiter und setzte den Dschihad mit dem *bellum iustum* gleich, dem gerechten Krieg. Das war eine Verbeugung vor dem damaligen westlichen Denken; diesen Begriff hatte es im Islam bisher nicht gegeben, und er paßte auch nicht zu dem traditionellen juristischen Ansatz. Dagegen ging er den christlichen Missionaren leicht vom Munde, mit denen man es zu tun bekam. Schon Augustin hatte von gerechten Kriegen gesprochen.

Die Orientalen ahnten damals vermutlich nicht, was sie sich da hatten aufschwatzen lassen. Noch gab es den Ersten Weltkrieg nicht, den ersten Zusammenbruch aller westlichen Werte, in dem die Lehre vom gerechten Krieg den Todesstoß erhielt. Die indischen Theologen stellten die Koranexegese nun auf den Verteidigungskrieg um und machten den Frieden zum höchsten Wert. Das war an sich nicht schwer; im Koran wurde der Frieden ja thematisiert. Störend war nur, daß die Kriegführung der Kolonialmächte nicht unbedingt dem Ideal des *bellum iustum* entsprach. Die Europäer führten in ihren neuen Besitztümern schmutzige Kriege, die sich erst auf dem Wege in die Heimat in Heldenepen verwandelten. Lord Kitchener z. B. setzte im Krieg gegen den Mahdi vom Sudan Maschinengewehre ein, zum erstenmal in der Geschichte der modernen Massenvernichtungsmittel; die Gefangenen, mit denen er nichts anzufangen wußte – es war eine große Zahl, die sich allerdings nach Lage der Dinge nicht genau bestimmen läßt, – ließ er ebenfalls alle erschießen. Als er nach England zurückkam, erhielt er in Cambridge einen Ehrendoktor. Die Spanier setzten im nordafrikanischen Rifgebirge gegen Abdelkrim Gas ein – nach dem Ersten Weltkrieg wohlbemerkt, als das Gas in Europa bereits geächtet war. Die Opfer waren immer Muslime, und die Bedingungen für einen Verteidigungskrieg wären alle erfüllt gewesen. Der Dschihad war also zwar formal eingeschränkt worden; aber die Anlässe, aus denen er weiterhin geboten oder zumindest empfohlen war, hatten zugenommen. Auch der Dschihad, den das Osmanenreich 1914 ausrief, verstand sich als Verteidigung gegen die Aggression der Kolonialmächte.

Fazit zu Punkt 3: Die islamische Reformbewegung des späten 19. Jahrhunderts war so etwas wie eine Reformation im kleinen. Aber auch: Was herauskam, war letztlich ein typischer Intellektuellenzwirn. Um sich der Lage anzupassen, rückten die Theologen dem Koran mit Hermeneutik zu Leibe. Aber sie verloren den Kontakt zum gläubigen Volk.

Damit bin ich bei Punkt 4, den modernen Fundamentalisten. Die sind ja nicht unbedingt die Betonköpfe, als die wir sie wahrnehmen. Sie sind auch keine Hinterwäldler, sondern häufig Studenten, nicht so sehr der Geisteswissenschaften wie der Naturwissenschaften oder der Medizin. Sie sind deswegen zwar mit Theologie nicht sehr vertraut, aber doch in der Lage, Denkfehler in religiösen Argumentationen zu erkennen. Der Islam ist im Gegensatz zum Christentum eine Laienreligion; zu einer Art Klerus, der dann die Deutungshoheit beanspruchen könnte, kommt es nur in Ausnahmefällen (wie heute in Iran). Normalerweise geht es in religiösen Diskussionen recht demokratisch – und darum auch ziemlich turbulent – zu. Nun hatten die Reformer, als sie sich aus dem Koran die passenden Friedensappelle heraussuchten, großenteils auf die Frühphase von Muhammads Auftreten zurückgreifen müssen. Damals, in der Auseinandersetzung mit der mächtigen mekkanischen Aristokratie, zuerst in Mekka selber, dann nach der Hidschra in den ersten medinensischen Jahren, hatte der Prophet seine Anhänger zur Vorsicht mahnen müssen; solange der Gegner so stark war, mußte man Frieden halten. Später war das anders; das Ziel lag in greifbarer Nähe, und der Dschihad war das beste Mittel, es zu erreichen. Wenn die Reformer den Dschihad also zugunsten des Friedens zurückdrängten, so berücksichtigten sie bei dieser Gewichtsverlagerung die historische Reihenfolge der Belegverse nicht. Die Koranexegese ist aber seit jeher einer historischen Betrachtung viel stärker zugänglich, als dies von christlichen Theologen und westlichen Medien behauptet wird. Die einzelnen Perikopen historisch anzuordnen, liegt an sich auch nahe, näher jedenfalls als bei den Gleichnissen des Neuen Testaments, die gewissermaßen „zeitlos" sind und einer Chronologie kaum bedürfen; Jesus hatte ohnehin während seiner verhältnismäßig kurzen Lehrtätigkeit nur wenig Gelegenheit, sich zu entwickeln und divergierende Ansichten zu vertreten. Im Koran dagegen waren die Widersprüche mit Händen zu greifen; Muhammad hatte immerhin während zweier Jahrzehnte Offenbarungen empfangen, mit denen er jeweils auf die aktuelle Situation seiner Gemeinde reagierte. Das wirkte sich insofern stark aus, als der Koran eine ganz andere literarische Form hat als das Neue Testament; er enthält kaum Gleichnisse, dafür aber eine Menge von Ermahnungen und Empfehlungen, die direkt aus dem Munde Gottes kommen – eine Art göttlicher Telefonseelsorge. Man stand wegen der Momentgebundenheit der Aussagen sehr bald vor einem Problem. Die Juristen versuchten es zu lösen, indem sie schon früh, vermutlich in der ersten Hälfte des zweiten Jahrhunderts nach der Hidschra, das Prinzip der Abrogation einführten: Koranverse können andere Koranverse aufheben. Dabei nahm man an, daß immer nur Früheres von Späterem abrogiert werden kann; ein bißchen rational mußte es bei der Sache ja schon zugehen. Man erarbeitete dazu eine Chronologie der einzelnen Suren und Verse; sie ist übrigens in vielen Punkten bisher von der europäischen Orientalistik übernommen worden. Die Reformer dagegen stellten das auf den Kopf, und die Fundamentalisten der nächsten Generationen protestierten. Es war in der Tat schwer einzusehen, warum Gott zuerst etwas verbindlich vorgeschrieben haben sollte und nachher falsch noch einmal wiederholte.

Durch diesen Protest verschwanden auch andere Denkfiguren wieder aus der Diskussion. Der Dschihad wurde unter den Fundamentalisten wieder zu einer Soll-Vorschrift für *alle*, wie es im Koran stand; er war nicht mehr nur eine Pflicht für diejenigen, die ohnehin kämpfen wollten (und vielleicht sogar dafür bezahlt wurden), wie die Juristen gesagt hatten. Modern gesprochen: Man dachte wieder an ein Volksheer, nicht an ein Berufsheer. Allerdings ist auch „Volksheer" kein ganz zutreffender Begriff; denn gemeint waren Einzelkämpfer, zu denen im übrigen theoretisch auch Frauen gehören konnten, wie wir das heute wieder erleben. Vorbei war es auch mit der Anlehnung an europäisches Denken. Die Reformer hatten den Dschihad zum ältesten Völkerrecht der Welt hochstilisiert; die Fundamentalisten dagegen sahen in dem Völkerrecht eine westlich-säkulare Erfindung und in seiner Anwendung meist pure Heuchelei. Der Dschihad wurde also wieder aggressiv.

Die Frage war nur, wogegen sich die Aggressivität richten sollte. Wer also waren die Ungläubigen, denen der Dschihad jetzt galt? Zuerst fand man die Gegner vor allem in der eigenen Gesellschaft. Die Reformer hatten ja dafür gesorgt, daß mehrere islamische Staaten, die fortschrittlichsten aus damaliger Sicht, sich auf europäisch beeinflußte neue Gesetzeswerke umstellten. Da hatte der Dschihad nur noch metaphorische Bedeutung. Am eklatantesten zeigte sich dies, als Bourguiba in Tunesien den Juristen nahelegte, die Arbeiter (vor allem die Fabrikarbeiter, die es früher nie gegeben hatte) vom Ramadanfasten zu befreien, weil Arbeit Dschihad sei, „Einsatz" für den sozialen Fortschritt. Der Clou dabei war, daß auch die Mudschahidun im alten Sinne während ihres „Einsatzes", also im Kriege, nicht hatten zu fasten brauchen, da sie ja sonst für den bewaffneten Kampf nicht bei Kräften gewesen wären. Mit solchen bestellten Fatwas wie in Tunesien nahm sich die säkulare Obrigkeit, so meinten zumindest die Fundamentalisten, zuviel heraus. Sie wurde deswegen als tyrannisch empfunden, und Widerstand war angesagt. Dieser Widerstand nahm am augenfälligsten Gestalt an in Ägypten unter ʿAbdannāṣir und Sadat, wiederum zuerst in religiöser Metaphorik und dann in anarchischer Tat. ʿAbdannāṣir (der „Nasser" unserer Zeitungen) hatte den Sozialismus zum Wertmaßstab gemacht, und die Fundamentalisten konterten mit einem koranischen Paradigma: Der Staatspräsident verkörperte den Pharao, der im Koran ein Gewaltherrscher war und gegen den Mose sich als Prophet und Vertreter der gerechten Ordnung erhoben hatte. Zum Tragen kam dies unter Sadat; er wurde ermordet, weil man in ihm den Pharao und damit einen Ungläubigen zu sehen meinte. Der Mord geschah im Rahmen des Dschihad-Gedankens, und Dschihad wurde verstanden als eben jener Kampf für eine gerechte politische und soziale Ordnung, den auch ʿAbdannāṣir hatte führen wollen und dem Sadat durch sein Umschwenken zu westlicher Freizügigkeit ein Ende bereitet hatte.

Es gibt auch heute noch Fälle eines solchen innerislamischen militanten Dschihad; Sie wissen das aus den Medien. Aber häufiger ist mittlerweile jener Dschihad, der sich gegen eine Gewalt richtet, die von außerhalb des Islams kommt: in Tschetschenien, in Afghanistan, im Gaza-Streifen, im Irak. Der Konflikt zwischen den Kulturen ist größer geworden. Im Zeitalter des Kolonialismus hatten die Muslime die ernüchternde Erfahrung machen müssen, daß man ihnen Gewalt antat und gleichzeitig von Frieden, Gerechtigkeit oder kultureller Mission redete. Die Gewalt manifestierte sich in ihren Augen vor allem in der Besetzung muslimisch besiedelter Gebiete. Der Paradefall ist heute natürlich Israel, wo diese Besetzung seit 1967, also seit dem kriegerischen Zugriff auf Gebiete über das 1948 völkerrechtlich zugestandene Staatsgebiet hinaus, nun ins fünfte Jahrzehnt geht und sich mit fortwährender weiterer Landnahme verbindet. Mittlerweile ist dies allerdings nicht mehr das einzige Beispiel. Wer in solchen Verhältnissen Dschihad predigen will, hat es leicht; Dschihad läßt sich in überzeugender Weise als Verteidigungskrieg verkaufen – wie seinerzeit im Zeitalter des Kolonialismus. Unseligerweise ist auch die *mission civilisatrice* wieder in Erscheinung getreten, mit der der Kolonialismus in der Zeit vor dem Ersten Weltkrieg sein Auftreten im Orient rechtfertigte, nur daß jetzt als Zivilisationsmerkmal ein politisches Ideal im Vordergrund steht: die Demokratie. Sie ist damit gleich mitdiskreditiert. So können wir auch ein vorläufiges Fazit zu Punkt 4 ziehen: Der moderne Dschihad greift in manchem wieder auf den Koran zurück; er kümmert sich nicht mehr um die Einschränkungen, mit denen die Juristen ihn in besseren Zeiten gezähmt hatten, und er nimmt Erfahrungen auf, die der Orient vor mehr als 100 Jahren gemacht hat. Aber auch: Der Dschihad ist nun in manchen seiner Ausdrucksformen erschreckend modern.

Damit komme ich zum Schluß. Durch den Einbruch der Moderne ist die Sache heute komplexer denn je. Den Dschihad als nebensächlich und veraltet zu übergehen, wie Wellhausen und Schwally dies noch taten, geht kaum noch an. Ihn allerdings gutzuheißen, wie dies in Deutschland zu Beginn des Ersten Weltkrieges geschah, wird außerhalb der islamischen Welt ebensowenig noch jemandem einfallen; es ist außerdem, wenn man nicht aufpaßt, strafbar. Ihn aber als bloßen Ausdruck von Gewalt abzutun, greift zu kurz, und diese Gewalttätigkeit der zugehörigen Religion, also dem Islam, in die Schuhe zu schieben, ist schlichtweg falsch. Religionen sind gedankliche Konstrukte und als solche ambivalent; das gilt auch für den Dschihad, zumindest den Begriff und seine Ausgestaltung. Heilige Schriften enthalten nie nur eine einzige Botschaft; es kommt darauf an, wie man sie liest und was die Exegese jeweils aus der Botschaft macht. Man muß, um hier Klarheit zu bekommen, nicht unbedingt apologetischen Parolen folgen wie etwa, daß Islam „Friedenmachen" heiße oder daß der wahre Dschihad derjenige sei, mit dem man gegen sich selber kämpft, gegen die eigene Sündhaftigkeit. Aber der Islam ist, trotz Max Weber, ebensowenig eine „Kriegerreligion", wie das Christentum eine Friedensreligion ist.

Im übrigen fehlt es mir an Informationen, um zu entscheiden, wieweit in dem, was die Orientberichterstattung der Medien für uns täglich aussucht, der Dschihad als Antrieb und als Argumentationsmuster noch eine Rolle spielt. Dort, wo es um den Widerstand gegen eine Besatzungsmacht geht, braucht man ihn als zusätzliche Erklärung eigentlich gar nicht. Nur daß uns dies, wenn die Besetzung unter westlichem Vorzeichen ausgeübt und gar auf immer beibehalten wird, ein wenig peinlich ist. Darum suchen wir uns dumm nach weiteren Gründen, in der Mentalität der Betroffenen, in ihrer Religion. Ich bin mir nicht sicher, daß das viel bringt.

Allerdings hat der Islam bei dem Thema „Religion und Gewalt“ schon deswegen schlechte Karten, weil wir Dschihad permanent mit „Heiliger Krieg“ übersetzen. Das stimmt hinten und vorne nicht. Der Dschihad erhebt keinen Anspruch darauf, heilig zu sein. Das Wort „heilig“ kommt in muslimischen religiösen Texten ohnehin kaum vor. Das Attribut läßt sich nur insofern rechtfertigen, als die Aufforderung zum Dschihad letzten Endes von Gott kommt. Der Dschihad ist auch kein Krieg; dazu fehlt ihm das Organisierte. Dschihad übt man aus als Individuum, als einzelner Gläubiger und als Freiwilliger. Für „Krieg“ hat das Arabische ein ganz anderes Wort, und dieses Wort ist im Gegensatz zu Dschihad nicht positiv besetzt. Der Begriff „Heiliger Krieg“, zwei Wörter statt eines wie bei *ǧihād*, ist europäisch und spät dazu. Auf persisch ist er bezeichnenderweise vorläufig erst in einem indischen Traktat um die Wende zum 20. Jahrhundert belegt *(ǧang-i muqaddas)*. Im Deutschen dagegen begegnet er in säkularer Bedeutung – und zusammen mit einem inflationären Gebrauch des Wortes „heilig“ – bereits zu Beginn des 19. Jahrhunderts, während der Befreiungskriege gegen Napoleon (denken Sie an die Gedichte von Ernst Moritz Arndt). Im Französischen und Englischen werden „guerre sainte“ bzw. „holy war“ im Zeitalter des Kolonialismus gebraucht, zusammen mit anderen Schreckensbegriffen wie „Panislamismus“, „Islamgefahr“ *(Islamic peril)* usw. Aber das ist bisher kaum untersucht, und es ist auch nicht mein Metier. Mich beunruhigt nur, daß wir fortwährend neue Begriffe in diesen Zusammenhang hineinziehen, die auch alle nicht besser sind: „Terroristen“ z. B. oder „Selbstmordattentäter“. Hier wird mit falschen Analogien gearbeitet. „Attentäter“ allein hätte ja gereicht; aber wir haben den „Selbstmord“ hinzugefügt, weil wir das Phänomen nicht verstehen oder nicht verstehen wollen. Im Kontext des Dschihad ist die Wortbildung Unsinn. Natürlich setzt ein Mudschahid sein Leben ein; aber das ist kein Selbstmord. Selbstmord ist im Koran verboten. Man käme der Sache näher, wenn man von „Selbstopfer“ spräche. Aber auch das wäre wieder der exaltierte Jargon der Freiheitskriege, als unser Gott noch Eisen wachsen ließ. Im übrigen können nur im Christentum Menschen „*sich* opfern“, weil nur hier auch Gott sich geopfert hat. Ein Muslim, zumindest ein Sunnit, denkt und sagt so etwas nicht; eine Opfertheologie gibt es im Islam nur in der Schia. Wir dagegen haben uns eine vorsichtigere Sprache erst nach dem Zweiten Weltkrieg angewöhnt.

Soviel zur Vokabel, und nun zur Praxis. Von „Terrorismus“ zu reden, mag insofern berechtigt sein, als in der letzten Zeit die Parallelen zum europäischen Terrorismus, der ja wesentlich älter ist als der heutige Dschihad, zugenommen haben. Die Muslime haben zugelernt. Ihre Aktionen sind symbolhafter geworden; der Tod Unschuldiger wird in Kauf genommen, und vielleicht gibt es sogar den von Hans-Magnus Enzensberger diagnostizierten Todeswunsch. Aber Orient und Okzident sind auch da immer noch zu trennen, zumindest in einem Punkt. Dschihad war der Kampf eines einzelnen mit einem einzelnen, so wie überall in vormodernen Kriegen. Tapferkeit war wichtig, und es gab einen gewissen, auf den Einzelkampf bezogenen Ehrenkodex. Das zählt in der heutigen Kriegführung nicht mehr; sie wirkt, schon seit den Weltkriegen, eher kammerjägerhaft. Moderne Heere sind unpersönlich und neuerdings sogar unsichtbar; in Afghanistan und Pakistan sorgen offenbar die sog. „Drohnen“ für die meisten Toten. Der einzelne hat gegenüber diesen modernen Waffensystemen kaum eine Chance; er wird einfach aus dem Weg geräumt, häufig in unbekannter oder geheimgehaltener Zahl. Wir sprechen da etwas verschämt von asymmetrischer Kriegführung. Diese Ungleichheit der Ebenen läßt sich nur durch das Selbstopfer aufheben. Da tritt dann die Paradieseshoffnung in ihr Recht; sonst würde alles in purer Sinnlosigkeit enden.

Über das Verhältnis zwischen Religion und Gewalt will ich schweigen. Das ist ein weites Feld, und viele andere haben sich dazu in der letzten Zeit schon geäußert. Man müßte dazu weitere Disziplinen befragen, etwa die Verhaltensforschung; denken Sie an die Arbeiten von Eibl-Eibesfeldt. Die historische Betrachtung des Dschihad ist kein Zauberstab. Was sie zu leisten vermag, ist erst einmal nur, Denkschablonen sichtbar zu machen, alte und neue, fremde und eigene. Das Vertrackte dabei ist allerdings, daß auch die Wissenschaft selber häufig mit Schablonen arbeitet und daß sie sich dessen meist nicht sofort bewußt wird. Aber auch das ist wieder ein Thema für sich.

II. Kommentar

A. Vorspann: Wellhausen und der Dschihad. Das Fatwa von 1914

Das Fallbeispiel, mit dem ich beginne, ist ganz von dem Anlaß her konzipiert, dem sich der Vortrag verdankt. Wellhausen hat sich, wie mir scheint, kaum je zum Dschihad geäußert. Er wußte natürlich, daß es den Dschihad gab; als Alttestamentler konnte er das Phänomen nicht ignorieren. In seinem arabistischen Hauptwerk, dem 1902 erschienenen Buch *Das arabische Reich und sein Sturz*, sagt er gleich zu Anfang, daß für die islamische Urgemeinde „die Rechtsprechung und der Krieg ebenso heilige Geschäfte waren wie der Gottesdienst“,[4] und kurz darauf heißt es, daß die „Gemeinde Muhammads“ sich nach dessen Tode „vollends in ein Heer umgewandelt“ habe; „Gebet und Fasten und die anderen Übungen der Gottseligkeit“ seien gegenüber dem Dschihad in den Hintergrund getreten.[5] Jedoch hat Wellhausen den Dschihad nie zum Thema gemacht; dazu bestand bis zum Ausbruch des Ersten Weltkrieges auch kaum ein Anlaß. Über sein Denken und seine politischen Ansichten ist manches geschrieben worden. Zur Einführung genügt es, auf den Vortrag zu verweisen, den Rudolf Smend 2004 in der Carl-Friedrich-von-Siemens-Stiftung, München, gehalten hat: *Julius Wellhausen – Ein Bahnbrecher in drei Disziplinen*; dort findet sich auch eine Liste von dessen wichtigsten Schriften.[6] Aufschluß über Wellhausens Einstellung zum Dschihad wäre am ehesten von seinen Briefen zu erwarten, die Smend herauszugeben plant, vielleicht jenen aus seinen letzten Jahren, als in Deutschland eine öffentliche Diskussion zum Thema entstand. Diese Briefe mußte man

4 S. 6. Er hat auch keine Scheu, *ǧihād* mit „heiliger Krieg“ zu übersetzen (S. 15).

5 Ibid. S. 16. Ich verdanke den Hinweis auf diese Stellen Andreas Neumann, Göttingen. Wellhausens Buch kam 1927 in Calcutta auch auf englisch heraus; eine arabische Übersetzung (von Muḥammad ʿAbdalhādī Abū Rīda) erschien 1377/1957 in Benghasi (zweite, verbesserte Auflage Kairo 1968), eine türkische 1963.

6 Weitere Publikationen Smends zu Wellhausen werden ebenda, S. 64 f., genannt. Vgl. jetzt auch F. W. Graf in RGG^4 VIII, Sp. 1385 f.

jedoch erst einmal auffinden und sammeln; sie lagen natürlich bei den Adressaten. Wellhausens eigener Nachlaß existiert nicht mehr; er wurde von seiner Witwe vernichtet. Vielleicht hat auch er selber Wert darauf gelegt, daß die neugierige Nachwelt ihn nicht ans Licht zerrt. Man könnte Verständnis dafür haben.

Auf die überhöhte Sprache, welche die Kriegsfreiwilligen von 1914 ebenso wie diejenigen, die deren Auszug mit ihren guten Wünschen begleiteten, im Munde führten, ist seit 1945 häufig hingewiesen worden. Reden und Predigten von Martin Dibelius können ebenso als Beispiel dienen wie Äußerungen des später so sanften, dem schwäbischen Pietismus entwachsenen Hermann Hesse.[7] Auch in Frankreich oder England findet sich Ähnliches; nur ist die Sache dort anscheinend viel weniger untersucht.[8] Allerdings hat die Forschung im Laufe der Zeit gelernt, zu differenzieren. Vermittelt wurde die Begeisterung schon damals durch die Medien, und wer sie offen äußerte, waren vor allem die Intellektuellen;[9] Bauern oder Arbeiter dachten häufig anders. Gänzlich verschieden reagierte die Bevölkerung des Osmanenreiches, das erst knapp ein Vierteljahr später in den Krieg eintrat; denn die Türkei hatte gerade die verlustreichen Balkankriege hinter sich. 1912 war das osmanische Heer von den Bulgaren und den Serben vernichtend geschlagen worden; der „kranke Mann am Bosporus" hatte dadurch nahezu die gesamten europäischen Territorien verloren. Allerdings waren die beiden Sieger von 1912 im Jahre darauf ihrerseits übereinander hergefallen, und als es nachher unter tätiger Mitwirkung weiterer Kriegsteilnehmer (Griechenland und Rumänien) ans erneute Aufteilen ging, erhielten die Osmanen Adrianopel/Edirne zurück. Dort verläuft bis heute die Grenze. Aber die Kriegsgebiete

7 Natürlich sind auch Thomas Manns etwas später erschienene *Betrachtungen eines Unpolitischen* hier einzubeziehen. Allgemein zum Thema Kurt Flasch, *Die geistige Mobilmachung. Die deutschen Intellektuellen und der Erste Weltkrieg. Ein Versuch* (Berlin 2000); dort vor allem S. 227 ff. Dibelius und Hesse werden herausgehoben bei Walter Jens, *August 1914. Die Literaten und der Erste Weltkrieg*, in: Radius-Almanach 1981/82, S. 7 ff., dort S. 9 f.; zitiert bei Colpe, *Der „Heilige Krieg"* (Bodenheim 1994), S. 19 f.

8 Vgl. *Enzyklopädie Erster Weltkrieg* (EEW), S. 630 f., s. v. „Kriegsbegeisterung"; auch schon RGG³ IV, Sp. 73 ff., s. v. „Krieg. V: Religiöse und sittliche Auswirkung der Weltkriege".

9 Auf die Flasch in seiner oben genannten Arbeit mit Recht die Untersuchung auch einengt.

waren entvölkert, ihre Dörfer noch lange verwüstet und das Heer erschöpft.

Wellhausen hat wohl nie dem Bild entsprochen, das man sich von einem „Intellektuellen“ macht. Er war zwar „borussianisch“ und „nationalstaatsfromm“;[10] aber für Begeisterung war er 1914, als er gerade 70 geworden war, vermutlich zu alt.[11] An dieser Front traten, zumindest in der Orientalistik, jüngere Leute in Erscheinung. Als Beispiel mag uns Eugen Mittwoch dienen, seines Zeichens „Universitätsprofessor und Dozent am Seminar für Orientalische Sprachen in Berlin“, der eine Broschüre mit dem Titel *Deutschland, die Türkei und der Heilige Krieg* verfaßte, die 1914 als Heft 17 der „Kriegsschriften des Kaiser-Wilhelm-Dank, Verein der Soldatenfreunde“ erschien. Er beginnt mit den Worten:

> Ein heiliger Krieg ist es, zu dem Deutschlands waffenfähige Söhne im Sommer dieses Jahres in beispielloser Begeisterung hinausgezogen sind. Mit Fug und Recht: ein *heiliger* Kampf. Wenn je ein Krieg ein heiliger genannt werden durfte, dann ist es das gewaltige Ringen, das Deutschlands Heere in treuer Waffenbrüderschaft mit den österreich-ungarischen Armeen gegen eine Welt von Feinden siegreich bestehen.

Mittwoch war ein guter Wissenschaftler, Semitist nach heutigem Sprachgebrauch; nach 1918, als das Berliner Seminar für Orientalische Sprachen (SOS) weitgehend seinen Praxisbezug verloren hatte, arbeitete er vor allem über das Geez, die äthiopische Kirchensprache. Seine Universitätsprofessur, 1914 noch „außerordentlich“ und deswegen unbesoldet, verwandelte sich 1919 in eine ordentliche[12] und trug

10 So F. W. Graf in: RGG^4 VIII, Sp. 1385.

11 Er trat auch nicht dem Manifest bei, mit dem 93 deutsche Gelehrte und Künstler am 4. Oktober 1914 sich an die Welt wandten (vgl. J. und W. von Ungern-Sternberg, *Der Aufruf „An die Kulturwelt!“. Das Manifest der 93 und die Anfänge der Kriegspropaganda im Ersten Weltkrieg*; Stuttgart 1996). Ob er die Erklärung der Hochschullehrer mit unterschrieb, die sein Freund Ulrich von Wilamowitz-Moellendorff kurz darauf, am 16. Oktober, an die Öffentlichkeit brachte (vgl. EEW, S. 356 f., und R. E. Norton, *Wilamowitz at War*, in: International Journal of the Classical Tradition 15 [2008], S. 74 ff.), entzieht sich meiner Kenntnis. Man muß allerdings berücksichtigen, daß Wellhausen damals schon krank und nahezu taub war.

12 Nach einem Zwischenaufenthalt in Greifswald, wohin er noch während des Krieges berufen worden war. Er hatte sich 1907 in Berlin habilitiert; auch am SOS (woher er sein Gehalt bezog) war er schon Lehrer für äthiopische Sprachen gewesen.

ihm 1928 das Direktorat des Berliner Orientalischen Seminars ein. Dieses allerdings wurde ihm 1933 wegen seiner jüdischen Abstammung entzogen; 1935 endgültig entlassen, emigrierte er 1938 nach England. Er starb 1942 in London. Daß er von einem „heiligen" Krieg redet, ist der damaligen Rhetorik geschuldet; so redeten auch die Journalisten. Man hatte allgemein ein Faible für Feiertagssprache. Der „Verein der Soldatenfreunde" brachte als übernächstes Heft eine Schrift mit dem Titel „Die Weihe des Krieges" heraus, die ein Geheimer Kirchenrat und Professor für Kirchengeschichte in Heidelberg verfaßt hatte.[13] Mittwoch nimmt das Wort „Weihe" zwar nicht in den Mund; aber auch bei ihm folgt auf „heilig" schon bald „hehr" und „gerechte Sache".

Mit „heilig" hatte es allerdings, wie der Titel seines Büchleins zeigt, eine besondere Bewandtnis; im November 1914 hatte das Osmanenreich als Verbündeter Deutschlands und Österreichs sich zum Dschihad, dem „heiligen Krieg", bekannt. Die letztere Vokabel löste nicht unbedingt positive Empfindungen aus. Als 1911, kurz vor dem ersten Balkankrieg, Italien in einer der letzten offen imperialistischen Aktionen Europas sich in Tripolitanien festsetzte und der Sultan, zu dessen Staatsgebiet Libyen damals völkerrechtlich gehörte, die dortige Bevölkerung daraufhin zum Dschihad aufrief, hatte sich der deutsche Orientalist Martin Hartmann, damals einer der wenigen Spezialisten für den „modernen" Orient an der Berliner Universität, recht ungnädig geäußert und von „religiösem Fanatismus" gesprochen.[14] Mittwoch geht darum behutsam an das Thema heran:

> Doch einem anderen heiligen Kriege sollen diese Blätter gelten, dem Kriege, den auch die Türkei an die Mächte des Dreiverbandes erklärt hat, und dem damit in Verbindung stehenden Dschihad, dem Heiligen Kriege, zu dem der Sultan in seiner Eigenschaft als Kalif und Imam, als oberster Leiter der gesamten islamischen Gemeinde, alle Mohammedaner der Welt aufgerufen hat. Auch die Osmanen, das wollen wir zeigen, führen einen heiligen Krieg, nicht in dem Sinne, wie man das Wort gewöhnlich als Kunstausdruck anwendet, um einen Krieg von Muslimen für den Islam zu bezeichnen, sondern weil auch die Türkei von einer Welt von Feinden, die ihr den Rest von Selbstän-

13 Dr. Hans von Schubert, *Die Weihe des Krieges* (Heft 19). Es handelt sich um einen Vortrag zu Kaisers Geburtstag, den der Kirchenrat wohl 1915 gehalten hat. Jedes Heft kostete übrigens 30 Pfennige.

14 *Das Ultimatum des Panislamismus*; in: Das Freie Wort 11 (1911), S. 605–610.

> digkeit rauben wollen, bedrängt, mit Aufbietung aller ihr zur Verfügung stehenden Kräfte um Sein oder Nichtsein kämpft.

Das Wort „siegreich“, das im vorhergehenden Abschnitt „Deutschlands Heeren“ geschenkt worden war, wird hier vermieden; es geht vielmehr um „Sein oder Nichtsein“. Mittwoch wußte gar nicht, wie recht er hatte; das Osmanenreich war später in der Tat nicht mehr da, ebensowenig wie die österreich-ungarische Doppelmonarchie. In Deutschland zweifelten damals nicht wenige, ob die Türkei trotz „Aufbietung aller zur Verfügung stehenden Kräfte“ den Kampf durchstehen würde; mit ihrem Kriegseintritt trat jedenfalls eine weitere und schwer kalkulierbare Front hinzu. Mittwoch kommt denn auch bald zur Sache. Damit verlassen wir den Bereich von Stil und Rhetorik und treten ein in das politische Geschehen.

Der Sultan hatte am 12. November 1914 den Dschihad ausgerufen. Zugleich hatte er an den höchsten Juristen des Staates, den Schaich ul-islam, fünf Fragen gerichtet, die dieser zwei Tage später in einem Fatwa beantwortete. Der Text wurde öffentlich verlesen, von der (Eski) Valide-Moschee aus, die in Istanbul direkt an der alten Brücke (in Eminönü) liegt.[15] Der eigentliche Akteur im Geschehen war jedoch das Kabinett, das sich aus „Jungtürken“ zusammensetzte.[16] Der Sultan, Mehmet V. Reşad, war, seitdem sein Bruder und Vorgänger ʿAbdülhamid II. 1909 abgesetzt und nach Saloniki verbannt worden war,[17] ein konstitutioneller Monarch. Das Kabinett aber war, als in Europa der Krieg ausbrach, in seinen Sympathien anfangs gespalten

15 Die Frau eines deutschen Juristen, der bei der Deutschen Bank in der Türkei für die Bagdadbahn zuständig war, hat dies miterlebt (F. F. Schmidt-Dumont, *Von Altona nach Ankara*, edd. H. Mejcher und M. Schmidt-Dumont, Berlin 2010, S. 13). Es gab auch feierliche Umzüge „zur Feier der persisch-türkischen Verbrüderung“ (ib.; näher dazu G. Hagen, *German Herolds of Holy War*, in: Comparative Studies of South Asia, Africa and the Middle East 24.2 [2004], S. 145).

16 Zu den „Jungtürken“ (*Jön Türkler* oder *Genç Türkler*) vgl. EI² II, S. 643 f., s. v. *Dustūr* (B. Lewis), und IV, S. 284 ff., s. v. *Ittiḥād we Teraḳḳī Djemiyyeti* (Feroz Ahmad), sowie İslâm Ansiklopedisi XII/2, S. 369 ff., s. v. *Türkler* (Kemal Karpat). Sie sind zu unterscheiden von den „Jungen Osmanen“ *(Yeni Osmanlılar)*, die ihnen vorausgingen (EI² XI, S. 331 f.: E. J. Zürcher).

17 Saloniki war erst infolge der Balkankriege an Griechenland gefallen; die jungtürkische Bewegung hatte sich unter den dort stationierten osmanischen Truppen gebildet.

gewesen. Frankreich war die europäische Nation, die man am besten kannte;[18] in den gehobenen Kreisen las man französische Literatur, und die Jungtürken begeisterten sich für die französische Aufklärung. Außerdem war man sich darüber im klaren, daß Machtdemonstrationen nach den Balkankriegen keinen Eindruck machen würden; es sprach also Einiges dafür, sich aus der Sache herauszuhalten. Aber natürlich wußte man auch, daß man selbst im Falle der Neutralität und bei politischem Wohlverhalten in Gefahr stand, weitere Territorien zu verlieren. Daß die Europäer mit dem Gedanken spielten, das Osmanenreich aufzuteilen, bezweifelte in der Bevölkerung niemand; Enno Littmann erinnerte sich, daß bereits Gustav Dalman um 1900 beobachtete, wie die osmanischen Zollbehörden bei europäischen Reisenden mehrfarbige Karten von Syrien beschlagnahmten, weil sie meinten, daß darauf die Teilung schon vollzogen sei.[19] Nur war Europa immer auch zerstritten gewesen; man konnte sich in Istanbul also überlegen, an wen man sich am besten anlehnte. Die Entscheidung wurde den Türken dann freilich abgenommen. Als ein Vertreter des Kabinetts nach Paris reiste, um dort Verhandlungen wegen einer Allianz aufzunehmen, lehnte Frankreich ab.[20]

Der Kriegsminister Enver Paşa[21] brachte nun Deutschland ins Gespräch. Er sah den Moment gekommen, wo sich mit Rußland abrechnen ließ. Das Zarenreich hatte während der Balkankriege Serbien unterstützt, und im Kaukasus hatte es ein Gebiet nach dem andern an sich gerissen. Jetzt war es mit Frankreich verbündet, und die Länder der Entente (neben Frankreich noch England, das bei Ausbruch des Krieges Zypern annektiert hatte und im Mittelmeer schalten und walten konnte, wie es wollte) würden versuchen, sich auf dem Weg über die Dardanellen und das Schwarze Meer mit Rußland zusammenzuschließen, um die Mittelmächte in die Zange zu nehmen. Da aber kam es Ende August 1914 zu dem unerwarteten und auf seine Art sensationellen Sieg der Deutschen über das russische Heer in Ostpreußen, und aus türkischer Sicht bot sich nun die Chance, den Russen einige ihrer früheren Eroberungen wieder abzunehmen. Man konnte auch darauf

18 Mittwoch weist darauf hin (S. 14 f.).

19 H. H. Biesterfeldt, *Enno Littmann – Leben und Arbeit. Ein autobiographisches Fragment (1875–1904)*; in: Oriens 29/30 (1986), S. 1–101, dort S. 47.

20 Vgl. dazu und zum Folgenden EEW, S. 758 ff., s. v. *Osmanisches Reich.*

21 Zu ihm EI² II, S. 698 ff., s. v. *Enwer Pasha* (Dankwart Rüstow).

hoffen, in den Gebieten, die bisher noch nicht an die Europäer gefallen waren, sich selber festzusetzen, etwa in Persien. Warum sollte man nicht den europäischen Imperialismus ebenso übernehmen wie die europäische Aufklärung? Von diesen beiden Geschenken des Abendlandes war das Erstere ja ohnehin eher geeignet, den Jungtürken bei der Bevölkerung Beliebtheit zu verschaffen; die Aufklärung dagegen hatte ihnen den Ruf eingebracht, ausgesprochen irreligiös zu sein.[22] Ende Oktober 1914 griff ein türkischer Flottenverband unter dem Befehl eines deutschen Admirals ohne Kriegserklärung die russische Schwarzmeerflotte in ihren Basen an,[23] und am 2. November, also nur zehn Tage vor dem Dschihadaufruf, war die russische Kriegserklärung in Istanbul eingegangen.

Das Ganze hatte natürlich eine Vorgeschichte. Seit dem 2. August gab es ein nicht für die Öffentlichkeit bestimmtes Abkommen zwischen dem Osmanenreich und Deutschland, demzufolge man sich gegenseitig gegen Rußland beistehen wollte; Enver Paşa hatte das zusammen mit dem Botschafter von Wangenheim ausgehandelt. Am 5. August, also drei Wochen vor der Schlacht bei Tannenberg, hatte Enver zudem eine Geheimorganisation gegründet, die *teškilāt-i maḫṣūṣa*, welche Aufstände in Mazedonien, dem Kaukasus, Iran und in Libyen anzetteln sollte. In ihrer politischen Zentrale arbeiteten auch Angehörige des inneren Zirkels seiner Partei, des Ittihad ve-Teraqqi, mit.[24] Er hoffte im Kaukasus und vor allem in Zentralasien die „Rußlandtürken" gewinnen zu können; sie waren schon seit einigen Jahren in den Zeitungen der Hauptstadt ein vielberedetes Thema.[25] Selbst

22 Das trat bekanntlich später bei Atatürk ganz deutlich in Erscheinung.

23 EI² II, S. 699a. Wilhelm II. hatte bereits vor Jahren ein deutsches Geschwader unter diesem Admiral (Wilhelm Souchon) im Mittelmeer stationiert.

24 Dazu D. Rüstow, *The Army and the Founding of the Turkish Republic*; in: World Politics 11 (1959), S. 513–552, dort S. 518, und EI² II, S. 699b; jetzt weiterhin Tilman Lüdke, *Jihad made in Germany. Ottoman and German Propaganda and Intelligence Operations in the First World War* (Münster 2005), dort vor allem S. 75 ff., sowie Salvador Oberhaus, *„Zum wilden Aufstande entflammen". Die deutsche Propagandastrategie für den Orient im Ersten Weltkrieg am Beispiel Ägypten* (Saarbrücken 2007), dort S. 159 ff. Die Partei war aus dem „Komitee für Einheit und Fortschritt" hervorgegangen, das sich 1906 in Saloniki konstituiert hatte (vgl. EI² IV, S. 284 ff.).

25 Vgl. Volker Adam, *Rußlandmuslime in Istanbul am Vorabend des Ersten Weltkrieges. Die Berichterstattung osmanischer Periodika über Rußland und*

nach dem Krieg, als Enver nach Zentralasien entwichen war, agitierte er dort in diesem Sinne.[26] Die Pläne, die er mit Bezug auf das Schwarze Meer hegte, waren dadurch begünstigt worden, daß am 10. August zwei deutsche Kriegsschiffe, die „Goeben" und die „Breslau", die im Mittelmeer festsaßen, im Hafen von Istanbul Schutz suchten. Die Türkei kaufte sie für eine symbolische Summe den Deutschen ab, und der Admiral Souchon, dem sie unterstanden, wurde, wie oben bereits geschildert, der türkischen Flotte zugeordnet.[27] Am 25. Oktober hatte das Kabinett sich entschieden, an der Seite des Deutschen Reiches in den Krieg einzutreten. Eine deutsche Militärmission gab es im Osmanenreich ja seit Jahrzehnten; ihr verdanken wir Helmuth von Moltkes berühmte Tagebücher und Briefe aus der Türkei. Diese hatte auch die Aufgabe gehabt, das osmanische Heer zu reorganisieren, und selbst das Desaster der Balkankriege hatte ihrem Ansehen nicht geschadet.

Kurz bevor in Istanbul die Entscheidung für das Bündnis fiel, hatte in Deutschland, wo die ersten Blütenträume von einem schnellen Sieg bereits zerstoben waren,[28] jemand eine „Denkschrift betreffend die Revolutionierung der islamischen Gebiete unserer Feinde" dem Auswärtigen Amt vorgelegt, deren Intention sich mit Envers Ideen weitgehend deckte. Empfohlen wurden Aufstände in Nordafrika, Britisch-Indien und Zentralasien, allgemein auch ein „Landkrieg der Türkei

Zentralasien (Frankfurt 2002). Zum Begriff „Rußlandtürken" vgl. schon Gerhard von Mende, *Der nationale Kampf der Russlandtürken. Ein Beitrag zur nationalen Frage in der Sovetunion* (Berlin 1936). Envers Kriegsziel war die „Befreiung und Vereinigung der Turkvölker Asiens".

26 1918, als das Zarenreich zusammengebrochen war, operierte in Transkaukasien eine von den *teškilāt* geschaffene Guerillatruppe, die sich „Islamarmee" nannte (EI² II, S. 699b). Die panislamischen Ideen, die Enver gehegt hatte, waren allerdings längst zu pantürkischen geworden; in dieser Form wurden sie auch im Staate Atatürks zeitweise wieder virulent.

27 Die Türkei war bis dahin ja neutral gewesen; die deutschen Schiffe durften nach geltendem Seerecht von sich aus den Hafen von Istanbul nicht verlassen, aber auch nicht auf Dauer dort bleiben. Die Engländer hatten im übrigen in London zwei auf Reede liegende Kriegsschiffe, die von der (damals noch neutralen) Türkei geordert und auch bezahlt worden waren, bei Kriegsausbruch beschlagnahmt (EEW, S. 758, s. v. *Osmanisches Reich*).

28 Die Marneschlacht fällt in die erste Hälfte des September 1914.

gegen Rußland im Kaukasus" und die Eroberung Ägyptens.[29] Verfaßt war das Memorandum von dem Freiherrn Max von Oppenheim, einem Sproß des Kölner Bankhauses, der sich seinen Vermögensanteil hatte auszahlen lassen und seit 1888 hauptsächlich im Orient gelebt hatte. Er hatte sich vor allem in der Archäologie einen Namen gemacht, ein Dilettant zwar, aber mit erstaunlichem Grabungserfolg.[30] Zuvor hatte er in Kairo am deutschen Generalkonsulat als Attaché gearbeitet; jedoch war seine Karriere wegen seiner jüdischen Abstammung dort nicht weit gediehen.[31] Wir wissen nicht, ob seine Initiative mit den Gedanken Enver Paşas abgestimmt war; aber jedenfalls führte sie zur Gründung einer „Nachrichtenstelle für den Orient", die in Berlin ihren Sitz hatte und deren ziviler Leiter später Eugen Mittwoch wurde.[32] Sie war auch für die geistige Versorgung der muslimischen Kriegsgefangenen zuständig, die man im sog. „Halbmond-Lager" in Zossen bei Berlin zusammenfaßte; zu diesem Zweck gab man eine Zeitschrift heraus, die den ansprechenden Namen „El-Dschihad" erhielt.[33] Damit hatte der türkische Kampfwille auch in

---

29 Die türkischen Truppen haben bekanntlich zweimal, 1915 und 1916, versucht, den Suezkanal zu überschreiten (Fritz Fischer, *Griff nach der Weltmacht*, [4]Düsseldorf 1971, S. 148 ff.). Enver Paşa sah darin eine „islamische" Strategie.

30 Max Freiherr von Oppenheim, *Tell Halaf*, 4 Bände, Berlin 1943–1962. Die Grabungen hatten 1910 begonnen und wurden durch den Krieg unterbrochen. Zur Person vgl. M. Stürmer, G. Teichmann, W. Treue, *Wägen und Wagen: Sal. Oppenheim jr. & Cie. Geschichte einer Bank und einer Familie.* München/Zürich 1989, S. 264 ff.; zu den Grabungen jetzt N. Cholidis / L. Martin (edd.), *Die geretteten Götter aus dem Palast vom Tell Halaf* (Regensburg 2011).

31 Dazu wie zum Vorhergehenden J. M. Landau, *The Politics of Pan-Islam.* Oxford 1990, S. 96 ff.; vgl. auch D. M. McKale, *Curt Prüfer. German diplomat from the Kaiser to Hitler.* Kent, Ohio 1997, S. 15 ff.

32 Näher dazu Fischer, *Griff nach der Weltmacht*, S. 142 f.; W. G. Schwanitz, *Djihad „Made in Germany". Der Streit um den heiligen Krieg 1914–1915*, in: Sozial.Geschichte 18.2 (2003), S. 7–34 (dort S. 18 ff.); Gottfried Hagen, *Die Türkei im Ersten Weltkrieg. Flugblätter und Flugschriften in arabischer, persischer und osmanisch-türkischer Sprache aus einer Sammlung der Universitätsbibliothek Heidelberg* (Frankfurt/Main 1990), S. 30 ff.; Lüdke, *Jihad made in Germany*, S. 70 ff., 99 f., 115 ff., 131 ff., 154 f.; Oberhaus, *„Aufstand"*, S. 46 ff.

33 Dazu P. Heine, *Al-Ǧihād – Eine deutsche Propagandazeitung im 1. Weltkrieg*, in: Die Welt des Islams 20 (1980), S. 197–199; eine Kurzfassung auch

Deutschland seinen ideologischen Segen erhalten. Mittwoch hatte noch den Verteidigungscharakter des Dschihad hervorgehoben;[34] aber das stimmte nur, solange man an die Türken selber dachte.[35] Wenn dagegen Untertanen anderer Länder die Adressaten waren, wurde aus dem Dschihad-Aufruf eine Aufforderung zur Rebellion oder zur Meuterei.

Das Deutsche Reich hatte sich nur unter Bedenken zur Waffenbrüderschaft mit den Türken entschlossen. Das Kabinett Bethmann-Hollweg war dagegen gewesen; aber der Kaiser, der 1898 auf Einladung des Sultans eine große Orientreise gemacht hatte und dabei an Saladins Grab in Damaskus einen vergoldeten Lorbeerkranz hinterlassen hatte,[36] gab mit seiner Euphorie den Ausschlag. Die Entente-Mächte, vor allem der Erste Lord der Admiralität Winston Churchill, glaubten an eine rasche Kapitulation der Türkei. So kam es zu der schlecht geplanten britischen Landung auf der Halbinsel Gallipoli, die nach knapp einem Jahr erfolglos abgebrochen werden mußte.[37] Aber das geschah im Januar 1916, und nicht der Dschihadgedanke hatte die Türken in ihrem Abwehrwillen bestärkt, sondern die kluge Strategie des jungen Mustafa Kemal, den man später den Atatürk nennen würde und der damals unter deutschem Oberkommando kämpfte.[38] Auch als Enver Paşa sich im Winter 1914/15 gegen den russischen Überfall in Ostanatolien zur Wehr setzen mußte und dabei eine ganze Armee

---

in: Spektrum Iran 19.2 (2006), S. 8–13; genauer jetzt G. Hagen, *German Herolds of Holy War*, S. 145 ff. In Zossen wurde für die Muslime sogar eine Moschee errichtet, damals noch eine Maßnahme, die keinen Volkszorn erregte.

34 „Der jetzige Dschihad bedeutet keinen offensiven Vorstoß des Islams, sondern das Eintreten aller Muslime für die muslimische Vormacht in dem Abwehrkampfe, der ihr aufgezwungen worden ist"; es handle sich um einen „nationalen Verteidigungskrieg" (Mittwoch, S. 5).

35 Der Dschihadgedanke war an sich von den Osmanen schon während des Krimkrieges und später von dem Sultan Abdülaziz (reg. 1861–1876) zur Mobilisierung genutzt worden (Landau, *Politics of Pan-Islam*, S. 11 und 40); aber da ging es gleichfalls um Verteidigung, ebenso wie später bei dem italienischen Überfall auf Libyen (s. u. S. 51).

36 Heute im Imperial War Museum, London; siehe A. Wieczorek, M. Fansa, H. Meller (edd.), *Saladin und die Kreuzfahrer* (Ausstellungskatalog, Mainz 2005), S. 460 und 463.

37 EEW, S. 424 ff. und 517 f., s. vv. *Dardanellen* und *Gallipoli*.

38 EEW, S. 611, s. v. *Kemal Pascha*.

opferte, war von Dschihad nicht die Rede. Stattdessen wurde die armenische Bevölkerung aus dem gesamten Grenzgebiet evakuiert und auf dem Weg in den Süden ihrem Schicksal überlassen. Armenische Nationalisten hatten mit den Russen zusammengearbeitet; das Zarenreich hatte sich seit jeher als Sachwalter der (orthodoxen, also nicht-unierten) Armenier angesehen.[39] Dagegen kam der Dschihad-Aufruf vom November 1914 zum Tragen, als die Briten gegen Ende ihres Gallipoli-Unternehmens vom Persischen Golf aus einen zweiten Versuch unternahmen, das Osmanenreich zu destabilisieren. Unter den Truppen, die damals, von dem General Townshend geführt, in Basra landeten, waren zahlreiche indische Muslime, die nach dem Gesetz des Dschihad nicht gegen andere Muslime, eben die Türken, hätten kämpfen dürfen. Sie gerieten mitsamt ihren englischen Offizieren nach dem Fall von Kūt al-ʿAmāra, einer befestigten Provinzstadt am mittleren Tigris,[40] in Kriegsgefangenschaft, und ihr Los war besonders hart. Muslimische Hilfstruppen waren natürlich auch von den Franzosen rekrutiert worden, Berber zumeist, aber auch Schwarze aus dem Senegal, die gefürchteten „Zuaven". Aber sie traten nur gegen die Deutschen an und sind nie in den Gesichtskreis osmanischer Juristen geraten.[41]

---

39 Das galt natürlich auch für andere orthodoxe Kirchen. Die oben (Anm. 25) genannte Publikation von V. Adam verweist darauf, daß die antirussische Ausrichtung der Istanbuler Presse sich z. T. durch diese missionarischen Bemühungen erklärt (dort S. 226 ff.). Aus westlicher, auch deutscher Sicht stand die protestantische Armeniermission stärker im Vordergrund; aber sie war vergleichsweise erfolglos. Mittwoch spricht von dem russischen Einfluß in Jerusalem, durch Einrichtung von Schulen und russische Pilger (S. 7).

40 Am 29. April 1916; vgl. EI² V, S. 537, s. v. *Kūt al-ʿAmāra*.

41 Allerdings fand die osmanische Propaganda im Maghrib gewissen Widerhall; vgl. die Schrift des Ṣāliḥ aš-Šarīf at-Tūnisī, *Ḥaqīqat al-ǧihād*, die von Karl E. Schabinger ins Deutsche übersetzt und von Martin Hartmann mit einem Vorwort versehen wurde (*Die Wahrheit über den Glaubenskrieg*, hrsg. von der Deutschen Gesellschaft für Islamkunde, Berlin 1915).

Das Fatwa hatte die strittigen Fragen, soweit sie sich 1914 bereits vorhersehen ließen, aufgegriffen und in durchaus traditioneller, aber auch schlüssiger Form beantwortet. Es waren fünf Fragen gewesen, und die Antwort hatte in allen Fällen aus einem einfachen „Ja" (*olur* bzw. *olurlar*) bestanden; auch das war nicht ungewöhnlich. Wer die Fragen zur Kenntnis nahm, wußte:

1. Jeder Muslim ist verpflichtet, Dschihad zu üben, wenn die islamische Ökumene *(umma)* angegriffen wird und „Seine Majestät der Pādišāh des Islam" den Dschihad verkündet. Der Dschihad ist, terminologisch gesagt, dann ein *farḍ ʿain.*[42] Verwiesen wird auf Sure 9:41.
2. Muslime, die unter russischer, französischer oder englischer Herrschaft leben, müssen ebenfalls Dschihad üben, und zwar gegen ihre (Kolonial-)Herren. Der Ausdruck „Ungläubige" wird hier vermieden.[43]
3. Wer sich dem Dschihadgebot entzieht, ist ein schwerer Sünder.
4. Selbst wenn Muslime zum Kriegsdienst gegen die Truppen der islamischen Länder gezwungen werden, dürfen sie diesem Befehl nicht Folge leisten; denn sie sind dann einfache Mörder, die das Höllenfeuer verdienen.
5. Auch wenn diese Muslime gegen die Verbündeten der Obersten Islamischen Regierung kämpfen, d. h. gegen Deutschland oder Österreich, begehen sie eine große Sünde.

Aus Nr. 5 geht hervor, warum der Schaich ul-islam bzw. der Fragesteller in Nr. 2 bei den Russen, Franzosen und Engländern nicht von „Ungläubigen" sprach; die Deutschen und Österreicher waren ja auch Ungläubige. Das blieb ein wunder Punkt. Die Ausdehnung auf Muslime außerhalb der islamischen Oberhoheit war im Vergleich zu früheren Fatwas ein Novum; sie lag in der Konsequenz der panislamischen Politik ʿAbdülhamids II. (den die Jungtürken abgesetzt hatten).[44] Der Text wurde darum auch in andere islamische Sprachen

---

42 Zum Übergang von *farḍ kifāya* in *farḍ ʿain* auch Mittwoch, S. 23 ff.

43 Das hat auch Mittwoch notiert (S. 27 f.).

44 Zum Panislamismus ʿAbdülhamids vgl. EI² I, S. 64; allgemein auch C. H. Becker, *Panislamismus*, in: Archiv für Religionswissenschaft 7 (1904), S. 169–192; ders., *Islamstudien: vom Werden und Wesen der islamischen*

(Arabisch, Persisch, Urdu, Tatarisch) übersetzt.[45] Man muß allerdings berücksichtigen, daß ein Fatwa immer nur den jeweiligen Adressaten bindet oder informiert; es war ein Gutachten, kein Gerichtsurteil. Im vorliegenden Fall war der Adressat *stricto sensu* nur der Sultan; erst dadurch, daß dieser (vorher bereits) den Dschihad proklamiert hatte, wurde aus dem Gutachten ein Appell.

Ein besonderes Problem waren die Schiiten; sie erkannten sunnitische Fatwas nicht an. Enver Paşa hatte darum angeregt, daß der Dschihad auch in Karbalā᾽ und Nadschaf proklamiert werde, also von irakischen Schiiten, die im Hoheitsgebiet des Osmanenreiches lebten; nur so lasse sich die Bevölkerung Persiens gewinnen und darüber hinaus auf Afghanistan einwirken.[46] Im Januar 1915 reiste deswegen eine Gruppe deutscher Militärs und Diplomaten nach Karbalā᾽, um die Grüße des Kaisers auszurichten und die Atmosphäre zu testen. Die schiitischen Würdenträger zeigten sich auch nicht abgeneigt; denn sie waren verschnupft darüber, daß die Briten (die ja eine Invasion in den Irak planten) die Spenden gestoppt hatten, welche bis dahin von den reichen indischen Lokalfürsten (Nabobs), soweit sie Schiiten waren, jährlich nach Nadschaf und Karbalā᾽ geschickt worden waren.[47]

Eine weitere Initiative dieser Art ging Mitte desselben Jahres von dem jungen Orientalisten Hellmut Ritter aus, der in Bagdad stationiert und im Mitarbeiterstab des alten Feldmarschalls Colmar Freiherr von der Goltz (1843–1916) als Dolmetscher tätig war. Er hatte den schiitischen Modernisten Hibataddīn Šahrastānī (1884–1967) kennengelernt, der aus Nadschaf stammte und sich ihm in wissenschaftlichen Dingen als ungemein nützlich erwies.[48] Die Russen hatten mittlerweile Teheran besetzt; Šahrastānī fand sich deswegen bereit, noch einmal – und jetzt sehr ausführlich – Punkt 5 des Istanbuler Fatwas zu bestätigen,

---

Welt, Bd. 2, Leipzig 1932, S. 231 ff.; und jetzt J. M. Landau in: The Oxford Encyclopedia of the Modern Islamic World III, S. 300 f., s. v. *Pan-Islam.*

45 R. Peters, *Islam and Colonialism*, Hague u. a. 1979, S. 91.

46 Christopher Sykes, *Wassmuss, "the German Lawrence"*, London 1936, S. 45 f.

47 Dazu Werner Ende, *Iraq in World War I. The Turks, the Germans and the Shi῾ite Mujtahids' Call for Jihad*, in: R. Peters (ed.), Proceedings of the Ninth Congress of the UEAI, Leiden 1981, S. 57 ff.

48 Ritter hatte bei ihm die Handschrift eines frühen häresiographischen Werkes (Naubaḫtī, *Firaq aš-Šī῾a*) gefunden, das er 1931 edierte.

daß die Zusammenarbeit mit den „ungläubigen" Deutschen rechtens sei und einer guten Sache diene. Beim Dschihad bestand aus schiitischer Sicht zwar generell das Problem, daß man dazu eines „Anführers" *(imām)* bedurfte und der schiitische Imam schon im 9. Jahrhundert in die „Verborgenheit" *(ġaiba)* gegangen war. Aber solange es um Selbstverteidigung ging, hatte man auch unter schiitischen Juristen kaum je Bedenken gehabt, das Wort „Dschihad" zu gebrauchen.[49] Šahrastānī war für ein Fatwa eigentlich noch etwas jung; er hatte sich deswegen eines Mitarbeiters aus Karbalāʾ versichert. Aber er war ein gelehrter Mann; was ihm fehlte, war allenfalls die Autorität. So erklärt sich vielleicht, warum man es in Deutschland mit der Publikation nicht eilig hatte; der Text erschien erst 1917 in einer orientalistischen Zeitschrift, und dort nicht einmal unter dem Namen Ritters, sondern unter dem seines Mentors C. H. Becker.[50] Wieviele Fatwas dieser Art, sunnitische wie schiitische, es noch gegeben hat, ist schwer festzustellen; eine iranische Publikation kommt auf mindestens 53.[51]

Das Istanbuler Fatwa dagegen, das als einziges politische Bedeutung hatte, war seinerzeit in Deutschland sofort publik gemacht worden. Mittwoch reproduzierte den Text in seiner Broschüre,[52] und Carl Heinrich Becker druckte das türkische Original mitsamt einer Übersetzung in der von ihm redigierten Zeitschrift „Der Islam".[53]

---

49 E. Kohlberg, *The Development of the Imāmī-Shīʿī Doctrine of jihād*, in: ZDMG 126 (1976) S. 64–86.

50 Fārisī, Muḥammadi / Ritter, Helmut (sic!), *Kriegsurkunden. 17. Fetwa des Scheich es-Saijid Hibet ed-Din esch-Schahrastani en-Nedschefi über die Freundschaft der Muslime mit den Deutschen. Mit Erläuterungen von Muḥammadi Fārisī. Aus dem Persischen übersetzt von Dr. Helmut Ritter*, in: Die Welt des Islams 4 (1917), S. 217–225.

51 Muḥammad Ḥasan Rağabī, *Rasāʾil ve-fatāvā-yi ğihādīya* (Teheran, Wizārat-i Iršād-i Islāmī, 1999), dort S. 269–335. Das Buch ist mir leider nicht zugänglich. Allerdings ist dort auch sonstige unterstützende Literatur aufgeführt, eben *Rasāʾil*; vgl. z. B. Muḥammad Adīb al-Ğarrāḥ, *Risālat al-ğihād ʿalā fatwā ḫalīfatinā al-aʿẓam as-Sulṭān al-Ġāzī Muḥammad Rašād* (Mosul, Ninive-Druckerei, 1333 h. [= 1914/15]). Ğarrāḥ war Richter am Appellationsgerichtshof in Mosul. Weiteres dazu bei Peters, *Islam and Colonialism*, S. 187, Anm. 138.

52 Mittwoch, S. 27 f.

53 Der Islam 5 (1914), S. 391–393, im übrigen ohne jeden Kommentar. So auch in englischer Übersetzung bei Peters, *Islam and Colonialism*, S. 90 f., und *Jihad in classical and modern Islam* (Princeton 1996), S. 56 f.

Diese kam in Hamburg heraus; Becker hatte sie gegründet, als er am dortigen Kolonialinstitut Professor gewesen war. Jetzt hatte er den Lehrstuhl in Bonn inne; dort war er für aktuelle Belange etwas weit weg vom Schuß. Von den Berlinern hatte er keine hohe Meinung; er hielt die Leute von der „Nachrichtenstelle" wohl für pure Schreibtischstrategen. Auch Max von Oppenheim imponierte ihm nicht; Becker war eine Generation jünger und hatte vermutlich eine andere Vorstellung von Wissenschaft.[54] Als sein Schüler Hellmut Ritter ihm berichtete, daß man in dem Küstenort, wo er sich gerade aufhielt (Karaburun am Schwarzen Meer), von Oppenheims Besuch erwarte, äußerte Becker sich recht abschätzig und wünschte seinem Schüler, daß ihm der Kontakt mit diesem „Experten" erspart bleibe.[55] Interessanterweise war Becker wie Oppenheim Sohn eines Bankiers; er war in Amsterdam aufgewachsen. Knapp zwei Jahre nach Kriegsbeginn gab er seine Bonner Professur auf und ging in Berlin ans Ministerium. Wir kennen ihn vor allem als Preußischen Kultusminister; das wurde er aber erst in der Weimarer Republik.[56]

---

54 Oppenheims Ausgrabungen waren ihm damals nur vom Hörensagen bekannt; sie wurden erst viel später veröffentlicht (s. o. Anm. 30). Oppenheim vertrat zudem, was die Chronologie der Funde anging, einen etwas phantastischen Ansatz.

55 „Der teure O. soll nicht schlecht arbeiten, aber ich wünsche Ihnen doch, daß Sie von ihm verschont bleiben. Es wäre zu schade, wenn die tatsächliche Interessengemeinschaft zwischen Deutschland und der Türkei durch solche eitle Streber und Abenteurer in Gefahr gebracht würde" (Brief vom 14.6.1915; Preußisches Geheimes Staatsarchiv VI / Becker 3521). Der Brief enthält im übrigen interessante Ausführungen Beckers zu den deutschen Kriegszielen: „Im Osten kann uns an einigen Millionen Polen nichts gelegen sein. Da aber irgendetwas als Entschädigung für die ungeheuren Opfer notwendig ist, so wünschen einflußreiche Kreise eine Übernahme besitzfreier Landstrecken, deren Bevölkerung von Rußland zu verpflanzen und im Innern Rußland's zu entschädigen wäre. Dann würde neuer Boden für deutsche Besiedelungen frei. Im Westen werden wir wohl die Seeseite Belgien's nicht mehr aus der Hand geben. ... Das Revanchegeschrei und das Geld Frankreichs haben schließlich diesen Krieg doch erst möglich gemacht, und Frankreich muß erbarmungslos dafür büßen. Schwierig wird es vor allem bleiben, England zu zwingen, und man rechnet immer noch damit, ihm in Ägypten das Rückgrat zu brechen."

56 Man kann darüber spekulieren, wie sich von Oppenheims Denkschrift zu den Plänen Enver Paşas verhielt. Es wäre nicht verwunderlich, wenn das Auswärtige Amt sich diese von ihm erbeten hätte. Von Oppenheim war ein

Die Politik der „Nachrichtenstelle“ war bald auch im neutralen Ausland auf Widerspruch gestoßen. Der holländische Orientalist Christiaan Snouck Hurgronje (1857–1936) sprach spöttisch von einem „Heiligen Krieg made in Germany“. Sein Artikel erschien im Januar 1915 in der Kulturzeitschrift „De Gids“ („Der Fremdenführer“):[57] *Heilige Oorlog made in Germany*. Über Snoucks Wirken als Kolonialbeamter wissen wir nicht viel.[58] Aber er war tief in das Wesen des indonesischen Islams eingetaucht; vor allem im islamischen Recht kannte er sich gut aus. Er hatte als junger Mann sich in Mekka aufgehalten (1884–85), indem er einen arabischen Namen annahm (ʿAbdalġaffār) und sich als Muslim aus dem Archipel ausgab; das Buch, das er darüber schrieb,[59] ist bis heute eine unserer besten Quellen zu Sitten und Gebräuchen einer intakten islamischen Gesellschaft.[60] Als er seine Polemik veröffentlichte, war er bereits seit

---

Orientkenner; in England hätte man bei ihm, allerdings mit Bezug auf eine andere Weltgegend, von einem „chinahand“ gesprochen. Die Orientalisten dagegen, die auf deutschen Lehrstühlen saßen, hatten im allgemeinen keine Orienterfahrung; Becker war da eine Ausnahme. Für die deutsche Politik waren sie damit kaum interessant; daran hat sich bis heute nur wenig geändert.

57 Dazu R. Aerts, *De letterheren. Liberale cultuur in de negentiende eeuw: het tijdschrift De Gids* (Amsterdam 1997). Die Zeitschrift war 1837 gegründet worden.

58 Vgl. den biographischen Abriß bei J. D. J. Waardenburg, *L'Islam dans le miroir de l'Occident* (den Haag 1961), S. 18 ff.; auch J. Brugman / F. Schröder, *Arabic Studies in the Netherlands* (Leiden 1979). Man munkelte von einer morganatischen Ehe mit einer indonesischen Prinzessin.

59 Auf deutsch! *Mekka*, 2 Bände (den Haag 1888–89); auch in englischer Übersetzung erschienen (Leiden 1931). Nöldeke hatte eine Korrektur mitgelesen und dabei vielleicht auch den deutschen Stil korrigiert; Snouck hatte bei Nöldeke in Straßburg studiert.

60 Er war, wie er in der Einleitung schreibt (S. xix), dem Wunsch gefolgt, sich „einige Zeit völlig in die muslimische Welt hineinzuleben“. Seine Reise war durch das Koninklijk Nederlandsch-Indisch Instituut gefördert worden, und er hatte bis nach Dschidda den holländischen Generalkonsul in Pinang begleiten können. Muslime, die er in Dschidda traf, hatten ihm den Zugang zur heiligen Stadt ermöglicht; sie konnten sich wahrscheinlich nicht vorstellen, daß jemand so gut über den Islam Bescheid wußte, der selber nicht Muslim war (vgl. Waardenburg, *L'Islam dans le miroir de l'Occident*). Mehr als ein halbes Jahr hielt er sich dann in Mekka auf; dann hatte sich die Sache herumgesprochen, und er wurde von den türkischen Behörden ausgewiesen.

mehreren Jahren Professor in Leiden;[61] seine umfangreiche Korrespondenz mit europäischen, vor allem deutschen Orientalisten ist von P. Sj. van Koningsveld herausgegeben worden.[62] Auf das Fatwa ging er gar nicht ein; er meinte, daß im Prinzip jeder Krieg, den der Sultan führe, ein Dschihad sei, und es einer besonderen Proklamation gar nicht bedürfe.[63] Auch Indonesien kommt in seinen Ausführungen sozusagen nicht vor; er meint, daß man sich da in Holland keine Sorgen zu machen brauche.[64] Vielmehr reagiert er auf die überhitzte Stimmung in Deutschland; er hielt es für unverantwortlich, die Sache in Europa so breit zu diskutieren, und er sah, daß die Deutschen in der Logik des Panislamismus dachten. Darum kritisierte er vor allem das Gerede deutscher Politiker und Journalisten, die etwas vom Orient zu verstehen meinten; er zitiert z. B. den Gouverneur von Kamerun oder Hugo Grothes *Deutschland, die Türkei und der Islam.*[65] Aber auch eine Schrift von C. H. Becker hatte es ihm angetan,[66] und so kam es, daß ausgerechnet Becker auf ihn replizierte,[67] der doch mit den Ber-

---

61 Er übernahm 1907 den Lehrstuhl von J. de Goeje; 1889–1906 hatte er sich in Indonesien aufgehalten.

62 In einer dreibändigen Serie, die den Obertitel *Abdoel-Ghaffaar* trägt, also nach seinem arabischen Decknamen benannt ist (Leiden 1985–87).

63 Man kann darüber streiten, ob das so stimmt. Richtig ist allerdings, daß es zum Dschihad einer besonderen Autorisation nicht bedarf; das Fatwa ist nur eine Entscheidungshilfe für den Einzelnen.

64 *Verspreide Geschriften*, Bd. 3: *Geschriften betreffende Arabie en Turkije* (Bonn 1923), S. 283, gegen Ende des Aufsatzes. Der Aufsatz ist ohnehin vielleicht schon vor dem November 1914 entstanden; aber das Fatwa war ja auch auf die im Krieg befindlichen Mächte Rußland, Frankreich und England beschränkt und zudem nicht ins Malaiische übersetzt worden.

65 Leipzig 1914 (Heft 4 einer Serie mit dem Titel *Zwischen Krieg und Frieden*), zitiert bei Snouck Hurgronje, *Verspreide Geschriften* III, S. 269 ff. Auch Grothe erwähnt im übrigen das Fatwa noch nicht; er redete den Dschihad gewissermaßen herbei (vgl. S. 38 f.).

66 *Deutschland und der Islam*; in: Ernst Jäckh (ed.), Der deutsche Krieg. Politische Flugschriften, Heft 3 (Stuttgart/Berlin 1914). Vgl. bei Snouck, *Verspreide Geschriften* III vor allem S. 274 und 279; er hebt hervor, daß die deutschen Orientalisten ihre Einstellung zum Panislamismus geändert haben, und verweist dabei auch auf Martin Hartmanns Bemerkungen zu dem Dschihad-Aufruf anläßlich des italienischen Überfalls auf Libyen (o. Anm. 14).

67 *Deutschland und der Heilige Krieg*, in: Internationale Monatsschrift für Wissenschaft, Kunst und Technik 9 (1915), S. 631–662; wiederabgedruckt in: Becker, *Islamstudien* II, S. 281–304.

linern nicht viel zu tun haben wollte und in eben dieser Replik sogar Max von Oppenheim wieder angriff und ihn einen „agent provocateur par excellence" nannte[68] – neben dem Diplomaten Curt Prüfer, der später in ebenso angespannten Zeiten sogar einmal Präsident der Deutschen Morgenländischen Gesellschaft wurde.[69]

Becker kannte Snouck Hurgronje recht gut; dieser war 20 Jahre älter als er und innerhalb des Fachs eine unbestrittene Respektsperson. Wahrscheinlich wollte der Mann aus Bonn die Fehler, welche die „eitlen Streber" aus Berlin begangen hatten, wieder vergessen machen; zudem konnte er seit seiner Jugend gut Holländisch. Wir brauchen die Kontroverse hier nicht zu verfolgen.[70] Snouck reagierte versöhnlich; er hatte seine Intervention eher grundsätzlich gemeint, und mittlerweile war ohnehin klar, daß der Dschihad-Aufruf nichts bewirkt hatte. Becker erhielt Gelegenheit, in „De Gids" seinerseits einen holländisch geschriebenen Gegenartikel zu veröffentlichen.[71] Daß zur gleichen Zeit Richard Gottheil, Orientalist und Professor an der Columbia University in New York, eine englische Übersetzung von Snouck Hurgronjes Aufsatz herausbrachte, ließ sich allerdings nicht vermeiden.[72] Damit gewann die Polemik größere Breitenwirkung, als man das in Deutschland wünschte – in einem englischsprachigen Land, das damals noch nicht in den Krieg eingetreten war, und in einer Stadt, die einmal Neu-Amsterdam geheißen hatte. Dennoch blieb die Angelegenheit ein Streit unter Experten. Als H. Ritter von einem „Sturm im Wasserglas" sprach, war fast ein halbes Jahrhundert vergangen; er tat dies in seiner Rezension von Erich Wendes

68 Becker, *Islamstudien* II, S. 295.

69 Von 1934 bis 1939; vgl. den Nachruf von Paul Kahle in: ZDMG 111 (1961), S. 1–3. Prüfer war 1914 Attaché an der Deutschen Botschaft in Istanbul, lebte aber zeitweise in Jerusalem; 1939 wurde er Botschafter in Brasilien.

70 Zum Einzelnen vgl. P. Heine, *C. Snouck Hurgronje versus C. H. Becker*, in: Die Welt des Islams 23/24 (1984), S. 378–387 (dazu L. Hanisch in: Die Welt des Islams 32/1 [1992], S. 115 ff.); auch W. G. Schwanitz in dem bereits genannten Aufsatz *Djihad „Made in Germany"* (o. Anm. 32).

71 Vgl. Becker, *Islamstudien* II, S. 304.

72 In dieser englischen Fassung ist der Aufsatz wiederabgedruckt in: Snouck Hurgronje, *Verspreide Geschriften* III, S. 257 ff.

C. H. Becker, Mensch und Politiker, das 1959 herauskam.[73] Becker war bereits 1933 gestorben.[74]

Die Interessen, die von türkischer und von deutscher Seite sich mit dem Dschihad verbanden, entfernten sich bald voneinander. In Berlin dachte man vor allem an Afghanistan; man wollte von dort aus bei den Engländern in Indien Unruhe stiften und vermutlich auch dafür sorgen, daß sie sich nicht zu sehr in Persien ausbreiteten. Oskar von Niedermayer und Werner-Otto von Hentig machten sich mit ein paar waghalsigen Leuten auf den Weg, um den Emir von Kabul auf die deutschen Pläne einzustimmen. Sie berichteten nach dem Kriege in gehobenem Karl-May-Stil von den Gefahren, die sie bestanden hatten;[75] um Persien zu durchqueren, hatten sie, da im Osten die Russen und im Süden die Engländer sich aufhielten, eine Route durch die mörderische zentrale Wüste (Dašt-i Lūṭ oder Dašt-i kavīr) nehmen müssen. Heraus kam bei diesen Unternehmen nichts. Die Türken wollten sich stattdessen in Iran festsetzen, obwohl sie bei der dortigen Bevölkerung von Herzen unbeliebt waren.[76] Der Feldmarschall von der Goltz (Pascha) riet, nachdem er in Kirmanschah die Lage getestet

73 *Dem Andenken an Carl Heinrich Becker, den Begründer dieser Zeitschrift*, in: Der Islam 38 (1963), S. 272–282, dort S. 274.

74 Ritter hatte bereits in einem Brief an Becker vom 1. August 1915 seiner Skepsis Ausdruck verliehen: „Daß übrigens der jetzige Djihad ein Djihad ‚alla franca‘ ist, vernahm ich neulich auch aus dem Munde eines türkischen Offiziers. … Das türkische Landvolk führt mit diesem Kriege nicht einen Djihad, sondern einen politischen Krieg ihrer von ihnen geliebten Nation gegen feindliche Nationen. Nicht daß man den Djihad ‚als‘ Krieg gegen England usw. auffaßt, von Djihad ist überhaupt keine Rede. Djihad gibt es vielleicht, wenn man Armenier abwürgt. …“ (Preuß. Geh. St.-Archiv 3521). Diese Äußerung richtete sich vermutlich auch gegen Snoucks Interpretation (s. o. Anm. 63).

75 O. von Niedermayer, *Unter der Glutsonne Irans. Kriegserlebnisse der deutschen Expedition nach Persien und Afganistan* (Hamburg 1925); W. von Hentig, *Ins verschlossene Land. Ein Kampf mit Mensch und Meile* (Potsdam 1928). Vgl. weiterhin das oben (Anm. 46) genannte Buch *Wassmuss, “the German Lawrence”* von Ch. Sykes. Aus englischer Sicht schrieb auch, etwas weniger reißerisch, W. E. R. Dickson, *East Persia. A backwater of the Great War* (London 1924).

76 Sykes, *Wassmuss*, S. 147 ff. Die Perser waren Schiiten und über Jahrhunderte die Erbfeinde der Türken gewesen.

hatte, entschieden ab;[77] aber als er kurz vor dem Sieg bei Kūt al-ʿAmāra am Fleckfieber starb, besetzten die Bundesgenossen dann doch neben Kirmanschah noch die Stadt Hamadan.[78] Die Türken waren freilich zu schwach, um ihre Eroberungen zu halten, und als die Briten 1917 zum zweitenmal in den Irak eindrangen, verlagerte sich die gesamte Orientfront nach Palästina.

Am 11. Dezember 1917 marschierte Allenby in Jerusalem ein, begleitet von T. E. Lawrence und dem französischen Orientalisten Louis Massignon, einem Freund Beckers.[79] Nazareth, wo das deutsche Oberkommando sich befand, fiel allerdings erst am 21. September 1918.[80] Von Dschihad konnte auch hier keine Rede sein; bei arabischen Christen kam das Wort ohnehin nicht an. Die Kategorie, die im politischen Spiel ihre Kraft entfaltet hatte, war nicht mehr die Religion gewesen, sondern der erwachende arabische Nationalismus, in dem sich Christen und Muslime einig waren. Lawrence hatte auf diese Karte gesetzt und damit den Scherifen von Mekka gewonnen. Dieser verfügte zwar nicht über militärische Macht; aber er war eine Symbolfigur, die es mit dem osmanischen Sultan aufnehmen konnte. Auch von Oppenheim hatte Kontakt zu der Herrscherfamilie im Hidschas gesucht;[81] er schenkte dem jungen Faiṣal, der 1918 für kurze Zeit König von Damaskus wurde und dann, von den Franzosen vertrieben, sich von den Engländern mit dem Irak entschädigen ließ, ein Gewehr. Aber der Vater entschied sich anders und, wie sich herausstellte, auch klüger. Nur daß er dann ebenso wie sein Sohn von den Siegermächten betrogen wurde.

---

77 Vgl. Hans von Kiesling, *Mit Feldmarschall von der Goltz Pascha in Mesopotamien und Persien* (Leipzig 1922).

78 O. von Niedermayer beschwert sich über die Schwierigkeiten, die ihm die Türken machten, als er in Bagdad seine Afghanistan-Expedition vorbereitete (*Glutsonne*, S. 25 ff.). Allgemein zu diesen Ereignissen Donald M. McKale, *War by Revolution. Germany and Great Britain in the Middle East in the era of World War I* (Kent, Ohio 1998), S. 79 ff. und 128 ff.

79 Zu Edmund Henry H. Allenby, dem Oberkommandierenden der britischen Orientarmee, vgl. *The Encyclopedia of World War I*, Bd. I, S. 87 f. und EEW, S. 330 f.

80 EEW, S. 768 f., s. v. *Palästinafront.*

81 EEW, S. 339, s. v. *Arabischer Aufstand*; näher dazu Lüdke, *Jihad made in Germany*, S. 133 ff.

Ob die deutschen Zionisten in Jerusalem eine politische Kraft waren, mit der die heranrückenden Engländer rechnen mußten, läßt sich vorläufig nicht entscheiden. Der Satz, in dem ich dies behaupte (S. 6), ist eine reine Vermutung. Die Vorgeschichte der Balfour Declaration (2. November 1917) ist kaum untersucht; die deutsche Forschung umgeht das Thema nahezu ganz.[82] Zur Einführung eignet sich immer noch Barbara Tuchmans *Bible and Sword. England and Palestine from the Bronze Age to Balfour.*[83] Die Autorin will zeigen, wie im Laufe der Geschichte in England ein Engagement für die Juden in Palästina (und ihre eventuelle Bekehrung zum Christentum)[84] entstand; die Balfour Declaration bildet dazu den logischen Schlußpunkt. Sie erscheint deswegen dort vornehmlich als Ausdruck von Balfours persönlicher Einstellung.[85] Frankreich und Italien schlossen sich ihr im Februar bzw. März 1918 an.

Zu Lord Balfour vgl. jetzt auch die *Encyclopedia of World War I* (5 Bände, Santa Barbara 2005), Bd. I, S. 170. Seine Erklärung war an die Zionist Federation gerichtet und ging auf Gespräche mit Ch. Weizmann zurück; darum interpretiert man sie im allgemeinen als Versuch, die amerikanischen Juden für die britischen Kriegsziele zu gewinnen.[86] Präsident Wilson hatte den Wortlaut in der Tat vor der Veröffentlichung gebilligt. Aber die USA brauchten nicht mehr gewonnen zu werden; sie waren bereits ein halbes Jahr zuvor, am 6. April 1917, in den Krieg eingetreten. Was mitspielte, war vielleicht die Erfahrung, daß an der Märzrevolution in Rußland auch linksgerichtete Juden sich

---

82 Am meisten gelernt habe ich hier aus den Überlegungen von Alexander Schölch in: H. Mejcher / A. Schölch (edd.), *Die Palästina-Frage 1917–1948* (Paderborn 1981), S. 42 ff.; kurz auch G. Krämer, *Geschichte Palästinas* (München 2002), S. 178 ff.

83 London 1957. Es gibt auch eine deutsche Übersetzung: *Bibel und Schwert. Palästina und der Westen, vom frühen Mittelalter bis zur Balfour-Declaration 1917* (Frankfurt 1983).

84 Noch als die Engländer und die Preußen gemeinsam ein Bistum in Jerusalem unterhielten, zwischen 1841 und 1886, war das Ziel ja gewesen, *bekehrte* Juden im „heiligen Land“ anzusiedeln; näher dazu Abdel-Raouf Sinno, *Deutsche Interessen in Syrien und Palästina 1841–1898* (Berlin 1982), S. 32 ff.

85 Tuchman, *Bible and Sword*, S. 198 ff. (= S. 302 ff. der deutschen Übersetzung).

86 EEW, S. 366; auch *Enc. World War I*, Bd. I, S. 171 f.

in größerer Zahl beteiligt hatten; man konnte also nicht sicher sein, daß Juden, wo immer sie lebten, die Entente unterstützten.

Darüber, wie der Yishuv in Jerusalem über die bösen Jahre hinwegkam, unterrichtet jetzt ein Aufsatz von Abigail Jacobson: *A City Living through Crisis: Jerusalem through World War I* (BrJMES 36.1 [2009], S. 73–92). Jedoch richtet sich dort das Augenmerk ganz auf die amerikanischen Hilfsmaßnahmen vor der Einnahme der Stadt. Deutsche Zionisten werden nicht erwähnt, nur die osmanischen Behörden. Gab es keine Deutschen in der Stadt, weil sie anderswo siedelten? Bei Tom Segev, *One Palestine, complete. Jews and Arabs under the British mandate* (New York, London 2000; dt. Übers. München 2005) werden für Jerusalem nur die Templer erwähnt;[87] sie haben mit den Zionisten natürlich nicht viel zu tun. Aber zumindest der Begriff „national home" ist ja aus dem Deutschen übernommen; die „nationale Heimstätte" begegnet zum erstenmal in dem Programm, das auf dem Ersten Zionistischen Kongreß in Basel 1897 vorgelegt wurde. Es gab in Deutschland jüdische Kreise, die zu Beginn des Ersten Weltkrieges ein deutsch-türkisches Kriegsbündnis unterstützten, um auf diese Weise das zionistische Ziel zu erreichen (vgl. die Schrift von Davis Trietsch, *Die Juden der Türkei*, in: H. Grothe [ed.], Länder und Völker der Türkei, Heft 8, Leipzig 1915, S. 217 ff.).

B. Einleitung

S. 6: Über den Gebrauch des Wortes „Gewalt" im Deutschen zu reflektieren, liegt nicht in meiner Kompetenz. Jedoch scheint mir offenkundig, daß sich in den letzten Jahrzehnten die Bedeutung in Richtung von engl. bzw. frz. *violence* verschoben hat. Der Artikel „Gewalt" in RGG^4 III, Sp. 882–886, unterteilt den Begriff in einen anthropologischen, philosophischen, politischen, juristischen und praktisch-theologischen Anwendungsbereich; jedoch wird nur in dem vierten Unterabschnitt („Juristisch") auf die Doppeldeutigkeit hingewiesen. In der Tat muß einem Juristen die „Staatsgewalt" oder die „Gewaltenteilung" vor Augen stehen. Das kleine *Juristische Wörterbuch* von G. Köbler definiert „Gewalt" mit den Worten: „allgemein der Einsatz

87 Engl. S. 3; dt. Übers. S. 9.

von Kraft zur Erreichung eines Ziels sowie der Möglichkeit hierzu".[88] Aber auch ein Theologie wird notieren, daß Jesu Ausspruch „Mir ist alle Gewalt gegeben im Himmel und auf Erden" (Mt. 28:18 im Zusammenhang der Aussendung der Apostel)[89] heutzutage anders klingt als noch vor ein oder zwei Generationen.[90] Hier orientiert sich dt. „Gewalt" an lat. *potestas*. Zum Kontrast vgl. *Enc. of Religion* XV, S. 268 ff., s. v. *violence*. RGG³ hat noch keinen Artikel „Gewalt". Die Gewalt, die beim Dschihad ausgeübt wird, nennt man heute häufig „unstrukturiert". Man denkt dabei aber eher an Fußballrowdys oder „Hooligans" oder jetzt auch an Amok laufende Gymnasiasten oder Gymnasiastinnen.

Zu Wellhausens Zerwürfnis mit Ewald vgl. R. Smend in: Martin Greschat (ed.), *Theologen des Protestantismus im 19. und 20. Jahrhundert* (Stuttgart 1978), Bd. I, S. 169. Heinrich Georg August Ewald (1803–1875), Orientalist und Theologe, war seit 1824 außerordentlicher, seit 1831 ordentlicher Professor in Göttingen. 1837 als einer der „Göttinger Sieben" entlassen, wechselte er 1838 an die Universität Tübingen; seit 1848 war er wieder in Göttingen, wo er aber 1867/68 erneut seines Amtes enthoben wurde, weil er den Eid auf den König von Preußen nicht leisten wollte (vgl. R. Smend in: RGG⁴ II, Sp. 1759). – Wellhausen erhielt seine erste Professur 1872 mit 28 Jahren in Greifswald. Er legte sie zehn Jahre später nieder, weil er sich wegen seiner kritischen Haltung zur Bibel nicht mehr berufen fühlte, Diener seiner Kirche auszubilden; vgl. R. Smend, *Bibel, Theologie, Universität* (Göttingen 1997), S. 157 ff.

Was die Bedeutung des Dschihad für die islamische Frühzeit angeht, so kann man sich natürlich fragen, ob nicht das „Arabische" Reich der Umaiyaden insgesamt als ein „Jihad State" zu verstehen ist. Das ist die These der Dissertation von Khalid Yahya Blankinship, *The End of the Jihād State. The Reign of Hishām Ibn ʿAbd al-Malik and the Collapse of the Umayyads* (Albany 1994). Jedoch wird

---

88 ¹⁴München 2007, S. 181.

89 So zumindest nach der Luther-Übersetzung. Der griechische Text hat ἐξουσία.

90 Die *Einheitsübersetzung der Heiligen Schrift* (Stuttgart 1979) hat denn auch „Gewalt" durch „Macht" ersetzt.

sie kaum näher begründet; das Buch behandelt stattdessen nach Art einer *histoire événementielle* das Kalifat des Hišām b. ʿAbdalmalik (105/724–125/743), das als Ende des Eroberungszeitalters verstanden wird. Die These erinnert an Max Webers Vorstellung vom Islam als einer Kriegerreligion;[91] sie wird auf S. 1–4 kurz erläutert. Das Umaiyadenregime sei als „ideological state" zu verstehen; es sei durch Beute reich geworden, und der Krieg (= *ǧihād*) sei, da Staatsraison, kaum je durch Waffenruhe unterbrochen worden. Die in mehreren Schüben sich vollziehende Expansion habe dann in den ersten Jahrzehnten des zweiten Jahrhunderts zur Erschöpfung geführt, und die abbasidische Revolution bringe insofern eine radikale Umorientierung. So wie die Situation hier geschildert wird, fällt auf, daß die Belege für die Vorrangstellung des Dschihad großenteils aus einem andern Zeitraum stammen als dem der Umaiyadenherrschaft. Die juristischen Texte sind frühabbasidisch, und die besten Beispiele für kriegerische Unternehmungen, die vermutlich durch den Dschihad-Gedanken inspiriert waren, sind die Eroberungszüge unmittelbar nach dem Tode des Propheten, unter den „rechtgeleiteten" Kalifen. Man wundert sich vor allem, daß in der Poesie der Umaiyadenzeit die Dschihad-„Ideologie" kaum vorkommt. Auch die Aufstandsbewegungen dieser Epoche nehmen das Wort anscheinend kaum in den Mund.[92]

Das heißt nicht, daß Blankinship es ganz an Argumenten fehlen ließe. Er weist z. B. darauf hin, daß das islamische Gebetsritual militärische Züge trägt: Das Verhalten der Beter ist diszipliniert (etwa im Vergleich zu einem griechisch-orthodoxen Gottesdienst); man stellt sich in Reihen auf wie bei einem Regiment, und bei den Gebetshaltungen gibt ein „Anführer" den Takt an, der Imam. Beim Freitagsgottesdienst ist dieser Imam mit dem Statthalter oder dem Heererführer identisch; dieser hält auch die Predigt, nicht etwa ein Geistlicher oder ein Theologe. Die Moschee ist viereckig wie ein römisches Lager; in den Garnisonsstädten (Basra, Kufa usw.) war sie direkt mit dem Sitz des *amīr* verbunden, ähnlich wie schon im hellenistischen Jerusalem der herodianische Tempel mit der Burg Antonia. In Kufa war sie anfangs sogar statt von einer Mauer von einem Graben umgeben, also

---

91 Siehe unten S. 126.

92 Ausnahme ist Zaid b. ʿAlī, der einen Dschihad gegen die „Unterdrücker" führt (Blankinship, S. 226).

auf Verteidigung eingerichtet (Blankinship, S. 15 ff.). Aber das sind natürlich auch wieder Phänomene, die eher in die Frühzeit gehören als in die Zeit der Umaiyaden. Was den Dschihad angeht, so wäre zuerst zu klären, ob man überhaupt meinte, daß er nach der Eroberung Mekkas fortgeführt werden solle. Die Historiker nannten das, was dann folgte, vor allem im Kalifat des ʿUmar b. al-Ḫaṭṭāb, nur *maġāzī*. A. Noth hat darauf abgehoben, daß der Dschihad von der offiziellen Kriegführung des Staates unabhängig war; letztere wird zu selten religiös begründet, als daß man von einem „Heiligen" Krieg reden könnte. Häufig äußert sich der Dschihad in reinem „Privatkriegertum".[93] Der Staat hatte auch kein Konskriptionsrecht, sondern mußte seine Soldaten entlohnen. Weiteres s. u. S. 73 f.

S. 7: Friedrich Schwally (1863–1919) ist trotz seiner alttestamentlichen Erstlingsarbeiten[94] der Nachwelt eher als Arabist bekannt geblieben. Er übernahm es, Theodor Nöldekes 1860 erschienene *Geschichte des Qorans* zu überarbeiten, und brachte 1909 und 1919 die ersten beiden Bände davon heraus. Der dritte Band des Werkes erschien dagegen erst 1938, lange nach seinem Tode; für diesen Teil war G. Bergsträsser verantwortlich (und, nach dessen frühem Tod im Jahre 1933, O. Pretzl, sein Nachfolger auf dem Münchener Lehrstuhl). Schwally wirkte als Professor der Orientalistik in Gießen; er war in Straßburg Schüler Nöldekes gewesen und hatte sich dort habilitiert. Was den „heiligen Krieg" angeht, so stellte er sich auch hierbei während des Ersten Weltkrieges, damals selber schon in den Fünfzigern, auf den Islam um und verfaßte einen Aufsatz mit dem Titel *Der heilige Krieg des Islam in religionsgeschichtlicher und staatsrechtlicher Beleuchtung*.[95]

Zu dem „Herrn der Heerscharen" s. Schwally, *Heiliger Krieg im alten Israel*, S. 4 ff.; Wellhausen vermutete in Yahwe Sebaot den

93 *Heiliger Krieg und Heiliger Kampf* (Bonn 1966), S. 42 ff. Das ist der Grund, warum Noth den Ausdruck „Heiliger Kampf" vorzieht (ibid. S. 88 ff.).

94 Neben *Der heilige Krieg im alten Israel* (Semitische Kriegsaltertümer, Heft 1, Leipzig 1901) noch *Das Leben nach dem Tode, nach den Vorstellungen des Alten Israel und des Judentums einschließlich des Volksglaubens im Zeitalter Christi. Eine biblisch-theologische Untersuchung* (Gießen 1892).

95 In: Internationale Monatsschrift für Wissenschaft, Kunst und Technik 10 (1916), S. 688–713.

Herrn über die Heere der Dämonen.[96] Zu dem „unpraktischen Philanthropen“ vgl. Schwally, *Heiliger Krieg im alten Israel*, S. 99, auch S. 96; zu Dt. 20:5–8 insgesamt ibid. S. 74 ff. Auf den religionsgeschichtlichen Ansatz Schwallys geht C. Colpe in seiner Studie *Der „Heilige Krieg“* (Bodenheim 1994), S. 57, näher ein. Daß Dt. 20:5–8 nicht zum ursprünglichen Text gehöre, sagt Wellhausen in seiner *Composition des Hexateuchs* (*Skizzen und Vorarbeiten* II), S. 192.

Mit der amerikanischen Missionszeitschrift ist „Muslim World“ gemeint. Dort findet sich in Band 2.4 (1912), S. 347–357, ein Aufsatz von W. R. W. Gardner mit dem Titel *Jihád* und darin auf S. 356 der Satz: “Among all Semites, the idea that war was, or could be, dissociated from religion, may be said to have been almost unthinkable.” Daß ein Missionar sich damals, kurz vor dem Ersten Weltkrieg, zu dem Thema äußerte, hing damit zusammen, daß Italien im September 1911 das zum Osmanenreich gehörige Libyen überfallen hatte und der Sultan daraufhin die dortige Bevölkerung zum Dschihad aufforderte; die zivilisierte europäische Welt empfand diese etwas hilflose Geste als barbarisch.[97] Rašīd Riḍā hatte sich in der ägyptischen Reformzeitschrift al-Manār mit einem apologetischen Artikel zu Wort gemeldet, und Gardner sah sich veranlaßt, ihn in väterlichem Tone zu korrigieren; er lebte damals selber in Ägypten. Dabei kam er auch auf das Alte Testament zu sprechen; so hatte er Gelegenheit, festzustellen, daß es in puncto Krieg keinen Unterschied zwischen den Israeliten und den Muslimen gebe. Sie waren beide in dieser Beziehung etwas rückständig – genauso wie Schwally sich das gedacht hatte. Gardner verweist im übrigen dabei auch schon auf die moabitische Mescha-Inschrift.[98]

S. 8: Zu den Mahdi-Aufständen als einer besonderen, meist chiliastisch gefärbten Art des Dschihad vgl. R. Peters, *Islam and Colonialism*, S. 42 f.; zur Dschihad-Interpretation des „Mahdi vom Sudan“ Muḥammad Aḥmad (1844–1885), der im Jahre 1881 auftrat und

96 *Skizzen und Vorarbeiten* V: *Die kleinen Propheten, übersetzt, mit Noten*, S. 77; zitiert bei Schwally, *Heiliger Krieg im alten Israel*, S. 5.

97 Siehe oben S. 29 die Reaktion Martin Hartmanns. Befehlshaber der schwachen osmanischen Streitkräfte war übrigens Enver Bey, der damals noch nicht den Titel Pascha hatte (Peters, *Islam and Colonialism*, S. 87).

98 Gardner, *Jihád*, S. 356.

dessen Herrschaft bis 1898 währte, ibid. S. 63 ff. sowie der sehr gute (und später erschienene) Artikel von P. Holt in EI² V, S. 1247 ff., s. v. *Mahdiyya*. Es handelte sich ursprünglich um eine Reformbewegung, die den Urislam wiederherstellen wollte; der Dschihad kam sekundär hinzu, als *imitatio* des Propheten, zusammen mit einer *hiğra* in das schwer zugängliche Nuba-Gebirge. ʿAbdülhamid II. hat den Anspruch des Mahdi in einem Manifest öffentlich zurückgewiesen;[99] Ägypten und der von dort aus eroberte Sudan gehörten ja offiziell noch zum osmanischen Reich.

S. 9: Zum Begriff „Fundamentalismus" gibt es mittlerweile eine uferlose Literatur. Unbestritten ist, daß er aufkam „als Selbstbezeichnung einer Bewegung, die sich in den 70er Jahren des 19. Jh. als Zusammenschluß protestantisch-konservativer Gruppen in den USA formierte und sich 1919 zur ‚World's Christian Fundamentals Association' vereinigte" (RGG⁴ III, Sp. 414, s. v.). Die Orientalistik hat ihn nur widerwillig akzeptiert. Auf den Islam bezogen wurde er in starkem Maße zuerst von Journalisten, nach der Besetzung der amerikanischen Botschaft in Teheran im November 1979. Mittlerweile ist er sogar ins Arabische eingedrungen; die „Fundamentalisten" heißen dort jetzt manchmal *uṣūlīyūn* (dazu J. J. G. Jansen in EI² X, S. 937 f., s. v. *Uṣūliyya*). Das widerspricht dem klassischen Sprachverständnis, wo man eine Beziehung zu *uṣūl al-fiqh* heraushörte; vgl. den Streit zwischen Uṣūlīs und Aḫbārīs in der Šīʿa (dazu A. J. Newman in EI² X, S. 935 ff.). In Deutschland hat man sich in der letzten Zeit daran gewöhnt, stattdessen von „Islamisten" zu reden. Weiteres s. o. S. 19 ff.

Zur Wortbedeutung von *ğihād* vgl. EI² II, S. 538, s. v. *Djihād* (E. Tyan) und *Encyclopaedia of the Qurʾān* III, S. 35 ff., s. v. *Jihād* (E. Landau-Tasseron). Das Wort bildet keinen Plural; schon das unterscheidet es von *ḥarb* „Krieg". Zu κοπιᾶν im Neuen Testament vgl. ThWNT III, S. 828 f. Die Verbindung zwischen beiden Begriffen ist allerdings meine eigene Idee.[100] Sie ist bisher nie sonstwo erwogen worden, und auch ich habe sie nicht näher belegt. Zugrunde liegt meiner Behauptung ein Verständnis des Korans, das dort mit einer

---

99 Peters, *Islam and Colonialism*, S. 70.

100 Vgl. *Theologie und Gesellschaft* I, S. 143, Anm. 21.

Wiederaufnahme alttestamentlicher und neutestamentlicher Gedankenkomplexe in einem liturgischen Zusammenhang rechnet, so wie dies kürzlich M. Cuypers in seiner Interpretation der fünften Sure dargelegt hat (*The Banquet. A Reading of the Fifth Sura of the Qur'an*, Miami 2009).[101]

Die Vertreibung der Wechsler (und Händler) aus dem Tempel wird berichtet bei Markus 11:15–17 (> Lk. 19:45 f., auch Mt. 21:12 f.) und Johannes 2:14–16. Es geht mir natürlich nur darum, wie die Juden Jesu Vorgehen verstanden haben mögen. Das Ereignis ist besonders von der Befreiungstheologie in den Vordergrund gerückt worden; vgl. M. Hengel, *War Jesus Revolutionär?* (Stuttgart 1970), S. 15 f. und S. 33 f., Anm. 53; idem, *Gewalt und Gewaltlosigkeit. Zur „politischen Theologie" in neutestamentlicher Zeit* (Stuttgart 1971), S. 43.

C. Hauptteil. Erster Abschnitt: Der Ursprung des Dschihad und seine frühe Entwicklung

Alle Koranstellen zum Dschihad stammen aus der Zeit nach der Hidschra, sind also medinensisch. Sie sind bereits mehrfach untersucht worden, etwa von A. Noth, *Heiliger Krieg*, S. 13 ff.; Peters, *Islam and Colonialism*, S. 13 ff.; A. Morabia, *La notion de ǧihâd dans l'Islâm médiéval. Des origines à al-Gazâlî* (Paris 1975), S. 179 ff.; R. Firestone, *Jihād. The Origin of Holy War in Islam* (Oxford 1999), S. 67 ff., oder jetzt E. Landau-Tasseron in EQ III, S. 35 ff., s. v. *Jihād*; kurz auch D. Cook, *Understanding Jihad* (Berkeley 2005), S. 5 ff., und, eingebettet in eine historische Darstellung, T. Nagel, *Mohammed. Leben und Legende* (München 2008), Kap. V: Der Dschihad (S. 383–489; zusammengefaßt in: idem, *Mohammed. Zwanzig Kapitel über den Propheten der Muslime* [München 2010], S. 161 ff.), sowie jetzt, mit origineller neuer Perspektive, F. M. Donner, *Muhammad and the Believers. At the Origins of Islam* (Cambridge, Mass. 2010), S. 82 ff. Den Anfang machte die heute gänzlich vergessene Dissertation von H. Th. Obbink, *De heilige oorlog: volgens den Koran* (Leiden 1901).

101 Übers. von P. Kelly. Das französische Original heißt *Le Festin. Une lecture de la sourate al-Mâ'ida* (Paris 2007).

Allerdings ist auf die innerkoranische Chronologie zu achten; die Verse haben nicht alle die gleiche Tendenz (s. u. S. 117 ff.).[102] Ich habe aus ihnen nur Sure 47:4 herausgegriffen;[103] in dieser Perikope kommen Aggressivität und Pragmatismus gleichermaßen zum Tragen. Meine Übersetzung folgt im wesentlichen der von Paret. Jedoch habe ich den Wortlaut an zwei Stellen verdeutlicht. Statt „so macht sie einen Kopf kürzer" steht bei Paret: „dann haut ihnen (mit dem Schwert) auf den Nacken".[104] Das ist zwar das, was wörtlich dasteht, trifft aber nicht den deutschen Sprachgebrauch.[105] Selbst die von deutschen Muslimen 1998 in München publizierte und etwas apologetische Koranübersetzung[106] sagt im Kommentar (Bd. 5, S. 2454, Anm. 9): „Wenn der Kampf notwendig ist, sollte er mit äußerster Entschlossenheit geführt werden. Wir sollten an den entscheidenden Stellen treffen (‚Schlagt ihren Nacken'), sowohl buchstäblich als auch im übertragenen Sinne. Man kann nicht mit Samthandschuhen kämpfen". Die (anonymen) Verfasser folgen in dieser Interpretation dem englischen Kommentar von Yusuf Ali. Von einem übertragenen Sinn kann nach dem Kontext kaum die Rede sein; wenn man mit dem Schwert auf den Nacken haut, ist der Kopf ab. Ich stelle mit Genugtuung fest, daß eine spanische Übersetzung, die im Jahr 1606 von einem Morisco erstellt wurde, den Text genauso unverblümt wiedergibt wie ich: cortadles las cabezas (*Alcorán. Traducción castellana de un morisco del año 1606*, mit einem Vorwort von J. Vernet Ginés, Barcelona 2001, S. 335). Manfred Ullmann macht mich darauf aufmerksam, daß auch schon im Glossar der früher zum Anfängerunterricht benutzten *Arabischen Chrestomathie* von Brünnow-Fischer *ḍaraba ʿunuqahū* mit „jdn. köpfen, jdm. den Kopf abhauen" übersetzt wird.

---

102 Nagel macht übrigens darauf aufmerksam, daß *ǧihād* mitsamt dem zugehörigen Verb auch einmal in einer mekkanischen Sure vorkommt (52:25), jedoch in seiner allgemeineren Bedeutung (*Mohammed. Leben und Legende*, S. 386).

103 Firestone, *Jihād*, S. 90, bringt sie an letzter Stelle.

104 So auch, von Paret abhängig, A. Th. Khoury, *Der Koran* XI, S. 362 (mit Kommentar S. 377), und ähnlich T. Nagel, *Der Koran*, S. 77.

105 „Den Nacken abschlagen" bei Nagel, *Mohammed. Leben und Legende*, S. 389, ist auch nicht besser.

106 *Die Bedeutung des Qurʾāns* (5 Bände, [2]München 1998).

Statt „bis ihr euch kriegerische Aktionen sparen könnt“ steht bei Paret: „bis der Krieg (euch) von seinen Lasten befreit“, wörtl. „bis der Krieg seine Lasten ablegt“ (also seine Traglasten absetzt). Die muslimische Übersetzung hat: „bis der Krieg endgültig vorüber ist“. Zu der Metapher *waḍaʿat al-ḥarb auzārahā* = „der Krieg hat ein Ende genommen“ vgl. H. Wehr, *Wörterbuch*, s. v. *wizr*. Meine „kriegerischen Aktionen“ klingen natürlich ein wenig nach Afghanistaneinsatz; der Koran hat eindeutig „Krieg“ = *ḥarb*.

Der Vers sagte den Angehörigen der medinensischen Gemeinde nichts Neues; er faßt nur in Worte, was man bei einem kriegerischen Vorgehen auf der Arabischen Halbinsel an Möglichkeiten hatte. Insofern ist er keine „Offenbarung“; erst die Vorstellung, daß aus dem Munde des Propheten Gott selber spreche, macht ihn dazu.[107] An Verbalinspiration dachte damals jedoch niemand.[108] Gott spricht deswegen auch nicht in der ersten Person; er wird vielmehr zum Schluß des (überlangen) Verses als jemand eingeführt, der, wenn seine Gemeinde im Kriege steht, immer mit dabei ist. Es lohnt, zu fragen, vor welchem gesellschaftlichen Hintergrund die Sätze formuliert wurden. Beduinisch ist hieran nur, daß keine Gefängnisse oder Lager für die Besiegten vorgesehen sind. Beduinen wichen dem Kampf allerdings ohnehin aus, solange das Risiko zu groß war. Sie nahmen Beute oder trieben Kleinvieh weg, wenn sich eine Gelegenheit bot; aber sie zogen sich immer wieder in ihren eigenen Lebensraum zurück, wohin ihnen ein größeres Aufgebot nicht folgen konnte. Bis zum Äußersten gingen sie nur im Falle der Blutrache. An die Lösegelder dagegen, von denen in Sure 47:4 die Rede ist, dachten eher die Seßhaften, die Karawanenhändler in Mekka oder die Medinenser unter den Bedingungen ihrer Oasenwirtschaft. Man muß also zur Erklärung von Muhammads Verhalten immer die wirtschaftlichen Voraussetzungen mitbedenken. Muhammad hatte mit seinen Anhängern Mekka bei Nacht und Nebel verlassen. Die Gemeinde war zwar nicht „geflohen“; aber sie war auch nicht mit all ihrem Besitz umgezogen. Die meisten „Migranten“ waren ohnehin nahezu mittellos, junge Leute, die in dem Milieu der Han-

107 Das gilt für den Koran generell. Dort wird nichts geoffenbart, was geheim wäre oder dem menschlichen Verstand nicht zugänglich. Nur für das Christentum gibt es im Glauben „Mysterien“, die nicht anders als durch Offenbarung ins Bewußtsein treten können.

108 Näher dazu unten S. 114.

delsherren für sich keine Zukunftschancen sahen. In Medina fanden sie dann zwar Aufnahme, aber kaum Unterkunft; die Aufnahmefähigkeit einer Oase für Neuankömmlinge ist begrenzt. Dschihad wurde dadurch auch zu einem Mittel, das Überleben zu sichern. Firestone hat diesen Punkt hervorgehoben,[109] neuerdings auch Tilman Nagel.[110] Als in der Zeit der großen Eroberungen nach dem Tode Muhammads das Beutemachen dann immer stärker in den Vordergrund trat, soll der Prophetengenosse Muʿāḏ ibn Ǧabal gegen diesen „Materialismus" allerdings seine Stimme erhoben haben.[111]

Soweit haben wir es erst einmal mit weltlicher Praxis zu tun, die auf der Arabischen Halbinsel kaum Verwunderung erregte. Der Dschihad bedurfte keiner Begründung; Muhammad mußte nur für ihn werben.[112] Theologisch ist dabei von Interesse, wieweit jetzt Gott als treibende Kraft mit ins Spiel gebracht wurde. Der „Stellvertreterkrieg" (oben S. 10), den Muhammad führen will bzw. soll, ist gegenüber der Art, wie im Deuteronomium, Kap. 20, „der Priester herzutritt und mit dem Volk redet" (Vers 2), gewiß ein theologischer Fortschritt. Im Alten Testament hört man an dieser Stelle nämlich nichts von Lösegeld; vielmehr soll dort, wo man den Krieg hinträgt, „alles, was männlich ist, mit des Schwertes Schärfe geschlagen" werden (Vers 13). Empfohlen wird damit der „Bann" (hebr. *ḥēræm*), eine „Menschenschlächterei"[113], die religiös als Vernichtungsweihe interpretiert wurde; den Frauen der Feinde ist dabei zugedacht, daß sie Konkubinen der von dem Priester beratenen Sieger werden (Dt. 21:10 ff.).[114] Die

---

109 *Jihād*, S. 128 ff.

110 *Mohammed. Leben und Legende*, S. 297 ff. Darum bereitet der Prophet den Krieg gegen Mekka ohne die Mithilfe der Medinenser vor (S. 300 und 387); der Gedanke, in Medina heimisch zu werden, lag Muhammad fern (S. 388).

111 Firestone, *Jihād*, S. 102 f. Weiteres zur Frage unten S. 80 ff.

112 Es gibt darum im Koran auch keine Theorie des Dschihad. Noth hat diesen Punkt gut herausgearbeitet (*Heiliger Krieg*, S. 13). W. M. Watt, der in seinem Aufsatz *Islamic Conceptions of the Holy War* (in: Th. P. Murphy, *The Holy War* [Columbus 1976], S. 141 ff.) dem Koran nur wenig Aufmerksamkeit widmet, hebt vor allem auf die vorislamische arabische Vorstellung vom *ġazw* (der „Razzia") ab.

113 So Schwally, *Heiliger Krieg im alten Israel*, S. 45.

114 Schwally, *Heiliger Krieg im alten Israel*, S. 33. Vgl. RGG^4 I, Sp. 1087, und TRE V, S. 159 ff., s. v. *Bann*. Dieser Begriff ist ein Privileg der Theologen

Kriege, die unter diesem Vorzeichen geführt werden, sind *milḥāmōt Yahwǣ* (1. Sam. 18:17 und 25:28), „des Herrn Kriege“, mit Luther zu reden, oder Gotteskriege, wie man heute sagt. Sie haben den Charakter einer „Säuberung“; Schwally sah eben darin das Kennzeichen ihrer „Heiligkeit“. Verhaltensweisen, die „heilig“ waren, waren abschreckend und fielen damit aus der Normalität des Alltags heraus; gerade deswegen waren sie allerdings auch mit den Kategorien der Sittlichkeit nicht zu erfassen. Wenn „heilig“ in diesem Sinne gebraucht wird, so nicht, weil die Vokabel in den Texten vorgegeben wäre, sondern weil diese einer modernen Interpretation unterworfen werden, die in der Generation von Schwally ihren Weg in die Religionswissenschaft findet. Der Ausdruck „Heiliger Krieg“ kommt im Alten Testament ebensowenig vor wie im Koran; im Abendland begegnet er im Altertum nur bei den Griechen (ἱερὸς πόλεμος).[115]

Dennoch fand Schwallys Wortwahl Anklang, zuletzt bei Gerhard von Rad, der seine einflußreiche Studie *Der Heilige Krieg im alten Israel* erst 1951, also nach dem Zweiten Weltkrieg (und der Gründung des Staates Israel) herausbrachte.[116] Die *milḥāmōt Yahwǣ* wurden dort als kultische Aktionen interpretiert, die von der „Amphiktyonie“ der israelitischen Stämme ins Werk gesetzt wurden. Von „Amphiktyonie“ hatte Martin Noth zum erstenmal geredet, 1930 und ebenfalls unter

---

und Alttestamentler; unter Islamkundlern ist er ungebräuchlich und im allgemeinen wohl auch unbekannt.

115 Belegt für die Zeit zwischen dem 6. und 4. Jh. v. Chr.; Colpe, *Der „Heilige Krieg“*, S. 55; näher dazu K. Brodersen, *Heilige oorlog en heilige vrede in de vroeg-Griekse geschiedenis*, in: M. Gosman / H. Bakker (edd.), *Heilige oorlogen* (Kampen 1991), S. 39 ff. Gemeint ist damit im übrigen nicht, daß der Krieg als solcher heilig sei, sondern daß um das Heiligtum Delphi bzw. die Kontrolle über das dort aufbewahrte Geld Krieg geführt wird (W. Burkert, *Krieg und Tod in der griechischen Polis*, in: H. von Stietencron / J. Rüpke [edd.], *Töten im Krieg* [Freiburg im Breisgau 1995], S. 179–196, dort S. 188 f.). Weiteres zum Wortgebrauch siehe unten S. 127 f.

116 Abhandlungen zur Theologie des Alten und Neuen Testamentes, Bd. 20; dazu Colpe, *Der „Heilige Krieg“*, S. 48 ff. Eine erste Fingerübung zum Thema bot von Rad bereits in seinen *Deuteronomium-Studien* (Göttingen 1947), dort S. 30 ff.: „Das Deuteronomium und der heilige Krieg“. Er zitiert Schwally im übrigen nur ein einziges Mal, wie Colpe bemerkt (S. 57). Allerdings tut er dies schon in den *Deuteronomium-Studien* (S. 31) auf recht markante Weise: Schwally setze „das religionsgeschichtliche Niveau des alten Israel viel zu tief an“; die Kinder Israels „waren keine Fidschi-Insulaner“.

weitgehender Zustimmung.[117] Die Vorstellung selber war freilich älter; Max Weber hatte stattdessen „Eidgenossenschaft" gesagt, also statt der griechischen Antike die Schweiz zum Vergleich herangezogen, deren Gründerväter ja auch nicht ganz unmilitärisch gewesen waren. Nur daß sich eine Verbindung der „Amphiktyonie" zu den im Deuteronomium empfohlenen Kriegspraktiken aus dem Text des AT nicht nachweisen ließ; es blieb bei einer Hypothese und einem gelehrten Terminus. R. Smend schlug darum 1963 in seiner Bonner Habilitationsschrift (die er unter Martin Noth angefertigt hatte) vor, das Junktim aufzugeben und stattdessen das Zusammengehen Yahwes mit seinem Volk im „Heiligen Krieg" aus der Erinnerung an den Auszug aus Ägypten herzuleiten. Zugleich verabschiedete er sich von Schwallys problematischer Wortwahl und benutzte statt „Heiliger Krieg" nun die im AT belegte Formulierung „Yahwe-Krieg".[118]

Smend hatte sich dazu auch der Zustimmung eines israelischen Kollegen versichert.[119] Aber der neue Ausdruck erwies sich, obgleich an sich korrekter, ebensowenig als tragfähig. Das hatte sachliche Gründe. Aber auch die politischen Umstände dürften dazu beigetragen haben; denn als 1967, wenige Jahre nach der Veröffentlichung von Smends Studie, der Sechstagekrieg ausbrach, schien es angesichts der dort verübten und damals von manchen als barbarisch empfundenen Praktiken (Napalm!) nicht mehr opportun, die Erinnerung an die *milḥāmōt Yahwǣ* zu wecken. Die Forschung stellte denn auch schon bald fest, daß die Yahwe-Kriege nicht nur mit der „Amphiktyonie" nichts zu tun hatten, sondern überhaupt in der gelebten Wirklichkeit der alten Israeliten nie eine Rolle spielten; sie waren lediglich der Wunschtraum deuteronomistischer Theologen gewesen, wobei diese

117 Vgl. RGG^4 VI, Sp. 398, s. n. *Noth*; zur antiken Amphiktyonie, die ja heute nicht mehr zum allgemeinen Bildungsgut gehört, vgl. Colpe, *Der „Heilige Krieg"*, S. 54 f., und *Der Neue Pauly* I, S. 611 f.

118 *Jahwekrieg und Stämmebund. Erwägungen zur ältesten Geschichte Israels* (Forschungen zur Religion und Literatur des Alten und Neuen Testaments, Bd. 84, Göttingen 1963); dazu Colpe, *Der „Heilige Krieg"*, S. 51. Dort wird in der abschließenden Zusammenfassung (S. 97) der „Krieg Jahwes" als „das Urelement dessen, was einmal Religion Israels werden sollte", vorgestellt. „Das Politische" habe „schon am Anfang" gestanden, während in der Amphiktyonie „das theopolitische Element nicht von vornherein enthalten" war.

119 S. Talmon; vgl. Smend, *Jahwekrieg und Stämmebund*, S. 28, Anm. 49.

allerdings nicht nur in dem letzten Buch des Pentateuch zu Worte kamen, sondern aufgrund ihrer priesterlichen Deutungshoheit auch den historischen Texten des AT nachträglich ihren Stempel aufgedrückt hatten.[120] Je mehr die alttestamentliche Wissenschaft sich mit der Altorientalistik zusammentat, desto stärker wurde ihr bewußt, daß der Alte Orient zahlreiche Parallelen zu den Gotteskriegen lieferte; Israel stand da in einer breiten Tradition.[121] Man hatte es zudem eher mit einer verkürzten Ausdrucksweise zu tun; im AT ebenso wie anderswo findet sich die Vorstellung, daß die Menschen im Krieg Gott gewissermaßen die Hilfstruppen stellen. Wir sind damit von Sure 4:47 doch nicht mehr ganz so weit entfernt, wie ich es in meinem Vortrag dargestellt habe. Colpe hat wohl recht, wenn er Schwallys Urteil, daß man im alten Israel immer Gott als den eigentlich Kriegführenden und den Sieger angesehen habe, auch für den Koran gelten läßt.[122]

Allerdings impliziert der *linguistic turn* keineswegs, daß die theologischen Planspiele der Deuteronomisten aus der Welt gewesen seien. Einen „heiligen Krieg" im alten Sinne, der allerdings nun auch eschatologisch getönt war, führten z.B. jene jüdischen Zeloten, die sich nach der Zeit der Makkabäer gegen Rom erhoben; sie hatten

---

120 Vgl. dazu vor allem F. Stolz, *Jahwes und Israels Kriege* (Abhandlungen zur Theologie des Alten und Neuen Testaments, Bd. 60, Zürich 1972). Die Doppeldeutigkeit des Titels ist vermutlich unbeabsichtigt. Colpe beruft sich vor allem auf Herbert Donner (Colpe, *Der „Heilige Krieg"*, S. 53). Letzter Niederschlag dieser Diskussion ist vorläufig der Aufsatz des katholischen Alttestamentlers Walter Groß, *Keine „Heiligen Kriege" in Israel: Zur Rolle JHWH's in Kriegsdarstellungen der Bücher Jos bis 2Kön*; in: A. Holzem (ed.), *Krieg und Christentum. Religiöse Gewalttheorien in der Kriegserfahrung des Westens* (Paderborn 2009), S. 107–127. Groß bringt auf S. 110ff. eine gute Forschungsübersicht und sagt gleich zu Anfang (S. 108): „Entgegen dem durch die kriegerischen Landnahmeerzählungen erweckten Anschein ist die Einstellung Israels zum Krieg defensiv". Er stützt sich auf seine Erfahrungen mit dem Buch der Richter, zu dem er kürzlich einen gewichtigen Kommentar veröffentlicht hat (*Richter*, in: *Herders Theologischer Kommentar zum Alten Testament* [Freiburg im Breisgau 2009]; vgl. dort S. 275–279). Auch Smend hat im übrigen seinerzeit seine Ausführungen mit einem Zeugnis aus dem Richterbuch, dem Deboralied (Ri. 5), begonnen.

121 Vgl. dazu etwa Manfred Weippert, *„Heiliger Krieg" in Israel und Assyrien*, in: ZATW 84.4 (1972), S. 460–493; auch Weipperts Artikel *Heiliger Krieg, I: Alter Orient und Altes Testament*, in: RGG[4] III, Sp. 1562f.

122 Colpe, *Der „Heilige Krieg"*, S. 57f.

einen Volksaufstand im Sinn und folgten einer Guerilla-Praxis. Dazu läßt sich die oben (S. 53) bereits genannte Studie von Martin Hengel *Gewalt und Gewaltlosigkeit* vergleichen;[123] sie erschien zu einem Zeitpunkt (1971), in der das Thema „Gewalt“ (in der vom Englischen beeinflußten Bedeutung) im Gefolge des Vietnam-Krieges besonders aktuell war.[124] Heute hat sich die Diskussion auf den Islam verschoben, und aus den damals hochgeschätzten Guerilla-Kämpfern sind längst die „Terroristen“ geworden. Es ist darum vielleicht am Platze, darauf hinzuweisen, daß kein Araber oder Muslim je von „Allah-Kriegen“ gesprochen hat. Die Menschen glauben natürlich, mit dem Dschihad Gottes Willen zu erfüllen; aber sie müssen immer gewärtig sein, Gottes Willen falsch zu interpretieren oder ideologisch zu überhöhen. Krieg ist, wenn er *ḥarb* heißt, ein weltliches Geschäft. Der *ḥērœm* ist im wissenschaftlichen Diskurs mittlerweile aus seiner radikal-chauvinistischen Spätform zurückgeführt auf die alte und reale Praxis eines „der Gottheit gelobten Beuteverzichts“;[125] damit kommt er arab. *ḥaram* oder *ḥarām* nahe, das seit jeher nur „verboten“, „unverletzlich“ hieß.[126] Beim Dschihad wurde der Anspruch auf Beute nie in Zweifel gezogen; schon der Koran sorgte dann auch dafür, daß es zu einer angemessenen Verteilung kam (s. u. S. 80 ff.).

Mit diesem Vergleich können wir unsere Rückschau auf das Alte Testament abschließen. Die Forschung hat sich auf diesem Gebiet sichtlich schneller bewegt als beim Koran; sie hat deswegen auch geschmeidiger auf Zeitströmungen (und die Wünsche der Systematiker oder Ökumeniker) reagieren können. Die Alttestamentler haben, schon weil sie zahlreich genug sind, ihre Stimme einzubringen verstanden, wenn im öffentlichen Forum wieder einmal die „Gewalt“ zur Diskussion stand. Beim Koran und dem Islam dagegen ist dies bisher kaum der Fall gewesen. Hier bleibt, was die in Frage stehenden „hei-

123 Dort S. 27 ff. und S. 32; Hengel benutzt dabei auch den Begriff „heiliger Krieg“.

124 Kippenberg hat die Entwicklung von der Studie von Rads bis zu Hengel nachgezeichnet und Namen wie René Girard hinzugefügt (*Heilige oorlogen: godsdienstwetenschappelijke aspecten*, in: M. Gosman / H. Bakker (edd.), *Heilige oorlogen*, S. 21 ff.). Hengel hat noch 1989 von „Vernichtungskrieg“ gesprochen.

125 So Norbert Lohfink in: *Studien zum Pentateuch* (Stuttgart 1988), S. 274.

126 Also „heilig“ im Sinne von „Das ist mir heilig“ = „Das rühre ich nicht an“.

ligen“ Texte angeht, unter den heutigen Umständen für die Exegese sowohl von muslimischer als auch von „westlicher“ Seite noch viel zu tun.

S. 11: Daß Muhammad bei der Schlacht von Badr, die für die Muslime verlorenging, ein paar Zähne verlor, weil ihm nach einem Schwerthieb das Visier in den Mund eingedrungen war, steht bei Ibn Saʿd, *Ṭabaqāt*, Bd. III/1, S. 298, 23, und Bd. III/2, S. 93, 9; vgl. Frants Buhl, *Das Leben Muhammeds*, dt. von H. H. Schaeder (Leipzig 1930 [dänisches Original 1903]), S. 255 f., und Tilman Nagel, *Mohammed. Leben und Legende*, S. 356. Das Menschenbild der Zeit ist geprägt von der Tugend des Durchhaltens *(ṣabr)*, also der Geduld und Standhaftigkeit im Ertragen von Schmerz und Leid; vgl. Helmer Ringgren, *The Concept of Ṣabr in pre-Islamic poetry and in the Qurʾan*, in: Islamic Culture 26/1 (1952), S. 75–90, dazu idem, *Studies in Arabian Fatalism* (Uppsala/Wiesbaden 1955), S. 53 ff., und Benedikt Reinert, *Die Lehre vom tawakkul in der klassischen Sufik* (Berlin 1968), S. 123 ff., aber auch schon den aus EI[1] IV, S. 26 ff., übernommenen Artikel *Ṣabr* in EI[2] VIII, S. 685 ff. (A. J. Wensinck). Die EQ hat dazu kein eigenes Lemma; vgl. jedoch Bd. II, S. 70b, s. v. *Ethics*, und Bd. V, S. 380 ff., s. v. *Trust and Patience*. Zum Lobpreis des Kämpfens in der altarabischen Poesie vgl. den Artikel *Mufākhara* in EI[2] VII, S. 308 f. (E. Wagner); allgemein auch Firestone, *Jihād*, S. 19 ff. Zum Verhaltenskodex im Krieg vgl. etwa die auch später noch bezeugte beduinische Praxis, keine nächtlichen Überfälle zu unternehmen. Ritterlichkeit zeigte sich gelegentlich noch in dem an sich unter Guerilla-Bedingungen geführten algerischen Befreiungskampf insofern, als man einen (französischen) Gegner nicht hinterrücks erstach, sondern sich vor ihn stellte und ihm den Tod wünschte – eine individuelle Form der Kriegserklärung.

Die Fortsetzung von Sure 47:4 lautet vollständig: „Denen, die um Gottes willen getötet werden, wird er ihre Werke nicht fehlgehen lassen. (5) Er wird sie rechtleiten, alles für sie in Ordnung bringen (6) und sie ins Paradies eingehen lassen, das er ihnen zu erkennen gegeben hat“. Mit „um Gottes willen“ gibt Paret die bekannte Formel „auf dem Pfade Gottes“ wieder *(fī sabīl Allāh)*. Vers 5 lautet bei Nagel: „Er wird sie rechtleiten und ihren Sinn ins rechte Lot bringen *(yuṣliḥu bālahum)*";[127] Arberry hat dementsprechend: „and dispose their minds aright",[128] Kramers andererseits wie Paret: „en hun staat zalig maken".[129] Auch der Schluß von Vers 6 ist nicht ganz eindeutig. Paret bietet für *ʿarrafahā lahum* mit gewissen Bedenken die Alternativübersetzung: „das er für sie bestimmt hat"; das würde besser in den Kontext passen. Aber auch Nagel entscheidet sich für die erstere (und näherliegende) Möglichkeit, die er nur noch etwas weiter verdeutlicht: „das er ihnen schon bekannt gemacht hat"; er sieht also in dem Relativsatz einen Rückverweis auf frühere Paradiesesbeschreibungen. Zu „getötet werden" in Vers 4 gibt es die Lesevariante „kämpfen" (statt *qutilū* also *qātalū* in defektiver Schreibung).[130] Jedoch ist so oder so klar, daß das Ziel der Aussage das Paradiesesversprechen ist. Die Frage ist nur, ob der Tod des Glaubenskämpfers ein Heldentod auf dem Schlachtfeld sein muß.

An sich kommt nach der Vorstellung des Korans jeder Glaubenskämpfer ins Paradies, nicht nur weil er sich für seinen Glauben einsetzt, sondern auch, wie Vers 5 betont, weil Gott ihm fürderhin zur Seite stehen und ihn „rechtleiten" wird. Der *muǧāhid* bekommt hier gewissermaßen eine Heilsgarantie. Ob er dazu im Kampfe fallen muß, bleibt im Grunde offen. Die junge Gemeinde konnte sich allzu große Kriegsverluste nicht leisten. Was man brauchte, waren „Bekenner", also Glaubenszeugen, die durch „Einsatz" in jeder Situation die Sache voranbrachten – und dabei am Leben blieben. Daß *šahīd* „Zeuge" im Koran „Bekenner" heißt, hat Horovitz mit Bezug auf Sure 4:69 dargelegt, wo die *šuhadāʾ* zusammen mit den Propheten, den „Wahrhaftigen" *(ṣiddīqūn)* und den „Rechtschaffenen" *(ṣāliḥūn)* als Anwärter auf das Paradies vorgestellt werden.[131] Und natürlich ist *šahīd* manchmal auch einfach der Gerichtszeuge (Sure 2:282 oder 24:4). *Šahīd* im Sinne von „Märtyrer" ist nachkoranisch;[132] der Koran redet von den

---

127 Nagel, *Der Koran*, S. 77.

128 Arberry, *The Koran Interpreted.*

129 Kramers, *De Koran* (²Amsterdam 1956), S. 492.

130 Das fand sich u. a. in dem Codex des ʿAbdallāh b. Masʿūd (Khoury, *Der Koran* XI, S. 374).

131 Horovitz, *Koranische Untersuchungen* (Berlin 1926), S. 50; vgl. Paret, *Der Koran. Kommentar*, S. 98.

132 Goldziher, *Muhammedanische Studien* II (Halle 1890), S. 387; ausführlich dann Wensinck, *The oriental doctrine of the martyrs* (Amsterdam 1921);

Gefallenen nur als denen, „die auf dem Pfade Gottes getötet werden", so wie es auch hier in Vers 4 geschieht – wenn denn nicht dort in der Frühphase der Verschriftlichung noch *qātalū* gelesen wurde.[133] Daß ihre Zahl in den Eroberungskriegen erheblich zunahm, bedarf keines Beweises. Der Erfolg war zwar unerwartet und durchschlagend; aber er war nicht so leicht gewonnen, wie es heute scheint.

Man wird dabei auch berücksichtigen müssen, daß diejenigen, die die Last der Eroberungen *(futūḥ)* trugen, nicht unbedingt dieselben waren, die der Gemeinde nach der Hidschra zum Sieg verholfen hatten. Wer nach Mekka zurückkehrte, verspürte vermutlich keine große Lust, erneut in den Krieg zu ziehen. Die medinensischen Anṣār dagegen gingen, soweit sie Einfluß gewonnen hatten, in der Verwaltung auf, als Medina zum Zentrum des neuen Machtgebildes wurde. Die Hidschra galt, als Mekka erobert war, manchen als abgeschlossen; der Slogan dazu lautete: *Lā hiǧra*[ta] *baʿda l-fatḥ*. Man konnte sich dann auch fragen, ob weiter Dschihad geübt werden sollte. Die Entscheidung fiel, als man nach dem (unerwarteten) Tod des Propheten dessen Konkurrenten auf der Arabischen Halbinsel, „falschen Propheten", entgegentreten mußte; ohne Gewalt ging das nicht. Als die dort eingesetzten Truppen ihre Aufgabe erledigt hatten, sorgten die beiden ersten Kalifen dafür, daß diese zur weiteren Verwendung in die Gebiete jenseits der Wüste, den „fruchtbaren Halbmond", geschickt wurden – schon damit sie nicht in Medina Unruhe stifteten. Unter ihnen waren zahlreiche Jemeniten, die zwar nun sich dem Islam zugehörig fühlten, aber nie nach Medina gekommen waren; ihnen scheint man geraten zu

---

auch Noth, *Heiliger Krieg*, S. 27 f. (wo hervorgehoben wird, daß das Wort in der neuen Bedeutung nicht nur nicht koranisch, sondern auch nicht arabischen Ursprungs ist). Zum Problem vor allem EI² IX, S. 203 ff., s. v. Shahīd (E. Kohlberg); auch EQ III, S. 282, s. v. *Martyrs* (W. Raven). Für den Übergang zur neuen Bedeutung ist recht charakteristisch das Wort des Muʿāḏ b. Ǧabal in van Ess, *Der Fehltritt des Gelehrten* (Heidelberg 2001), S. 168 f.

133 Bekanntlich ist die durchgängige Setzung eines Alif als *mater lectionis* für ā das Ergebnis einer frühen Überarbeitung des Konsonantentextes. Spätere Exegeten wie Ṭabarī tendieren dazu, alle koranischen Belege für *šahīd* im Sinne von „Blutzeuge" zu interpretieren, soweit sie nicht wie Sure 2:282 in eindeutig juristischem Zusammenhang stehen. Im übrigen wird in Sure 2:282 neben *šahīdain* auch die Lesung *šāhidain* angeboten (Khoury, *Der Koran* III, S. 248).

haben, mit dem Dschihad die Hidschra nachzuholen.[134] Also doch *hiǧra baʿda l-fatḥ*![135] Der Islam verwandelte sich auf diese Weise von einer lokalen Sekte in eine Religion mit Universalitätsanspruch.

Syrien galt später als *dār al-hiǧra*.[136] Der Prophetengenosse Muʿāḏ b. Ǧabal, der als junger Mann im Auftrage des Propheten im Jemen missioniert hatte und später in der syrischen Etappe eine Art Heeresprediger war, soll gesagt haben: „Der Dschihad ist Grundpfeiler und höchste Verwirklichung des Islams".[137] Selber nahm Muʿāḏ offenbar am Dschihad kaum teil; er war gehbehindert.[138] Aber da er aus kleinen Verhältnissen kam, hatte der Dschihad ihm den gesellschaftlichen Aufstieg ermöglicht. Er wählte im übrigen für seinen Satz eine Ausdrucksweise, mit der er seine Herkunft aus der Wüste betonte; „höchste Verwirklichung" hieß bei ihm nämlich „die Spitze des Kamelhöckers" (*ḏirwat as-sanām*). Zwar hat man ihm das vielleicht nur in den Mund gelegt; aber ausgesagt war in jedem Fall, daß der Dschihad wie der Islam überhaupt eine Sache der Araber sei. In der *Doctrina Iacobi*[139] wird das auf griechisch etwas anders formu-

---

134 Das ist vorläufig nur eine Arbeitshypothese, die man durch eine Untersuchung der biographischen Quellen konkretisieren müßte. Vgl. das Material in meinem *Fehltritt des Gelehrten*, S. 177 ff., auch S. 166. Schon in Sure 49:14 f. wird den Beduinen (also Arabern, die nicht in Medina lebten) bedeutet, daß es nicht damit getan sein könne, sich zum Islam zu bekehren, sondern daß sie auch mitkämpfen müßten. Zum Übergang in die Eroberungskriege auch Nagel, *Mohammed. Leben und Legende*, S. 475 f. Die beiden Stämme der Anṣār, die Aus ebenso wie die Ḫazraǧ, stammten aus dem Jemen (vgl. EI² IV, S. 1187, s. v. *Khazradj*, und V, S. 995a, s. v. *Madīna*), und Muhammad hatte vielleicht daran gedacht, im Milieu der jemenitischen Stadtkultur seinen Lebensabend zu verbringen (van Ess, *Fehltritt*, S. 131 f. und S. 399 f.).

135 Vgl. das Ḥadīṯ in van Ess, *Fehltritt*, S. 185 ff.

136 J. van Ess, *Fehltritt*, S. 132. Man muß hierbei berücksichtigen, daß schon im Koran *hiǧra fī sabīl Allāh* mit *ǧihād* identisch ist; F. Donner hat darauf kürzlich wieder aufmerksam gemacht (*Muhammad and the Believers*, S. 86). So erklärt sich vermutlich auch, daß in christlichen Quellen die Muslime als *m^ehaggerāyē* (syr.) oder ἀγαρῆνοι (gr.) = *muhāǧirūn* auftreten.

137 J. van Ess, *Fehltritt*, S. 163 f.

138 J. van Ess, *Fehltritt*, S. 128 f.

139 Dieser an sich wenig aussagekräftige Text hat seit P. Crone / M. Cook, *Hagarism* (Cambridge 1977) viel Aufmerksamkeit auf sich gezogen. Jedoch stammt er anscheinend gar nicht aus dem 7. Jh., wie man bisher meist angenommen hat, sondern aus dem Mittelalter, nur daß er ältere Spolien enthält

liert. Der falsche Prophet, so heißt es dort, sei „mit Schwert und Streitwagen" (μετὰ ξίφους καὶ ἅρματος) aufgetreten.[140] Bei uns ist daraus „mit Feuer und Schwert" geworden. Aber wie auch immer die Metapher lautete, ob mit Feuer oder mit Streitwagen oder auf dem Rücken der Kamele, die Verbreitung des Islams ging auf einen Propheten zurück, der in Arabien gelebt hatte und dessen Botschaft sich nun, ob geliebt oder ungeliebt, über seine Heimat hinaus verbreitete.

Wieweit dies so sein sollte, blieb unter den Arabern erst einmal umstritten. Auf der Halbinsel gab es weiterhin Leute, die in dem Dschihad eine Angelegenheit von Freiwilligen *(taṭauwuʿ)* sahen,[141] ein löbliches Handeln zwar *(ʿamal ḥasan)*, aber nichts, zu dem man verpflichtet gewesen wäre. Wehrpflicht im heutigen Sinne gab es ohnehin nicht. In Mekka verwies man außerdem darauf, daß in den heiligen Monaten alle Fehde untersagt sei, und in Medina meinte jemand, daß die Pilgerfahrt zur Kaʿba ein „Dschihad" ohne Blutvergießen und deswegen einem Kriegszug vorzuziehen sei. Nur in Syrien scheint man einhellig den militärischen Dschihad für obligatorisch *(wāǧib)* gehalten zu haben.[142] Wieweit hierbei eschatologische Erwartungen mitspielten, die sich zuerst an Jerusalem und später an Konstantinopel knüpften, ist bisher nicht entschieden.[143]

Der Dschihad war aber nicht nur die „Spitze des Kamelhöckers", sondern auch der „Grundpfeiler" *(ʿamūd)*. Das erinnert an die fünf *arkān*, die jeder Muslim beachten muß; wer den Dschihad als obligatorisch ansah, hätte ihn als sechsten *rukn* („Säule") den anderen hinzufügen müssen. Unter den Sunniten hat dies der eine oder andere auch getan, wiederum vor allem in Syrien oder in den Grenzgebieten; aber durchgesetzt hat sich das nicht.[144] Auch den Ḫāriǧiten hat man diesen

---

(Der Neue Pauly III, S. 722 f., s. v.). Nagel setzt ihn allerdings immer noch in das Jahr 634 (*Mohammed. Leben und Legende*, S. 461 f.).

140 *Doctrina Iacobi nuper baptizati*, hrsg. von Nathanael Bonwetsch (Berlin 1910), Kap. 16 = S. 86, 20 f.; übersetzt bei Hoyland, *Seeing Islam as others saw it* (Princeton 1997), S. 57.

141 So war die Sache auch gemeint; vgl. Noth, *Heiliger Krieg*, S. 36.

142 Zu den Belegen vgl. van Ess, *Fehltritt*, S. 165.

143 Dazu van Ess, *Fehltritt*, S. 180 ff.

144 EI² II, S. 539a, s. v. *D̲jihād* (E. Tyan), und VIII, S. 596, s. v. *Rukn*. Unter Šīʿiten wurde die *walāya*, die Treue zu ʿAlī und den Imamen, zur sechsten „Säule".

Schritt nachgesagt.[145] Aber wenn diese denn überhaupt den Begriff *rukn* benutzten und nicht wie die Ibāḍiten Quietisten waren,[146] so packten sie doch die Sache ganz anders an. Da sie nur sich selber als „Muslime" betrachteten,[147] hätten sie den Dschihad gegen ihre eigenen Glaubensgenossen gerichtet, von denen sie sich losgesagt hatten *(tabarru')*. In dieser Art wurden sie denn auch wahrgenommen;[148] sie bezeichneten ihren „Auszug" *(ḫurūğ)* aus der Großgemeinde ja auch als *hiğra*.[149] Im übrigen wurden die fünf *arkān* nicht von Anfang an im „Paket" gehandelt. Der Katalog brauchte Zeit, sich zu entwickeln, und *rukn* hieß da anfangs vermutlich gar nicht „Säule" oder „Pfeiler", sondern „Glied".[150]

Der Lohn für das „Martyrium" verlor dadurch an Glanz, daß die junge Gemeinde sich ohnehin als erwählt betrachtete und deswegen auch ohne Heldentod Anspruch auf das Paradies erhob; mancherorts, etwa in Kufa, hielten sich die frühen Muslime für *ahl al-ğanna*, „Leute, denen das Paradies sicher ist". Ein Bewußtsein der eigenen Sündhaftigkeit entstand erst später und vielleicht auch anderswo, in Basra mit Ḥasan al-Baṣrī, nachher in Syrien mit der Qadarīya.[151] Es liegt nahe, anzunehmen, daß dies der Grund war, aus dem den *muğāhidūn* versichert wurde, daß sie im Todesfalle unverzüglich ins Paradies eingehen würden.[152] Man wusch deswegen den Leichnam der

---

145 So Khadduri, *War and Peace in the Law of Islam* (Baltimore 1955), S. 67 f.; auch Kohlberg, *Development*, in: ZDMG 126 (1976), S. 64, aber ohne Beleg.

146 In dem kürzlich erschienenen *Dictionary of Ibāḍī Terminology* (Muscat 1429/2008) kommt das Stichwort *ğihād* gar nicht vor, und die *arkān al-Islām* bzw. *arkān ad-dīn* präsentieren sich als ethische statt als kultische Grundgebote (I, S. 435 f.). Es sind im übrigen nur vier.

147 J. van Ess, *Theologie und Gesellschaft* II, S. 226; weitere Belege dort im Index IV, S. 1081, s. v. *muslim.*

148 Auch die Rede von dem sechsten *rukn* ist vielleicht nur Teil der Fremdwahrnehmung.

149 J. van Ess, *Theologie und Gesellschaft* I, S. 8 und S. 404, II, S. 574; weitere Belege im Index IV, S. 1058, s. v. *hiğra.*

150 W. C. Smith, *On Understanding Islam* (Den Haag 1981), S. 164 ff.; van Ess, *Theologie und Gesellschaft* IV, S. 356.

151 J. van Ess, *Fehltritt*, S. 110 ff. und S. 306 f.

152 Das ist bereits in Sure 3:169 und 2:154 vorausgesetzt; vgl. Paret, *Der Koran. Kommentar*, S. 86. Als entsprechenden juristischen Text mag man das *Kitāb Qidwat al-ġāzī* des Ibn Abī Zamanīn (gest. 399/1008) vergleichen, bei Ruth Wechsel, *Das Buch Qidwat al-Ġāzī* (Diss. Bonn 1970), dort S. 147 ff.

Gefallenen auch nicht; der Tote sollte den Status der Blutzeugenschaft behalten.[153] Jedoch ist die Herleitung im Einzelnen hypothetisch, weil man keine einheitliche Vorstellung von dem Leben nach dem Tode hatte; hier hatte erst Muhammad mit seiner Predigt vom Endgericht feste Begriffe eingeführt. Man darf nicht davon ausgehen, daß die Menschen damals bereits in den Kategorien eines Leib-Seele-Dualismus dachten. Der Verzicht auf die Totenwaschung kann, wenn er nicht ohnehin rein symbolisch gemeint war,[154] bedeuten, daß der Gefallene in seiner leiblichen Gestalt „zu den Vätern versammelt" wird – ohne Gericht, weil er durch seinen Tod im „Einsatz" alle seine früheren Vergehen gesühnt hat, und in einem Jenseits, das zwar den Guten vorbehalten, aber nicht unbedingt im Himmel lokalisiert war. Das Paradies war ja erst einmal nur ein „Garten" *(ǧanna)*; es konnte dann in Jerusalem liegen oder in der Oase Waǧǧ auf der Arabischen Halbinsel.[155]

Die „spekulativen" Theologen fragten sich später, ob überhaupt schon jemand im Paradiese sei; bevor das Gericht stattgefunden hat, gibt es Paradies und Hölle vielleicht noch gar nicht – oder das Paradies ist menschenleer, seitdem Adam und Eva daraus vertrieben worden sind. Aber aus diesem Blickwinkel sah man anfangs das Problem noch nicht. Man überlegte sich eher, ob denn Menschen, auch wenn sie Glaubenskämpfer gewesen sind, dahinein dürfen, und manche sagten dann, daß diese am Eingang warten müssen; dort stehen Zelte an einem Fluß, in denen sie sich ausruhen können – eine Art Lazarett also.[156] Vielleicht fällt aber auch der Leib von ihnen ab, so daß nur die Seele einen Platz im Jenseits sucht, und zwar nicht in einem irdischen „Garten im Westen", wo die Seelen der übrigen Gläubigen die Nacht

---

153 EQ III, S. 281 ff., s. v. *Martyrs* (W. Raven); D. Cook, *Martyrdom in Islam* (Cambridge 2007), S. 31 ff. und vorher. Eine juristische Stellungnahme zum Begräbnis der „Märtyrer" findet sich bei Ibn Abī Zaid al-Qairawānī, ed. von Bredow (Stuttgart 1994), S. 364 ff.; vgl. auch den Text des Muwaṭṭaʾ in: Peters, *Jihad*, S. 23 f.

154 Insofern Kriegstote per se rituell rein sind; Blut ist ja an sich unrein, wenn es einmal die Adern verlassen hat. Jedoch war diese Erklärung anfangs nicht unumstritten (EI² IX, S. 204a).

155 J. van Ess, *Theologie und Gesellschaft* IV, S. 395 f.

156 So schon in der *Sīra* des Ibn Isḥāq (van Ess, *Theologie und Gesellschaft* IV, S. 525).

verbringen,[157] sondern nun tatsächlich im Innern eines himmlischen Paradieses, nur – da dort ja noch niemand ist – eingesperrt in die Bäuche grüner Vögel oder ganz und gar in weiße Vögel verwandelt, die im Schatten des göttlichen Thrones nisten. Vögel gehörten offenbar zur Grundausstattung des Paradieses; sie übernahmen hier die Rolle des Seelenvogels. Die aufklärerischen Theologen hielten von alledem nichts; sie sind einige Zeit sogar ohne die Vorstellung einer menschlichen Seele ausgekommen.[158] Unter diesen Umständen mußten sie natürlich auch mit den *šuhadā'* anders umgehen. Aber das geschah zu einer Zeit, die uns hier nicht mehr interessiert und in der auch der Dschihad nicht mehr im Mittelpunkt des allgemeinen Denkens stand.

S. 13: Wie die Byzantiner über den islamischen Dschihad dachten, wird bei A. Th. Khoury, *Polémique byzantine contre l'Islam* (Leiden 1972, eigentlich Diss. Paris unter R. Arnaldez), S. 243 ff. zusammengefaßt. Der Text, auf den Josef Ratzinger sich in seinem Regensburger Vortrag bezog, ist seit mehr als einem Jahrzehnt vollständig herausgegeben von Karl Förstel, *Manuel II. Palaiologos, Dialoge mit einem Muslim* (kommentierte griechisch-deutsche Textausgabe, 3 Bände, Corpus Islamo-Christianum, Series Graeca, Nr. 4, Würzburg 1993–1996). Der Kaiser mußte den Osmanensultan Bāyazīd I., dessen Vasall er war, 1391 auf einem Feldzug in Kleinasien begleiten und führte während des Winterlagers in Ankara mit einem muslimischen Gelehrten *(mudarris)*, der aus Bagdad oder dem Irak herübergekommen war und bei seinen osmanischen Gastgebern in hohem Ansehen stand, mehrere längere Gespräche; er hat den Text in den darauffolgenden Jahren redigiert und vielleicht auch ein wenig aufgearbeitet. Das siebte dieser Gespräche war bereits 1966 von Khoury, diesmal griechisch-französisch, veröffentlicht worden (*Entretiens avec un musulman*, Paris, Editions du Cerf). Die Formel „Feuer und Schwert" kommt dort nicht vor. Auch vom Dschihad ist kaum die Rede. Manuel hätte es sich ja nicht erlauben können, ausfällig zu werden. Im übrigen war nicht er es, der das Gespräch gesucht hatte, sondern der Muslim, ein älterer Mann, der von seinen zwei Söhnen begleitet war und behauptete, nie bisher einem vernünftigen und gebildeten Christen begegnet

157 Tagsüber fliegen sie herum (van Ess, *Theologie und Gesellschaft* IV, S. 522).

158 Vgl. im Zusammenhang van Ess, *Theologie und Gesellschaft* IV, S. 521–525.

zu sein. Bei einer der abendlichen Unterhaltungen meinte er, daß schon die Tatsache, daß die Muslime gegenüber den Christen immer den Sieg davongetragen hätten, die Wahrheit des Islams bezeuge (Förstel, V 4.2), und Manuel nimmt sich viel Zeit, ihm auseinanderzulegen, daß mit des Geschickes Mächten kein ewiger Bund zu flechten (V 4.10–20) und das Kriegsglück nicht eine Sache der Religion, sondern der τύχη sei (V 4.19). Bei anderer Gelegenheit heißt es dann, eher nebenbei, daß der Glaube sich nicht mit Gewalt (βία) verbreiten lasse, sondern eine „Frucht der Seele" sei (VII 1.6 f. = Khoury, *Entretiens*, S. 145). Manuel hat natürlich recht; 1402, also nur zehn Jahre nach den Gesprächen am Lagerfeuer, wurde Bayazid von Timur in einer Schlacht, die wiederum bei Ankara stattfand, vernichtend geschlagen und als Gefangener herumgeführt.[159] Das Ereignis erregte im Abendland großes Aufsehen und wurde sowohl literarisch (Christopher Marlowes *Tamburlaine the Great*) als auch musikalisch (z. B. Händels Oper *Tamerlano* oder *Il Bayazet*, 1724)[160] verarbeitet. Dem Islam geschah damit allerdings kein Abbruch.

Hauptteil. Zweiter Abschnitt: Der Dschihad und das islamische Recht

Der Streit um den Status des Dschihad endete mit einem Kompromiß: Bewaffneter Kampf zur Verbreitung des Glaubens ist zwar ein Gebot *(farḍ)*, aber nur für eine ausreichende Zahl (männlicher) Kriegsteilnehmer *(farḍ ʿalā l-kifāya)*.[161] Das hieß: Dschihad muß permanent

159 Er starb im März 1403 in Akşehir.

160 Nach der Tragödie *Tamerlan ou la Mort de Bajazet* von Jacques Pradon (1675); vgl. A. Jacobshagen / P. Mücke (edd.), *Händels Opern* (*Das Händel-Handbuch*, Band II, Laaber 2009), S. 139 ff.

161 Man muß wohl übersetzen mit „Verpflichtung nach dem Modus der Genüge" (so Noth, *Heiliger Krieg*, S. 47); *ʿalā* heißt also nicht „die (einer genügenden Anzahl) auferlegt ist". Vgl. auch EI[1] II, S. 64, > EI[2] II, S. 790, s. v. *Farḍ* (Th. W. Juynboll), und EI[2] II, S. 538 ff., s. v. *Djihād* (E. Tyan), dort S. 539a: *farḍ (ʿalā l-)kifāya* als „collective duty" oder „collective obligation" im Gegensatz zu *farḍ ʿain*, der individuellen Verpflichtung; EI[2] III, S. 180, s. v. *Ḥarb* (M. Khadduri). Ausführlich dazu M. Ḫair Haikal, *Al-Ǧihād wal-qitāl fī s-siyāsa aš-šarʿīya* (1–3, Beirut 1993), S. 875 ff. Der Begriff ist anscheinend von Muḥammad Ibn Idrīs aš-Šāfiʿī (gest. 204/820) eingeführt worden

geführt werden; in seinem nachkoranischen Verständnis diente er nicht nur der Selbstverteidigung, sondern war auch „nichtprovozierter Kampf gegen die ungläubige Welt".[162] Die Juristen zerlegten die Welt in ein „Haus des Islams" *(dār al-Islām)* und ein „Haus des Krieges" *(dār al-ḥarb)*.[163] Krieg *(ḥarb)* ist also Mittel oder Ausdrucksform des Dschihad, und der bewaffnete Dschihad ist deswegen nicht gut an sich, sondern „gut, weil etwas anderes gut ist" *(ḥasan li-ḥusni ġairih)*, nämlich die Befreiung der Welt vom Unglauben.[164] Der Zweck heiligt das Mittel. Versuche, den Dschihad nur für den Verteidigungsfall zu legitimieren (z. B. Sufyān aṯ-Ṯaurī, gest. 161/778),[165] blieben Minderheitenvoten.[166]

Die Realität allerdings ging andere Wege. Kalifen, die den Krieg bewußt in Feindesland trugen, wurden in der Abbasidenzeit bald seltener. Hārūn ar-Rašīd war einer von ihnen;[167] man hat ihn als den ersten Ġāzī-Kalifen bezeichnen können.[168] Die Reflexion über das, was man da tat, begann, als die militärische Lage statisch wurde; die-

---

(Michael Bonner, *Some Observations concerning the Early Development of Jihad on the Arab-Byzantine Frontier*, in: Studia Islamica 75 [1992], S. 5–31, dort S. 28); jedoch erscheint er im *Kitāb al-Umm* IV (Beirut 1980), S. 176, worauf gelegentlich verwiesen wird (EI² VIII, S. 497b, s. v. *Ribāṭ* [J. Chabbi]), explizit noch nicht.

162 Colpe, *Der „Heilige Krieg"*, S. 58.

163 Dazu etwa H. Kruse, *Islamische Völkerrechtslehre* (2. Aufl., Bochum 1979), S. 57 ff. Es gibt in der Sprache der Juristen noch mehr solcher „Häuser", nur daß sie nun innerhalb des Islams eingerichtet werden: *dār al-baġy*, *dār al-fisq*, *dār al-ḫaṭaʾ*, *dār al-īmān*, *dār aš-širk*, *dār at-taqīya* usw. Vor allem Šīʿiten und Ḫāriǧiten haben hier große Phantasie entwickelt.

164 EI² II, S. 539a.

165 Zu ihm van Ess, *Theologie und Gesellschaft* I, S. 221 ff. Er hielt den Dschihad sonst nur für „empfohlen" *(mandūb)*; Peters, *Islam and Colonialism*, S. 15.

166 Allerdings für längere Zeit; die Rechtsschule des Sufyān aṯ-Ṯaurī bestand für einige Generationen und verbreitete sich bis nach Nordafrika und Spanien (vgl. EI² IX, S. 771b, und van Ess, *Fehltritt*, S. 165 f.).

167 Reg. 170/786–193/809; zu ihm EI² III, S. 232 ff. (Fārūq ʿUmar). Er nahm persönlich an einigen seiner Kriegszüge gegen Byzanz teil (ibid. S. 233b).

168 So M. Bonner, *Aristocratic Violence* (New Haven 1996), S. 99 f. Das stimmt allerdings nur, solange man voraussetzt, daß der Kalif selber den Feldzug leitete. Die Umaiyaden hatten bereits ihre alljährlichen Sommerkampagnen *(ṣawāfī)*, nur daß diese im allgemeinen einem der Prinzen anvertraut wurden.

jenigen, die nun den Dschihad aus Überzeugung führten oder führen wollten, waren Freiwillige *(mutaṭauwiʿa)*, die z. T. von weither kamen und im byzantinischen Grenzgebiet vor dem Aufstieg zum Taurusgebirge, in Tarsus oder in Mopsueste/Maṣṣīṣa, in kasernenartigen Herbergen und befestigten Lagern *(ḥiṣn)* lebten, häufig mit ihrer Familie[169] und ohne Kontakt zu einem offiziellen Heer, dem sie sich hätten anschließen können. Nur aus dieser Gegend haben wir auch genauere Nachrichten über ihre Aktivität; was an den anderen Fronten geschah, etwa der gegen die heidnischen Türken in Zentralasien oder gegen die Chazaren im Wolgaraum und in Daghestan,[170] bleibt weitgehend im Dunkel. Lokale „warlords" *(quwwād)* übernahmen häufig die Initiative; sie hatten das Geld, um Streifzüge zu organisieren. Bonner hat das Phänomen untersucht und mit den Vorgängen bei der Entstehung der Kreuzzüge verglichen. Angehörige angesehener Familien, die nicht mit der Verwaltung ihres Besitzes ausgelastet waren, hätten, so meint er, die Kriegswilligen um sich gesammelt; darum spricht er von „aristocratic violence".[171] Letzteres ist ein wenig irreführend; bei den „Aristokraten" handelte es sich wohl eher um Stammeshäuptlinge, die in den Dschihad investierten und darauf hofften, daß ihr Engagement sich durch die Beute amortisierte. Vielleicht hat der in den USA inflationäre Gebrauch des Wortes *crusade* zu der Hypothese beigetragen.[172] Manchmal reisten ganze Kontingente in geordneter Formation in das Kampfgebiet; ohne Führung ging das nicht. Wir hören, daß die Freiwilligen zur Zeit des Kalifen al-Mahdī (reg. 158/775–169/785) einmal zusammen mit dem regulären Heer eintrafen, auf 4000 Kamelen, denen die Namen ihrer Herkunft aufgebrannt waren: Balḫ,

169 Daß die Glaubenskämpfer manchmal mit „Sack und Pack" anreisten, d. h. mit Frauen, Kindern und Sklaven, geht aus einem (apokryphen) Ausspruch des syrischen Prophetengenossen Abū d-Dardāʾ hervor, den Ibn ʿAsākir im Eingangskapitel seines *Taʾrīḫ Dimašq* bewahrt hat (Band I, S. 269 f., ed. al-Munaǧǧid, dort auch als Ḥadīṯ).

170 Die Chazaren nahmen, um ihre Selbständigkeit gegenüber den Byzantinern und den Muslimen zu behaupten, gegen Ende des 2./8. Jahrhunderts das Judentum an. Allgemein zu ihnen vgl. den informativen Artikel *Khazar* in EI² IV, S. 1172 ff. (W. Barthold / P. B. Golden).

171 Bonner, *Aristocratic Violence*, S. 2 ff.

172 Man sollte sich dazu auch ansehen, wie Noth, *Heiliger Krieg*, S. 35 ff. und S. 61 ff., mit den *mutaṭauwiʿa* umgeht. Nur Šāfiʿī scheint gegen das „Privatkriegertum" gewesen zu sein (ibid. S. 45).

Choresmien, Herat, Samarqand, Farġāna, Isfīǧāb.[173] Auch reiche Kaufleute scheinen zur Finanzierung der kriegerischen Unternehmen beigetragen zu haben; ʿAbdallāh b. al-Mubārak war einer von ihnen. Er war wohl schon zu alt, um selber das Schwert zu führen; sein Vermögen hatte er in Marv gemacht.[174] Man brauchte Ausrüstung: Waffen, Pferde usw.; denn die Freiwilligen erhielten keine staatlichen Dotationen und mußten im Prinzip für sich selber sorgen. Viele brachten außer ihrem Idealismus vermutlich nicht viel mit. Die Kosten für ihre Unterkunft wurden von privaten Stiftungen getragen. Ibn Ḥauqal notierte im 4./10. Jh., daß jede Region und jede größere Stadt auf diese Weise über ein eigenes „Gästehaus" oder „Ribāṭ" verfügte.[175]

Das Wort *ribāṭ* bereitet dem Philologen allerdings einiges Kopfzerbrechen. Ibn Ḥauqal stammte zwar aus Nisibis im obermesopotamischen Grenzgebiet; aber in den *ṯuġūr* am Taurus scheint man im 2. und 3. Jh. H. die Herbergen oder Festungen kaum je als *ribāṭ* bezeichnet zu haben.[176] Das Wort begegnet zwar schon im Koran im Kontext des Dschihad; aber es bezeichnete dort eine Tätigkeit oder die Pferde, die im Krieg zum Einsatz kamen. Die dritte Sure endete mit dem Aufruf (3:200): „Übt Geduld und seid standhaft und einsatzbereit *(rābiṭū)*", und in Sure 8:60 war von *ribāṭ al-ḫail* die Rede, was Paret etwas zweifelnd mit „Schlachtrosse" übersetzt.[177] Beide Stellen sind, wie Paret meint,[178] voneinander zu trennen. In Sure 8:60 ist *ribāṭ*,

173 Vgl. den Text bei C. E. Bosworth, *The City of Tarsus and the Arab-Byzantine Frontiers in Early and Middle ʿAbbāsid Times*, in: Oriens 33 (1992), S. 268–286, dort S. 271 f. Ob baktrische Kamele sich im anatolischen Kampfgebiet neben den Pferden überhaupt einsetzen ließen, entzieht sich meiner Kenntnis. Noch Maḥmūd von Ġazna hatte bei seinen Indienfeldzügen eine selbständige Formation von Freiwilligen in seinem Heer (Noth, *Heiliger Krieg*, S. 63). Allerdings gab es in Indien abgesehen von „Ungläubigen" auch besonders viel an Beute zu holen.

174 Zu ihm van Ess, *Theologie und Gesellschaft* II, S. 551 ff. Militärisch nutzbringende Mildtätigkeit gibt es natürlich auch in dem Nahen Osten unserer Tage; das Geld kommt dann ebenfalls von weit her, nur diesmal von jenseits des Atlantik.

175 *Ṣūrat al-arḍ*, S. 184, 1 ff. (ed. Kramers, Beirut 1964); dazu EI² X, S. 306, s. v. *Ṭarsūs* (Bosworth). Zu den Stiftungen vgl. Noth, *Heiliger Krieg*, S. 65.

176 Bosworth, *City of Tarsus*, S. 285. Man sagte *ḥiṣn* oder *maʿqil*.

177 Khoury hat, wohl im Anschluß an Paret: „einsatzbereite Pferde" (*Koran* VII, S. 258); vgl. Bosworth, *City of Tarsus*, S. 284: „mounted pickets".

178 Paret, *Der Koran. Kommentar*, S. 90.

wenn man den Wörterbüchern (und den Korankommentatoren, die in den Wörterbüchern ausgeschrieben wurden) glauben darf, Plural zu *rābiṭ*, mit dem ein angebundenes Pferd gemeint ist, das zum Einsatz bereit steht. *Ribāṭ* wäre dort also nicht der Infinitiv jenes dritten Stammes, der in Sure 3:200 im Imperativ erscheint; zudem werden an letzterer Stelle die Pferde nicht explizit genannt. Man kann zwar, wie ich dies getan habe, dort im Rückbezug auf 3:195 annehmen, daß auf den Dschihad angespielt ist, und dann übersetzen: „Haltet (die Pferde) zum Einsatz bereit".[179] Aber Paret kann sich dazu nicht bereitfinden. Er verbindet stattdessen *rābaṭa* (III) mit der Grundform *rabaṭa* (I) und der im Koran mehrfach belegten Redewendung *rabaṭa ʿalā qalbi fulān* „jemanden innerlich festigen" und kommt so zu der Übersetzung: „... und bemüht euch, standhaft und fest zu bleiben". Aber wie auch immer es sich verhalte, das Nomen *ribāṭ* brauchte lange Zeit, um die Bedeutung „Fort" = „Gebäude, in dem die Pferde zum (kriegerischen) Einsatz bereitgehalten werden" zu erlangen. Heutige Touristen kennen es natürlich aus dem Maghrib;[180] dort sind befestigte Punkte an der Mittelmeer- (bzw. später Atlantik-)Küste gemeint, wo eine feindliche Flotte (anfangs die der Byzantiner) hätte anlegen können. Aber das Wort wurde nicht nur im islamischen Westen so gebraucht, sondern auch bis nach Zentralasien, und die Bedeutungsentwicklung ist sehr komplex. Man kann dazu den guten und ausführlichen Artikel vergleichen, den Jacqueline Chabbi für EI² verfaßt hat.[181] Für uns steht die Frage am Rande.

Die Freiwilligen agierten also auf eigene Faust. Wenn sich die Gelegenheit bot, konnten sie sich einem Heer anschließen; sonst mußten sie sich von einem „Aristokraten" anwerben lassen. Der suchte sich seine Leute vermutlich aus, wie heute der Impresario eines paramilitärischen Unternehmens im Dienste einer Weltmacht. Ob ein trainier-

179 So Khoury, *Koran* IV, S. 326, unter Hinweis auf Sure 8:20. Man könnte dies auch metaphorisch verstehen, im Sinne von „Haltet euer Pulver trocken!".

180 Tunesien oder Marokko (wo die Hauptstadt so heißt: Rabat < Ribāṭ al-fatḥ).

181 EI² VIII, S. 493–506, s. v. *Ribāṭ*. Zum Maghrib dort S. 502 f.; allgemein zum Gebrauch im Sinne eines Gebäudes S. 499 ff. Wenn die Soldaten sich auf ihr *ribāṭ al-ǧihād* zurückziehen, so ist weniger die gesicherte Behausung gemeint als allgemein die Operationsbasis ihrer Unternehmungen (S. 497b). Man muß allerdings an dieser Stelle immer auch die Darlegungen von A. Noth in *Heiliger Krieg und Heiliger Kampf*, S. 66 ff., berücksichtigen; das Buch ist Frau Chabbi unbekannt geblieben.

tes Heer über den kaum zu vermeidenden, aber unerbetenen Zuwachs immer erfreut war, muß offenbleiben; die Sache konnte ja ablaufen wie bei jenen namenlosen Scharen, die später unter dem Eremiten Peter von Amiens den Ersten Kreuzzug begleiteten. Jedenfalls erhielten die *mutaṭauwiʿa* keinen Sold. Den wollten sie wohl auch nicht; aber sie mußten sich nun an der Beute schadlos halten. Das war Glückssache – wie bei einem Aktiengeschäft. Zudem ging bei einem größeren Heereszug die reguläre Beute[182] an ihnen vorbei; sie fiel an diejenigen, die als Soldaten dem Heer angehörten.[183] Allerdings konnte jemand von ihnen für einen Soldaten einspringen; denn manch einer, der vom Staat eine Dotation *(ʿaṭāʾ)* erhielt oder aufgrund seines Landbesitzes zum Kriegsdienst aufgefordert wurde, wollte oder mußte sich der Verpflichtung entziehen und stellte einen Ersatzmann *(badīl)*, den er dann auch ausstattete und bezahlte. Man nannte das Verfahren *ǧiʿāla*; *ǧuʿl* war „der Lohn".[184] Die Sache galt als nicht sehr ehrenhaft, und der Angeworbene stand schnell als „Mietling" oder „Söldner" *(aǧīr)* da.[185] Aber die Juristen haben natürlich ein Auge darauf gehabt; es gab solche falschen Vasallenverhältnisse seit der Zeit Muʿāwiyas.[186] Man konnte ja auch jemanden stellvertretend für sich auf den Ḥaǧǧ schicken.[187]

Schließlich gab es dann noch diejenigen, welche die allmählich etwas hohl klingende Dschihadpropaganda leid bekamen und mit neuem Sinn zu füllen versuchten, indem sie den Begriff des *ǧihād akbar* einführten. Statt des lahmen Stellungskrieges suchten sie Befriedigung in Frömmigkeitsübungen. Man solle, so sagten sie, solange es keine Gelegenheit gebe, in ehrenhafter Weise den äußeren Feind zu bekämpfen, lieber dem Feind, den man in sich selber trage, nämlich

182 Näher dazu unten S. 80 ff.

183 EI² VIII, S. 496b.

184 Bonner, *Aristocratic Violence*, S. 12; auch vorher schon in: Der Islam 68/1 (1991), S. 45–64 *(Jaʿāʾil and Holy War in early Islam)*. Danach EI² VIII, S. 496b.

185 Bonner, *Aristocratic Violence*, S. 35 und S. 39, > van Ess, *Fehltritt*, S. 201.

186 Bonner, *Aristocratic Violence*, S. 17.

187 Sogar postum, aber immer nur auf eine einzige Person beschränkt (EI² III, S. 33b).

der Triebseele *(nafs)*, den Krieg erklären.[188] Das war keine Drückebergerei oder Fahnenflucht, sondern eine Überhöhung, ein Dschihad höheren Grades, der die Teilnahme am militärischen „Einsatz" nicht ausschloß.[189] Auch diese Entwicklung hat sich in Syrien und im Grenzgebiet abgespielt, allerdings wohl unter Einfluß von außen, aus dem Irak, vor allem aus Basra. Der Mystiker Abū Sulaimān ad-Dārānī (gest. 235/850?), ein Iraker, der in Dāraiyā, der Vorstadt von Damaskus, heimisch wurde, bemühte sich um die *muğāhadat an-nafs*, den Kampf wider den inneren Schweinehund, also Askese im Sinne der Unterjochung des triebhaften Ich.[190] Ein Mann aus Antiochien, Aḥmad b. ʿĀṣim al-Anṭākī (gest. 239/853-54?), diesmal ein Einheimischer, predigte das gleiche Ideal.[191] Jahrhunderte später hat ʿUmar as-Suhrawardī (gest. 632/1234) in seinen *ʿAwārif al-maʿārif* die „Konventbewohner" *(murābiṭūn)* mit der *muğāhadat an-nafs* und dem *ğihād akbar* zusammengebracht; er beruft sich dazu u. a. auf ʿAbdallāh b. al-Mubārak.[192]

Ich habe in diesem Zusammenhang einmal von der „Geburt der Mystik aus dem Geiste des Dschihad" gesprochen.[193] Das heißt vielleicht den Mund etwas zu voll nehmen; die islamische Mystik hat mehrere Wurzeln, vielleicht auch ältere. Aber es gab eine genuin syrische Tradition, in der der mystische Begriff der Liebe *(maḥabba)* auf die Anfänge des nachkoranischen Dschihad zurückbezogen oder zurückprojiziert wurde. Man erzählte, daß die Schüler des Muʿāḏ b. Ğabal,[194] die als Veteranen in der syrischen Etappe in Emesa/Ḥimṣ lebten, einen Liebesbund bildeten, der aus jener Kampfgemeinschaft erwachsen war, zu der sie sich im Dschihad zusammengefunden hatten. Sie nannten sich angeblich *al-mutaḥābbūn fī llāh*, „diejenigen, die

---

188 Zum *ğihād akbar* vgl. das Schlußkapitel von Morabias *La notion de ğihâd*, dort S. 480 ff.; auch D. Cook, *Understanding Jihad*, S. 32 ff. und S. 46 f.
189 Letzteres betont schon Noth, *Heiliger Krieg*, S. 59 f.
190 J. van Ess, *Theologie u. Gesellschaft* I, S. 142 f.
191 J. van Ess, *Theologie u. Gesellschaft* I, S. 147; vgl. auch Morabia, *La notion de ğihâd*, S. 486, Anm. 29, wo allerdings noch Muḥāsibī als Autor des Zitates angenommen wird (zum Problem *Theologie u. Gesellschaft* I, S. 146).
192 Übers. R. Gramlich, *Die Gaben der Erkenntnisse des ʿUmar as-Suhrawardī* (Wiesbaden 1978), S. 107 ff., dort S. 108, cap. 4.
193 J. van Ess, *Fehltritt*, S. 401.
194 Zu ihm s. o. S. 56 und S. 64.

sich gegenseitig in Gott lieben“, und der VI. Verbalstamm griff um sich: Sie waren auch *mutaǧālisūn*, *mutazāwirūn* oder *mutabāḏilūn*, immer *fī llāh*.[195] Als Veteranen waren sie keine *šuhadā'*; aber sie pflegten eine bestimmte Art pietistischer Frömmigkeit, und „am Tage der Auferstehung werden ihnen Tribünen aus Licht errichtet“. Nicht also, daß sie unverzüglich aus ihrem irdischen Dasein ins Paradies eingingen; sie müssen wie alle warten bis zum Jüngsten Gericht. Aber „ihrem Antlitz bleibt die Große Panik[196] erspart“.[197]

Muʿāḏ b. Ǧabal war schon im Jahre 17 an der Pest gestorben. Die „Pest von Emmaus“, eine späte Schwester der „Pest des Justinian“, hatte ihn wie viele andere prominente frühe Glaubenskämpfer dahingerafft, und die Nachwelt grübelte darüber nach, warum Gott dies zugelassen hatte. Er hatte ihnen ja die Chance genommen, den Heldentod zu erleiden und sofort ins Paradies einzugehen. So kam man denn in Syrien darauf, daß Pestopfer gleichfalls „Märtyrer“ seien – und nicht nur sie, auch diejenigen, die an der Ruhr (bzw. der Cholera) sterben oder die ertrinken oder bei der Verteidigung ihres Eigentums erschlagen werden, sogar eine Frau, die aus ihrem Wochenbett nicht mehr aufsteht, und schließlich sogar junge Leute, die „sterben, wenn sie lieben“.[198] Damit wurde der Dschihad zur Metapher; er war hier nur noch Vergleichsobjekt. Auch ein Kaufmann befinde sich im Dschihad, soll schon Ibrāhīm an-Naḫaʿī (gest. 96/715), ein früher irakischer Jurist, gesagt haben – weil jener nämlich dauernd dem Satan widersagen muß, der ihn dazu verführen will, die Kunden übers Ohr zu hauen; auch das schon eine Art *ǧihād akbar*.[199] Ebenso konnte es nun geschehen, daß in bürgerlichem Milieu manche der oben genannten Todesarten über den Tod auf dem Schlachtfeld gestellt

195 Näher dazu van Ess, *Fehltritt*, S. 199 ff.

196 *Al-fazaʿ al-akbar*; vgl. Sure 21:103.

197 J. van Ess, *Fehltritt*, S. 202.

198 J. van Ess, *Fehltritt*, S. 262 ff.; vgl. B. Reinert, *Der islamische Begriff des „heiligen Krieges“. Ursprung und Entwicklung*, in: F. Stolz (ed.), *Religion zu Krieg und Frieden* (Zürich 1986), S. 89–112, dort S. 100 ff., und E. Kohlberg in EI² IX, S. 205 f. Zum Liebestod vgl. auch D. Cook, *Martyrdom in Islam*, S. 98 ff.

199 So in dem von H. Ritter bearbeiteten „Arabischen Handbuch der Handelswissenschaft“, in: Der Islam 7 (1916), S. 1–91, dort S. 32. Zu Ibrāhīm an-Naḫaʿī vgl. van Ess, *Theologie und Gesellschaft* I, S. 160 f.

wurden.[200] Daß der kriegerische Eifer darunter nicht zu leiden brauchte, zeigt die Figur des Šaiḫ Raslān, der in Damaskus zum Symbol des Widerstandes gegen die Kreuzfahrer wurde (anläßlich des Angriffs auf die Stadt während des Zweiten Kreuzzuges im Jahre 543/1148) und die Verehrung Nūraddīn Zangīs genoß. In der Vorstellung der Damaszener war er ein *muǧāhid*; aber die *Risāla fī t-tauḥīd*, die er verfaßte, nimmt auf den *ǧihād* überhaupt nicht Bezug.[201] Sie wurde sowohl in Ägypten kommentiert (von dem šāfiʿitischen Juristen Zakarīyāʾ al-Anṣārī, gest. 926/1520)[202] als auch in Syrien von ʿAbdalġanī an-Nābulusī (gest. 1143/1731)[203] und verbreitete sich bis nach Indonesien.[204] Von *ǧihād akbar* sprachen auch die Šīʿiten;[205] aber bei ihnen war, wie wir sahen, der militärische *ǧihād* im Prinzip stillgelegt, solange der zwölfte Imam nicht wiedergekehrt war.[206]

Man kann sich fragen, ob diese Umdeutung des Dschihad-Begriffs noch zum Thema gehört. David Cook hält Morabias Ausführungen ebenso wie die Geoffroys für apologetisch; der *ǧihād akbar* sei eine Fiktion.[207] Auch ich habe den *ǧihād akbar* in meinem Vortrag nicht erwähnt; aber ich habe es eher getan, um den Gedankengang nicht zu stören. Die Wortkombination erscheint schon im Ḥadīṯ,[208] und sie ist mehr als ein bloßer Versuch, die Vokabel *ǧihād* zu entmilitarisieren und auf ihre Grundbedeutung zurückzuführen. Auch von einem „verborgenen Dschihad" *(ǧihād ḫafī)* hat man in der Frühzeit einmal gesprochen, wiederum in der Šīʿa, unter kufischen Extremisten; Abū Manṣūr al-ʿIǧlī rechtfertigte damit seine terroristischen Aktivitäten.[209] An den Juristen freilich ging dies alles vorbei. Das Innenleben der

200 Goldziher, *Muhammedanische Studien* II, S. 389.

201 Übersetzt und kommentiert von E. Geoffroy, *Djihâd et contemplation. Vie et enseignement d'un soufi au temps des croisades* (Paris 1997). Zum *ǧihād akbar* dort S. 22 ff.

202 Zu ihm GAL² 2, S. 122 ff., und S 2, S. 117 f.

203 *Šurūḥ Risālat aš-Šaiḫ Arslān*, ed. ʿIzzat Ḥusrīya; Damaskus 1389/1969.

204 G. W. J. Drewes, *Directions for Travellers on the Mystic Path* (Den Haag 1977).

205 So etwa Kulīnī; vgl. Kohlberg, *Development*, S. 66.

206 Oben S. 39. Kohlberg, *Development*, verweist dazu auf Mufīd (S. 79 f.).

207 Cook, *Understanding Jihad*, S. 39 ff.

208 Morabia, *La notion de ǧihâd*, S. 486 f. Die entsprechenden Prophetenworte sind zwar apokryph, aber doch vermutlich recht alt.

209 J. van Ess, *Theologie und Gesellschaft* I, S. 271.

Menschen interessierte sie wenig; ihnen ging es darum, dem Handeln einen geordneten Rahmen zu geben. Aber auch sie urteilten nicht einfach nach der Realität, und ganz gewiß machten sie sich nicht zum Sprachrohr der Kalifen. Sie sammelten vielmehr anfangs bloß Überlieferungen, so wie dies die Traditionarier und die *aḫbārīyūn* ebenfalls taten. Ibn al-Mubārak schrieb ein *Kitāb al-Ǧihād*, das keine einzige selbständige Überlegung enthielt, sondern nur Worte des Propheten und früher Autoritäten zusammenstellte.[210] Ähnlich ist sein Zeitgenosse Abū Isḥāq al-Fazārī (gest. 188/804?) einzuordnen, dessen Buch allerdings den Titel *Kitāb as-Siyar* trug.[211] Beide Autoren sind noch von Ibn Saʿd in seine *Ṭabaqāt* aufgenommen worden.[212] Aber schon Fazārīs Lehrer al-Auzāʿī (gest. 157/774)[213] hatte sich der Materie in systematischerer Weise angenommen; sein *Kitāb as-Siyar* wurde von Abū Yūsuf widerlegt[214] und ist uns in diesem Rahmen zusammen mit einem Kommentar bei Šāfiʿī erhalten.[215] Neuerdings sind Texte ḫāriǧitischer Provenienz hinzugekommen, die unter den Ibāḍiten in Oman entstanden; man wird sie von nun an zum Kontrast heranziehen müssen.[216]

210 J. van Ess, *Theologie und Gesellschaft* II, S. 552; näher dazu Bonner, *Aristocratic Violence*, S. 119 ff., und schon in *Observations*, S. 19 ff. Persönlich recht gut gestellt, tradierte Ibn al-Mubārak Ḥadīṯ, ohne Geld dafür zu verlangen; von ihm stammt auch die erste Sammlung von 40 Ḥadīṯen (*Theologie und Gesellschaft* II, S. 553 f.).

211 Dazu M. Muranyi, *Das Kitāb al-Siyar von Abū Isḥāq al-Fazārī*, in: JSAI 6 (1985), S. 63 ff., und Bonner, *Observations*, S. 9 ff. > *Aristocratic Violence*, S. 109 ff.; auch van Ess, *Theologie und Gesellschaft* I, S. 127, und IV, S. 684.

212 Ibn Saʿd, *Ṭabaqāt*, Bd. VII/2, S. 104, 19 ff., und S. 185, 8 ff.

213 Zu ihm EI² I, S. 773 f. (J. Schacht), und GAS 1, S. 516 f.

214 *Kitāb ar-Radd ʿalā siyar al-Auzāʿī*, ed. Abū l-Wafāʾ al-Afġānī (Kairo 1957).

215 *Kitāb al-Umm* VII, S. 303 ff. Zur Schule des Auzāʿī vgl. Gerhard Conrad, *Die quḍāt Dimašq und der maḏhab al-Auzāʿī. Materialien zur syrischen Rechtsgeschichte* (BTS 46, Stuttgart 1994). Die Arbeit ist prosopographisch angelegt; vgl. jedoch S. 454 ff. und S. 576 ff.

216 In Oman gab es keine Christen, die man hätte bekämpfen können; es ging um innergemeindliche Auseinandersetzungen. Der Begriff *ǧihād* wird darum auch vermieden. Vgl. z. B. das *Kitāb al-Muḥāraba* des Bašīr b. Muḥammad b. Maḥbūb (gest. ca. 290/908) in: *Early Ibāḍī Literature*, edd. Abdulrahman al-Salimi und Wilferd Madelung (Masqaṭ 2010 und Wiesbaden 2011).

Siyar, „Verfahrensweisen, Regeln" war der Titel, unter dem die sunnitischen Juristen ihre Überlegungen publizierten. Das Werk, das in dieser Sparte Furore machte, war allerdings das eines Irakers: das *Kitāb as-Siyar al-kabīr* des Šaibānī (gest. 189/805).[217] Es hatte einen viel weiteren Horizont als die des Auzāʿī und des Fazārī; die Syrer standen den Geschehnissen zu nahe.[218] Sie hatten auch stärker sich an historischen *exempla* aus den Kriegszügen *(maġāzī)* des Propheten zu orientieren versucht.[219] Šaibānī dagegen bezog sich auf Responsa des Abū Ḥanīfa, den er als kaum erwachsener Teenager noch gehört hatte; sie waren an dessen Schüler gerichtet, vor allem an Abū Yūsuf, den späteren Oberqāḍī unter Hārūn ar-Rašīd. Der Titel *Kitāb al-Ǧihād* hielt sich im Ḥadīṯ; alle kanonischen Sammlungen haben ein Kapitel dieses Namens, auch das *Muwaṭṭaʾ* des Mālik ibn Anas.[220] Ibn al-Mubārak hatte unter diesem Titel auch das *forum internum* zur Sprache gebracht: die *intentio (nīya)*, mit der der Gläubige den Dschihad betreiben soll.[221] Die Juristen machten das im allgemeinen nicht; denn die Gedanken des Menschen kennt letztlich nur Gott.

Wie das Lehrgebäude der Juristen im Laufe der Zeit kasuistisch ausgestaltet und verfeinert wurde, ist bisher kaum untersucht. Kruse[222]

---

217 Übers. Majid Khadduri, *The Islamic Law of Nations* (Baltimore 1966); vgl. auch Hans Kruse, *Die Begründung der islamischen Völkerrechtslehre. Muhammad aš-Šaibānī – „Hugo Grotius der Moslimen"*, in: Saeculum 5 (1954), S. 221–241.

218 Zu den Schwächen des Auzāʿī vgl. Bonner, *Observations*, S. 18.

219 Zum Verhältnis zwischen *maġāzī* und *siyar* vgl. EI² V, S. 1162b (M. Hinds).

220 Zumindest in der maghribinischen Rezension des Yaḥyā b. Yaḥyā al-Maṣmūdī (gest. 234/848 in Córdoba), nicht in der irakischen des Šaibānī (Bonner, *Observations*, S. 24 f.); ed. Muḥammad Fuʾād ʿAbdalbāqī (Kairo 1370/1951), Bd. II, S. 443 ff.

221 Bonner, *Aristocratic Violence*, S. 22 f.; allgemein dazu Noth, *Heiliger Krieg*, S. 29 ff.

222 *Islamische Völkerrechtslehre. Der Staatsvertrag bei d. Hanefiten d. 5./6. Jahrhundert d. H. (11./12. Jahrhundert nach Christus)*, Diss. Göttingen 1953, ²Bochum 1979. Eine Übersetzung ins Urdu erschien 1959 in Lahore. Die Urfassung von 1953 hat Hilmar Krüger dazu angeregt, die Rezeption der theoretischen Darlegungen in der späteren osmanischen Praxis zu untersuchen; dabei wird der Ausdruck „Völkerrecht" vermieden: *Fetwa und Siyar. Zur internationalrechtlichen Gutachtenpraxis der osmanischen Şeyh ül-Islâm vom 17. bis 19. Jahrhundert unter besonderer Berücksichtigung des „Behcet ül-Fetâvâ"* (Wiesbaden 1978). Kruse stützt sich auf Kāsānīs *Badāʾiʿ aṣ-ṣanāʾiʿ*,

und Khadduri[223] suchen vor allem den Vergleich mit dem abendländischen Völkerrecht.[224] Ich habe mich für meinen Vortrag weitgehend auf A. Noth gestützt; er hat das Thema mehrfach in Vorträgen behandelt, die in einigen Fällen sich auch schriftlich niedergeschlagen haben.[225] Allerdings sind diese Aufsätze etwas karg; denn er verweist auf seine Quellen nur generell: Saraḫsī, *Mabsūṭ*; Ibn Rušd, *Bidāyat al-muǧtahid*; Ibn Qudāma, *Muġnī* – also Sammelwerke aus dem 11.–13. Jahrhundert, in denen die „herrschende Meinung" der verschiedenen Rechtsschulen dargelegt wird. Die einzelnen Stellen gibt er nur selten an. Um sicheren Boden unter den Füßen zu haben, müßte man also die Arbeit noch einmal machen (oder Noths Nachlaß durchsehen). Ich habe weder das eine noch das andere getan;[226] ich referiere nur und folge dabei der bei Noth vorgegebenen Gliederung.

a) „Beuterecht"

Das Wort weckt falsche Assoziationen; Noth benutzt es deswegen auch nicht. Daß man Beute machen dürfe, war unbestritten; eine Be-

---

das in die gleiche Zeit gehört wie die bei Noth (s. u. Anm. 225) genannten Quellen.

223 Vgl. neben der Šaibānī-Übersetzung *(The Islamic Law of Nations)* noch *War and Peace in the Law of Islam.*

224 Dazu jetzt auch R. Lohlker, *Islamisches Völkerrecht* (Bremen 2006), S. 23 ff. Aber das Buch behandelt eigentlich nur die Situation im spanischen Granada vor der Vertreibung der Muslime (und Juden) im Jahr 1492. Der Vergleich ist natürlich auch von muslimischen Autoren aufgenommen worden. Grundsätzlich dazu R. Peters, *Jihad*, S. 133 ff.

225 Vgl. vor allem *Der a priori legitime Krieg im Islam: Hauptaspekte des islamischen Rechts zum Thema „Krieg und Frieden"*, in: H. von Stietencron und J. Rüpke (edd.), *Töten im Krieg* (Freiburg im Breisgau 1995), S. 277–296; kurz auch *Der Dschihad: sich mühen für Gott*, in: G. Rotter (ed.), *Die Welten des Islam* (Frankfurt 1993), S. 22–32, dort S. 28 f.

226 Averroes hat in seiner *Bidāya* die früheren Diskussionen kurz zusammengefaßt; der Abschnitt, in dem er sich allgemein dazu äußert, was im Dschihad erlaubt ist, findet sich übersetzt bei R. Peters, *Jihad*, S. 31 ff. Wenig beachtet wurde, daß schon Ṭabarī in seinem *Kitāb Iḫtilāf al-fuqahā'* dasselbe getan hat und J. Schacht 1933 den entsprechenden Abschnitt nach einem Istanbuler Fragment in Leiden herausbrachte (vgl. GAS 1, S. 328, Nr. 4, und EI² X, S. 13 f., Nr. iii); die kürzlich erschienene Neuedition von Yasir S. Ibrahim dürfte hier wegen der beigegebenen englischen Übersetzung Abhilfe schaffen: *Al-Ṭabari's Book of Jihād. A Translation from the Original Arabic* (Lewiston 2007).

rechtigung dazu brauchte man nicht, und auch der Koran hatte das Beutemachen nicht extra erlaubt, sondern setzte es einfach voraus. Was die Juristen meinten, war Besitznahme oder, um es mit Noth zu sagen, „durch Einsatz kämpferischer Mittel den Muslimen zugewachsene mobile und immobile Vermögenswerte oder Ansprüche darauf". Auch an Beutegier sollte man darum nicht in erster Linie denken; so ist der „Heilige Krieg" nicht zu erklären. Natürlich war man auf Beute aus; aber daß Beduinen oder die Araber jener Zeit gieriger gewesen seien als heutige Menschen mit Bezug auf das Geld, wird man kaum behaupten wollen. Plündern war – und ist wohl immer noch – die normalste Sache von der Welt. Nur war in einer tribalen Gesellschaft das Beutemachen ein Vorrecht des Kriegers, und die Krieger achteten sehr darauf, daß die Beute gerecht verteilt wurde. Der Koran lieferte einen entsprechenden Verteilungsschlüssel: „Wenn ihr irgendwelche Beute macht, gehört der fünfte Teil davon Gott und dem Gesandten und (seinen) Verwandten, den Waisen, den Armen und demjenigen, der unterwegs ist. (Richtet euch danach), wenn ihr an Gott glaubt ..." (Sure 8:41). Ein Fünftel für das Allgemeinwohl, das war nicht viel. Muhammad hatte seinen kriegführenden Anhängern (die natürlich auch noch eine Familie zu versorgen hatten oder in einen Klan eingebunden waren) entgegenkommen müssen; sie erhielten den Löwenanteil. Er mußte aber auch an seine sozialen Verpflichtungen denken, und natürlich brauchte er einen eigenen „Etat". Einen „Staat", der den Profit hätte abschöpfen können, gab es noch nicht. Deswegen das der Beute entnommene Fünftel. Es war zweckgebunden, und Muhammad entschied über das Vorgehen auf „privatrechtlicher" Ebene.

Den angegebenen Verteilungsschlüssel verstand er nicht als ein Gesetz für alle Zeiten. Sure 8:41 ist vermutlich noch in die Zeit vor der Schlacht von Badr zu datieren; T. Nagel verbindet den Vers mit dem Gefecht bei Naḫla, wo eine kleine Gruppe von Kämpfern zum ersten Mal in größerem Stile Beute gemacht hatte.[227] Nach dem „Grabenkrieg" sah Muhammad sich jedoch bereits veranlaßt, die Sache zu

---

227 *Mohammed. Leben und Legende*, S. 301; vgl. EI² VII, S. 924 f., s. v. *Nakhla* (auch vorher S. 356b und S. 369b). Das Gefecht fällt in das Jahr 2/624; da es in einem der „heiligen Monate" stattfand, nimmt auch der Koran darauf Bezug (Sure 2:217). In seinem 1983 erschienenen Buch *Der Koran* hatte Nagel noch an die Schlacht von Badr als Fixpunkt gedacht (S. 98 ff.). Aber der zeitliche Unterschied zwischen beiden Ereignissen ist ohnehin nicht groß.

modifizieren. Manche von denen, die seinerzeit bedürftig gewesen waren, waren nun versorgt; sie brauchten nicht mehr besonders bedacht zu werden.[228] Die eigentlichen Probleme brachen freilich erst auf nach seinem Tode. Damals flossen dem Machtzentrum auf der Arabischen Halbinsel zwar bald wesentlich größere „Vermögenswerte“ zu; aber die Obrigkeit, die an die Stelle Muhammads trat, kam ihm an Autorität nicht gleich. Die „Gemeinde“ war eine religiöse Interessengemeinschaft; zu einem Staatsbewußtsein mußte sie erst erzogen werden. Viele angesehene Familien wurden schnell reich. Zwar hielt sich das Geld, das sie zusammenrafften, nicht lange; es wurde bald durch eine Inflation entwertet. Aber die Eroberungen brachten ihnen auch großen Landbesitz; das verschaffte ihnen politischen Einfluß. Über gerechte Verteilung ließ sich endlos reden, auch wenn man im Geld schwamm. Dabei war der Besitz selber an sich nicht das Problem; auch der „Staat“ sicherte sich Krongüter, etwa im Irak. Der „Knackpunkt“ waren die Steuern. Sie wurden von den Bauern gezahlt; diese taten damit unter dem Islam das, was sie immer getan hatten. Aber an wen sollten diese Einkünfte nun gehen? Der junge „Staat“ nutzte in den eroberten Gebieten bei der Eintreibung der Steuergelder die Erfahrung der früheren Bürokratien; unter seinen arabischen Untertanen dagegen hielt sich noch lange die Vorstellung, daß ihm das Geld eigentlich gar nicht gehöre, sondern die *umma* ein Mitbestimmungsrecht bei der lokalen Verteilung habe.[229] Die Kalifen verloren so auf die Dauer erheblich an Kredit. Schließlich, spätestens in den Jahren vor der abbasidischen Revolution, hielt man sie nur noch für „Könige“, Herrscher ohne religiöse Aura.[230]

---

228 Nagel, *Mohammed. Zwanzig Kapitel*, S. 163.

229 Historische Nachrichten darüber, wie ein gerechter Kalif oder Heerführer *(imām)* mit „Gottes Eigentum“ umgegangen war bzw. umgehen sollte, bringt Ibn Abī Zaid al-Qairawānī, ed. von Bredow, *Der Heilige Krieg*, S. 497 ff. Streit darüber gab es schon unter dem Kalifen ʿUmar (Donner, *Muhammad and the Believers*, S. 149 f.).

230 „Könige“ *(mulūk)* war ein Ausdruck, dessen sich die fromme Opposition gegen die Umaiyaden bediente (van Ess, *Theologie und Gesellschaft* IV, S. 713) und mit dem diese auch in abbasidischer Zeit noch abqualifiziert wurden. Man bezeichnete den rechtmäßigen Herrscher dann lieber als *al-amīr* oder *al-imām* (van Ess, *Fehltritt*, S. 196). In den Überlegungen der frühen Juristen spielte dieser jedoch eine auffallend geringe Rolle; sie konzipierten das „System“ von der *umma* her.

Sure 8 setzt sich insgesamt mit der Frage auseinander. Sie trägt auch den Namen „Die Beute“ *(al-Anfāl)* und beginnt mit den Worten: „Man fragt dich nach der Beute. Sag: Die Beute kommt Gott und dem Gesandten zu. Fürchtet nun Gott, haltet Frieden miteinander und gehorchet Gott und seinem Gesandten, wenn (anders) ihr gläubig seid“. Es hatte also Streit gegeben. Gott wurde offenbar nur genannt, um die Autorität seines Gesandten zu stützen. Als Muhammad starb, blieb Gott dann allein übrig, und man mußte ihn nun näher definieren. Was sollte man tun mit den Vermögenswerten, die an Gott fielen? Sollte man Moscheen dafür bauen? Es lag nahe, auch in diesem Punkte dem Kalifen oder seinen Statthaltern die Entscheidung zu überlassen; er war der „Nachfolger“ des Propheten, und „Gottesmänner“ im Sinne eines Klerus gab es ja nicht. Es hat sie bekanntlich auch später im Islam nur in begrenztem Sinne gegeben. Dennoch verloren die Juristen wiederum nicht aus dem Blick, daß die Obrigkeit mit den „Vermögenswerten“ nicht tun durfte, was sie wollte; sie war vielmehr gehalten, die Interessen der *umma* zu wahren.[231]

Die in Sure 8:41 genannten „engen Verwandten“ Muhammads *(ḏū l-qurbā)* wurden dabei bald vernachlässigt; es gelang ihnen nicht, in die Fußstapfen des Propheten zu treten. Sie wurden allerdings nicht deshalb aus dem Versorgungssystem eliminiert, weil man vorhergesehen hätte, wie zahlreich sie später werden würden, sondern aus politischen Rücksichten. Die Sippe des Propheten, vertreten vor allem durch ʿAlī und seine Nachkommen, stand den Kalifen im Wege. Schon Abū Bakr sprach Fāṭima, der Tochter des Propheten und Frau ʿAlīs, das Besitzrecht an der Oase Fadak ab; der Konflikt blieb lange ein Streitpunkt unter Sunniten und Šīʿiten – auch dann noch, als die Oase selber nach den Eroberungskriegen ihren „Vermögenswert“ rasch verlor.[232]

Wenn aber in dem Koranvers außerdem noch jemand genannt war, „der unterwegs ist“ *(ibn as-sabīl)*, so hörte sich dies viel zu vage an, um einer systematischen Betrachtung zu genügen. Spätere Exegeten

---

231 Vgl. dazu Khoury, *Der Koran* VII, S. 241.

232 Vgl. EI² II, S. 725 ff., s. v. *Fadak* (L. Veccia Vaglieri). Man muß allerdings berücksichtigen, daß es streng genommen hier nicht um Beutegut ging. Abū Bakr soll mit dem Wort Muhammads argumentiert haben, daß Propheten nicht beerbt werden können *(lā nūraṯu)* – vielleicht eines der ältesten gefälschten Ḥadīṯe überhaupt.

meinten im allgemeinen, hier sei der Reisende gemeint, den man unterbringen und beköstigen müsse; das war natürlich wieder ein Fall für das Sozialsystem. Aber Paret bietet als Alternative, die der zeitgenössischen Situation eher entspricht: „derjenige, welcher dem Weg (Gottes) gefolgt (und dadurch in Not gekommen) ist“, also Gemeindemitglieder, die aus irgendeinem andern Grunde bedürftig waren, ebenso wie die vorher schon erwähnten „Waisen“ und „Armen“.[233] Für ihre Versorgung wurde später eher der *zakāt*, die „Armensteuer“, herangezogen.[234] Nagel übersetzt einfach mit „Kämpfer auf dem Pfade“;[235] er denkt also wohl an ehemalige *muǧāhidūn*, Kriegsversehrte vielleicht, die nun versorgt werden mußten. Muhammad hatte schon früh dafür gesorgt, daß diejenigen, die nicht in den Krieg zogen, Medinenser etwa, die es nicht mit Mekka verderben wollten, den Dschihad durch „Sozialabgaben“ *(ṣadaqāt)* unterstützten.[236]

Auch im Kriegsgebiet dürfte die Verteilung nicht immer zu jedermanns Zufriedenheit abgelaufen sein; schon unter den Griechen, die vor Troja lagen, hat es bekanntlich Reibereien dieser Art gegeben. Man legte z. B. Wert darauf, daß die jeweilige Ausrüstung mit in Anschlag gebracht werde; die einen hatten zu Fuß gekämpft, und andere waren zu Pferd gekommen.[237] Und wer war überhaupt bezugsberechtigt, nur Volljährige und Freie oder auch Minderjährige und Sklaven?[238] Manche rückten mitsamt ihren Klienten ins Feld; wer

233 *Der Koran. Übersetzung*, S. 146, Anm. 45; vgl. auch EI² VIII, S. 679, s. v. *Sabīl*. Eine weiterführende Auseinandersetzung mit Parets These bietet G.-R. Puin, *Der Dīwān von ʿUmar ibn al-Ḫaṭṭāb* (Diss. Bonn 1970), S. 43 ff. (aufgenommen bei Paret, *Der Koran. Kommentar*, zu Sure 2:177).

234 Vgl. den ausführlichen Artikel *Zakāt* in EI² XI, S. 406 ff. (A. Zysow).

235 *Mohammed. Leben und Legende*, S. 320, > *Mohammed. Zwanzig Kapitel*, S. 142.

236 Nagel, *Mohammed. Zwanzig Kapitel*, S. 175; vgl. *Mohammed. Leben und Legende*, S. 435 f.

237 Üblicherweise rechnete man einen Anteil für den Mann und zwei Anteile für das Pferd (das ja Geld gekostet hatte und gut verpflegt werden mußte); allerdings galt das nur für ein Pferd pro Mann (vgl. Ibn Abī Zaid al-Qairawānī, ed. v. Bredow, *Der Heilige Krieg*, S. 195; auch schon Abū Yūsuf, *Kitāb al-Ḫarāǧ*, übers. E. Fagnan, *Le Livre de l'impôt foncier* [Paris 1921], S. 27 ff.).

238 Ibn Abī Zaid al-Qairawānī, ed. v. Bredow, *Der Heilige Krieg*, S. 232: Sklaven, Frauen usw. erhalten keinen Anteil. Zu den Raubzügen, die von Sklaven oder verbündeten Nichtmuslimen *(ahl aḏ-ḏimma)* unternommen werden, ibid. S. 248 ff.

kassierte dann? Außerdem wurden manchmal Hilfstruppen angeworben, weil sie besonders kampferprobt waren. Sie wurden hoch bezahlt; aber an der Beute beteiligte man sie nicht.[239] Unter ihnen konnten auch Nichtmuslime sein, und wer kein Muslim war, war natürlich auch kein *muǧāhid*. Als der Vormarsch bei Tarsus zum Stillstand kam, entstanden dann jene Situationen, in denen erbeutetes Gut mehrfach den Besitzer wechselte und auf diese Weise konkurrierende Rechtsansprüche entstanden.[240] Die Problemstellung erinnert an die umstrittene Behandlung alter Besitzansprüche in Ostdeutschland nach dem Untergang der DDR. Ein Beutegut besonderer Art waren religiöse Bücher; sie wurden auf ihren Inhalt geprüft und dann u. U. abgewaschen, damit man das Pergament, den Papyrus oder das Papier von neuem benutzen konnte.[241] Muslime sollten nie einen Koran in das Kriegsgebiet mitnehmen, damit er nicht entweiht wird.[242]

b) *Ius in bello*, Kriegführungsregeln

Beim eigentlichen Kriegsrecht, dem *ius in bello*, war manches unstrittig. Wer z. B. Beute veruntreute, verstieß gegen den Ehrenkodex; das ergab sich aus dem Vorhergehenden. Man konnte Sachwerte nicht einfach an sich nehmen – obgleich es gewiß geschah.[243] Von Diebstahl redete man allerdings auch dann nicht; dem Täter wurde darum auch nicht die Hand abgehackt, es sei denn er habe sich das Objekt nach der endgültigen Verteilung der Beute (als es schon einem Muslim gehörte) angeeignet. Unstrittig war auch der Grundsatz *pacta sunt servanda*; ohne ihn können Juristen wohl gar nicht arbeiten – obgleich hier wiederum die Wirklichkeit bis heute andere Wege geht. Was den

239 Zu dieser Frage etwa Saraḫsī, *Kitāb al-Mabsūṭ* X, S. 23; vgl. Peters, *Islam and Colonialism*, S. 25 f.

240 Siehe oben S. 13. Vergleichbare Fälle sind behandelt bei Ibn Abī Zaid al-Qairawānī, ed. v. Bredow, *Der Heilige Krieg*, S. 322 ff. Die Meinung Abū Ḥanīfas zu vielen dieser Fragen ist festgehalten bei Šaibānī, *Siyar*, übers. Khadduri, *The Islamic Law of Nations*, S. 106 ff.

241 Vgl. mein *Der Eine und das Andere*, S. 1326, Anm. 67.

242 Ibn Abī Zaid al-Qairawānī, ed. v. Bredow, *Der Heilige Krieg*, S. 27 f.; allgemein vgl. auch ibid. S. 264, 11 ff.

243 Ähnlich wie 1945 beim Quedlinburger Domschatz oder dem Welfenevangeliar (die dann eine Anzahl von Jahren versteckt liegen bleiben mußten, bis sie keine „Beute" mehr waren und in einem normalen Geschäftsvorgang zurückgekauft werden konnten).

Umgang mit der „Zivilbevölkerung“ angeht, so wurde sie vielleicht stärker geschont als in den letzten modernen Kriegen[244] – obgleich die Frage, ob man Frauen, Kinder, Alte, Behinderte töten dürfe, manchmal mit Ja und manchmal mit Nein beantwortet wurde.[245] Man konnte ja darauf hinweisen, daß Ungläubige ohnehin den Tod verdient hätten, und wichtig war natürlich auch, ob ein „Zivilist“, also ein Nichtkämpfer, Hilfsdienste geleistet hatte.[246] Andererseits war es wenig sinnvoll, ein Gebiet zu entvölkern, wenn man nicht genug Leute hatte, um es zu besiedeln.

Ähnliches galt für Zerstörungen. Die Parallelen zu unserer Zeit liegen auch hier auf der Hand. Aber die Stichworte waren damals „Feuer“ und „Wasser“.[247] Mit „Feuer“ meinte man vor allem das Niederbrennen von Pflanzungen, aber auch die Benutzung von Naphtha, in dem sog. „griechischen Feuer“, also den mittelalterlichen Flammenwerfern oder Napalmgeschossen.[248] „Wasser“ bedeutete vor allem das Zerstören von Dämmen. Auf die ökologischen Überlegungen, die die Juristen dabei anstellten, bin ich im Vortrag eingegangen.[249] Man muß allerdings das Milieu berücksichtigen, aus dem diese

---

244 Man muß nicht unbedingt an Dresden denken oder an die beiden Atombomben; auch in Tokio kamen bei einem der (konventionellen) Bombardements ca. 70 000 Menschen ums Leben.

245 Im Einzelnen vgl. etwa Ibn Abī Zaid al-Qairawānī, ed. von Bredow, *Der Heilige Krieg*, arab. Text S. 57 ff.; auch Ibn Huḏail, *Tuḥfat al-anfus*, übers. Louis Mercier, *L'Ornement des âmes et la devise des habitants d'el Andalus: traité de guerre sainte islamique* (Paris 1939), S. 168 ff. Den Begriff des „Kriegsverbrechens“ kannte das islamische Recht natürlich nicht.

246 Das galt vor allem für Frauen, die ja bis heute auch Dschihad üben; vgl. dazu Kruse, *Islamische Völkerrechtslehre* (2. Aufl.), S. 54, und Peters, *Islam and Colonialism*, S. 21 f. In der Moderne kam die Frage hinzu, wie Krankenschwestern einzuordnen seien (Peters, *Jihad*, S. 115 f.).

247 Vgl. etwa Ibn Abī Zamanīn (Wechsel, *Das Buch Qidwat al-Ġāzī*, S. 114 ff.).

248 Als unter Muʿāwiya im Jahre 51/672 eine islamische Flotte im Marmara-Meer vor Konstantinopel erschien, wurde sie großenteils durch griechisches Feuer zerstört; EI² V, S. 533a, s. v. *Ḳusṭanṭīniyya* (J. H. Mordtmann). Die Juristen beschwerten sich hier also über ein Kriegsmittel der Gegner. Man fühlt sich an den Streit um den Besitz der Atombombe erinnert.

249 Zum Abhacken von Palmen hat sich bereits Abū Yūsuf gegenüber Hārūn ar-Rašīd geäußert (Fagnan, *Le Livre de l'impôt foncier*, S. 301). Allgemein vgl. Peters, *Islam and Colonialism*, S. 23; noch Ṣaddām Ḥusain hat dies im Irak als Strafmaßnahme gegen Regimekritiker eingesetzt. Das Abhacken von

kamen; sie hatten die Mentalität von Städtern bzw. Seßhaften. Nomaden kümmerten sich weniger um die Bedürfnisse der Agrarwirtschaft. Das zeigte sich einige Jahrhunderte später im Mongolensturm.

Wichtig war die bereits im Koran angeschnittene[250] Frage nach der Behandlung von Kriegsgefangenen. Da gab es grundsätzlich drei Möglichkeiten: Man konnte sie töten, man konnte sie versklaven, und man konnte sie kapitalisieren, durch Freikaufgeschäfte.[251] Alles wurde grundsätzlich geduldet, mit einigen Einschränkungen: Christliche Mönche durften nicht versklavt werden,[252] und wer sich nach seiner Gefangennahme zum Islam bekehrte, durfte nicht mehr getötet werden. Damit verband sich dann auch die Frage, ob man vor dem Kampf den Gegner zur Annahme des Islams auffordern solle. Im Prinzip antwortete man mit Ja,[253] pragmatisch aber häufig mit Nein; denn durch

---

Ölbäumen ist heute eine Spezialität der israelischen Besatzungsmacht; jüngst hat sie noch auf diese Weise Platz für ihre Mauer geschaffen. Abū Yūsuf hielt übrigens ebenso wie mehr als ein halbes Jahrtausend später der Spanier Ibn Huḏail (zweite Hälfte 8./14. Jh.) solche Maßnahmen für erlaubt, wenn die Situation es erforderte (*Tuḥfat al-anfus*, übers. L. Mercier, *L'Ornement*, Paris 1939, S. 195). Stattdessen war Letzterer dagegen, abgeschlagene Köpfe herumzuschicken (S. 196). Zum Thema auch Ibn Abī Zaid al-Qairawānī, ed. von Bredow, *Der Heilige Krieg*, S. 70 ff.; zu den Köpfen dort S. 80, 10 ff. (nach Saḥnūn).

250 Siehe oben S. 10.

251 Allgemein dazu Peters, *Islam and Colonialism*, S. 26 ff., und Ḫair Haikal, *Al-Ǧihād wal-qitāl* III, S. 1538 ff.

252 Das Mönchtum wird in Sure 57:27 mit Lob bedacht (E. Beck, *Das christliche Mönchtum im Koran* [Helsinki 1946], S. 19 ff.), und Mönche waren natürlich durch ihr Gelübde gehalten, nicht aktiv in den Kampf einzugreifen (näher dazu Ibn Abī Zaid al-Qairawānī, ed. von Bredow, *Der Heilige Krieg*, S. 62 ff.). Laut einem bei Ibn Ḥanbal (*Musnad* III, S. 266, 15 f.) verzeichneten Ḥadīṯ ist der Dschihad das „Mönchtum dieser Gemeinde", d. h. des Islams; vgl. EI² VIII, S. 396 f., s. v. *Rahbāniyya* und *Rāhib* (A. J. Wensinck). Noth hat gezeigt, daß sich die Interpretation dieses Prophetenwortes im Laufe der Generationen wandelte, von einer militärischen Deutung hin zu einer asketischen (der *muǧāhid* lebt wie ein Mönch); *Heiliger Krieg*, S. 53 ff. Ist auch darauf angespielt, daß manche der Grenzkämpfer, die in ihrem Ribat auf Einsatz warteten, noch nicht verheiratet waren?

253 Manchmal unter Berufung auf Sure 16:125: „Ruf (die Menschen) mit Weisheit und einer guten Ermahnung auf den Weg deines Herrn und streite mit ihnen auf eine möglichst gute Art!"; so Kāsānī bei Kruse, *Islamische Völkerrechtslehre* (2. Aufl.), S. 179. Auch Sure 17:15 wird herangezogen:

eine solche Aufforderung wurden Überraschungsangriffe ja unmöglich. Man konnte sich immer damit herausreden, daß der Islam ohnehin allgemein bekannt sei, entweder weil der Gegner längst Kontakt mit Muslimen gehabt habe[254] oder aber, weil der Islam die Urreligion ist, zu der schon Abraham sich bekannte und die jedem Menschen von Geburt an mitgegeben ist.[255]

c) Die Klassifizierung der Gegner

Der Westen kämpfte lange Zeit gegen „Kommunisten"; heute kämpft er vorzugsweise gegen „Menschenrechtsverletzer". Demokratien kämpfen nicht gegeneinander, wie man historisch belegen zu können glaubt. Muslime kämpften im Dschihad gegen „Ungläubige"; innerislamisch war ein Dschihad unmöglich. Innerislamisch griff auch das islamische „Völkerrecht" nicht; es behandelte nur das Verhältnis der *umma* zu ihrer Außenwelt. Diese allerdings erwies sich bald als so vielgestaltig, daß das einfache Schwarz-Weiß-Schema sie nicht mehr erfaßte. Ursprünglich galt der Dschihad vor allem den Heiden; die Bewohner von Mekka waren Polytheisten gewesen und nahmen dann alle den Islam an. Später aber kämpfte man eher gegen die Byzantiner; sie waren sogenannte „Schriftbesitzer", also Angehörige früherer Offenbarungsreligionen, die im Koran mit gewissem Respekt genannt wurden.[256] Letztere brauchten, wenn sie besiegt worden waren, den

---

„Und wir (d. h. Gott) hätten nie eine Strafe verhängt, ohne vorher einen Gesandten (d. h. einen Propheten) geschickt zu haben". Aussagekräftiger sind die Ḥadīṯe, in denen die Praxis schon dem Propheten zugeschrieben wird (Noth, *Heiliger Krieg*, S. 16 mit Anm. 12). Zur juristischen Diskussion vgl. Ibn Abī Zaid al-Qairawānī, ed. v. Bredow, *Der Heilige Krieg*, S. 35 ff., und Khadduri, *War and Peace in the Law of Islam*, S. 94 ff.

254 So schon Abū Yūsuf, der „Kronjurist" Hārūn ar-Rašīds, in seinem *Kitāb al-Ḫarāǧ*, übers. Fagnan, *Le Livre de l'impôt foncier*, S. 295 ff.

255 Vgl. EI² II, S. 931 f., s. v. *Fiṭra* (D. B. Macdonald), und mein *Zwischen Ḥadīṯ und Theologie* (Berlin 1975), S. 101 ff. – Interessanterweise hat sich auch das Problem des „friendly fire" schon gestellt: Was ist zu tun, wenn jemand im Krieg einen Muslim irrtümlich tötet? (Ibn Abī Zaid al-Qairawānī, ed. von Bredow, *Der Heilige Krieg*, S. 447 ff.).

256 Arabisch *ahl al-kitāb* „Leute des Buches"; vgl. EI² I, S. 264 ff., s. v. (G. Vajda), und IV, S. 408b, s. v. *Kāfir* (W. Björkman, übernommen aus EI¹ II, S. 662 ff.). Auch *ahl aḏ-ḏimma* „Leute des Schutzvertrages"; vgl. EI² II, S. 227 ff., s. v. *Dhimma* (Cl. Cahen). Allgemein dazu Morabia, *La notion de*

Islam nicht anzunehmen; das Ziel des Krieges war also nicht ihre Bekehrung.[257] Man wollte vielmehr ihr Land erobern; sie mußten dann Kopfsteuer zahlen.[258] Die *šarīʿa* zeigt nur eine ausgesprochene Tendenz, die Kategorie der Schriftbesitzer möglichst weit zu fassen; „Polytheisten" fand man nachher erst wieder in Zentralasien,[259] in Indien und in Schwarzafrika.[260]

Das Modell las man aus dem Koran heraus.[261] Jedoch hat es sich sichtlich schon unter den Sasaniden entwickelt; denn auch dort hatte man den Juden und den Christen eine gewisse (privat-)rechtliche Selbständigkeit zugestanden – den Christen unter der Bedingung, daß sie sich von Byzanz lösten.[262] So entstand die nestorianische Kirche, in der sich im Perserreich dann auch ein eigenes Kirchenrecht (das erste überhaupt!) ausbildete. Die Juden schufen um die gleiche Zeit den „babylonischen" Talmud; Ktesiphon lag im alten Babylonien. Diese Konstellation war den Arabern vermutlich schon in vorislamischer Zeit bekannt; die Sasaniden hatten ja ihre Dependancen im Jemen und wirkten auch über ihre laḫmidischen Vasallen in Ḥīra, also im Irak, auf die Araber ein. Daß dann durch die Siege über die Byzantiner zwei weitere Varianten des Christentums („Kirchen" nach christlichem Verständnis), die Jakobiten (= Monophysiten bzw. „Mia-

---

ǧihâd, S. 427 ff.; auch M. Rohe, *Das islamische Recht* (München 2009), S. 153 ff.

257 Dazu Noth, *Heiliger Krieg*, S. 17 ff.

258 EI² II, S. 559 ff., s. v. *D̲j̲izya* (Cl. Cahen). Weiteres siehe unten S. 92 f.

259 Unter den Turkvölkern, die sich aber schnell in die überlegene Kultur integrierten und dort zu besonders konservativen Muslimen wurden.

260 Im Bedarfsfall drückte man gerne ein Auge zu; selbst die Normannen begegnen in den Quellen als „Magier", d. h. „Zoroastrier", damit man in Sizilien, wo man sie als Obrigkeit anerkennen mußte, ohne Dschihadzwang mit ihnen umgehen konnte. Allgemein zu diesem Thema Y. Friedmann, *Tolerance and coercion in Islam* (Cambridge 2003), S. 54 ff.

261 Die Grundlage war Sure 9:29. Dort stand allerdings eigentlich etwas ganz Anderes, daß man nämlich gegen diejenigen, welche „die Schrift erhalten haben", nicht mehr kämpfen solle, sobald sie „Tribut entrichteten"; außerdem ist der Bezug auf die „Schriftbesitzer" ungeschickt eingefügt und vielleicht nur ein späterer Zusatz.

262 Dazu M. Morony, *Iraq after the Muslim Conquest* (Princeton 1984), S. 277 ff. und 518 ff.; vgl. auch meinen Aufsatz *Islam and the Axial Age*, in: J. P. Arnason / A. Salvatore / G. Stauth (eds.), *Islam in process*. Yearbook of the Sociology of Islam 7 (Bielefeld 2006), S. 220 ff., dort 231 f.

physiten" im heutigen Jargon) und die Melkiten (= „Königstreue", also Anhänger des Basileus und der griechischsprachigen Hochkirche), jeweils mit einer eigenen Christologie hinzukamen, war eine Erfahrung, von der die Muslime bis heute geprägt sind. Der Islam erlebte die Zerstrittenheit des Christentums viel früher als das Abendland, dem sie erst durch die Reformation(en) zum Bewußtsein kam. Dennoch gewährte er allen drei Kirchen, ebenso wie manchen verstreuten christlichen „Sekten", rechtlichen Schutz.

Weniger sanft verfuhr man mit innerislamischen Gegnern, nicht so sehr den Häretikern als den politischen Feinden. Religiöse Dissidenten ließ man meist in Ruhe, zumindest solange sie selber Ruhe hielten; um „Häresie" juristisch zu fassen, fehlte dem Islam der Orthodoxie-Begriff.[263] Im Abendland empfand man die Häresie als Gegenkirche – am deutlichsten im Fall der Katharer, die dann auch für das Wort „Ketzer" Pate stehen mußten. In der islamischen Welt kam es nur selten zu einer solch tiefen Konfrontation, am ehesten noch mit Bezug auf die Ismailiten, die sich zeitweise durch „terroristische" Aktivitäten verhaßt gemacht hatten (als „Assassinen"), aber trotzdem – anders als die Katharer – bis heute überlebten. Politische Rivalitäten und Territorialkonflikte dagegen mußte man ausfechten; völkerrechtliche Beziehungen zwischen Islamstaaten waren juristisch nicht denkbar.[264] Osmanische Juristen kategorisierten im frühen 18. Jahrhundert das Reich der Ṣafaviden, als sich die Rivalität der beiden Imperien zuspitzte, als *dār al-ḥarb*;[265] damit grenzten sie Iran aus dem „Haus des Islams" aus. Vorher war über Jahrhunderte hinweg der maßgebliche Begriff *baġy* gewesen, „Aufruhr". Man kämpfte also gegen „Rebel-

263 Vgl. dazu jetzt mein *Der Eine und das Andere*, S. 1298 ff., auch meinen Aufsatz *Ketzer und Zweifler in den ersten Jahrhunderten des Islam*, in: Orden Pour le mérite für Wissenschaften und Künste, Reden und Gedenkworte, Bd. 38 (2009–2010), S. 103–129. Allerdings behandelt schon Šaibānī in einem separaten Kapitel die Apostaten (*Siyar*, übers. Khadduri, *The Islamic Law of Nations*, S. 195 ff.).

264 Das betont Hilmar Krüger, *Fetwa und Siyar*, S. 34 ff.

265 Näher dazu Krüger, *Fetwa und Siyar*, S. 93; vgl. auch Kohlberg, *Development*, S. 81. Der osmanische Jurist Kemalpaşazade (gest. 940/1534) erklärte darum den Dschihad gegen Šāh Ismāʿīl zu einem *farḍ ʿain* (vgl. mein *Der Eine und das Andere*, S. 1176). Der Dschihadaufruf Ṣaddām Ḥusains gegen Iran bietet eine gewisse Parallele, war aber längst nicht mehr vom islamischen Recht her gedacht.

len“ *(buġāt)*. Diesem Tatbestand war ein eigenes juristisches Kapitel gewidmet, das in den *Siyar*-Büchern sozusagen einen Anhang bildete;[266] mit *ǧihād* hatte es ja eigentlich nichts zu tun. Zugrunde lag Sure 49:9: „Und wenn zwei Gruppen von den Gläubigen einander bekämpfen, dann stiftet Frieden zwischen ihnen! Wenn dann aber die eine der andern (immer noch) Gewalt antut, dann kämpft gegen diejenige, die gewalttätig ist *(allatī tabġī)*, bis sie wiedereinlenkt (?) und sich der Entscheidung Gottes fügt ...“. Der Vers wurde ebenso wie der Begriff selber mit Vorliebe auf die Ḫāriǧiten bezogen; er wurde aber während ʿAlīs Kalifat anscheinend auch sonst benutzt, bei der Kamelschlacht und bei Ṣiffīn.[267] Dadurch daß man diese Überlegungen zu einem Bestandteil der *kutub as-siyar* machte, halste man sich in der Systematik (die es nicht gab) Probleme auf, die sich nicht lösen ließen. Einem Widerstandsrecht wurde jede Grundlage entzogen.

Nur die Juristen nahmen allerdings die Begriffe so genau. Praktiker, auch Theologen, Demagogen aller Art, waren häufig weniger zimperlich. Sie bezeichneten ihre innerislamischen Gegner einfach als „Ungläubige“ *(kuffār)*; das *takfīr*, die „Verketzerung“, diente so als Instrument zur Legalisierung innermuslimischer Auseinandersetzun-

---

266 So etwa bei Šaibānī, übers. Khadduri, *The Islamic Law of Nations*, S. 230 ff.; vgl. auch Khadduri, *War and Peace in the Law of Islam*, S. 77 ff.

267 Dazu Krüger, *Fetwa und Siyar*, S. 131 ff., auch van Ess, *Theologie und Gesellschaft* IV, S. 704 ff., und jetzt vor allem die Monographie von Kh. Abou El Fadl, *Rebellion and Violence in Islamic Law* (Cambridge 2001); vorher schon ders., *Ahkam al-Bughat. Irregular Warfare and the Law of Rebellion in Islam*, in: J. T. Johnson / J. Kelsay (edd.), *Cross, Crescent, and Sword. The Justification and Limitation of War in Western and Islamic Tradition* (New York 1990), S. 149 ff. Vgl. auch van Ess, *Der Eine und das Andere*, S. 1256 und 1326. Der syrische Gelehrte M. S. al-Būṭī diskutiert in seinem *al-Ǧihād fī l-islām* (Beirut/Damaskus 1995; frz. Übers. *Le jihâd en Islam*, Damaskus 1996), wo es an sich um das heutige Dschihad-Verständnis geht, die Frage, ob Widerstand gegen die Staatsgewalt *(al-ḫurūǧ ʿalā l-ḥākim)* als *baġy* anzusehen sei oder als *ǧihād* (S. 147 ff.). Šaibānī, der schon die Apostaten in seine Überlegungen einbezogen hatte (s. o. Anm. 263), subsumierte unter die *buġāt* auch die *mutaʾauwilūn*, also diejenigen, die eine falsche Exegese vertraten und darum in die Häresie abglitten (übers. Khadduri, *The Islamic Law of Nations*, S. 247 ff.; zum Terminus *mutaʾauwil* auch *Der Eine und das Andere*, S. 1292 ff.).

gen. Wir kennen dies aus dem Diskurs moderner Fundamentalisten (vgl. EI² X, S. 122 f., s. v. *al-Takfīr wa 'l-Hiḏjra*). Auch der Kunstgriff, den Gegner in die *ǧāhilīya* (χρόνος τῆς ἀγνοίας), also das vorislamische Heidentum, zu versetzen (ibid.), hat alte Wurzeln. Abū ʿAbdallāh aš-Šīʿī bezeichnete, als er im Namen des fatimidischen Mahdi die Stadt Qairawān erobert hatte, die Zeit der (sunnitischen) Aġlabiden als *ǧāhilīya* (Ibn al-Haiṯam, *Kitāb al-Munāẓarāt*, übers. W. Madelung und P. E. Walker, *The Advent of the Fatimids* [London 2000], S. 116 mit Anm. 84). Ibn Tūmart richtete gegen die Almoraviden den Vorwurf des *širk*, „Polytheismus"; auch das orientierte sich, ebenso wie *kufr* und *ǧāhilīya*, am Vorbild des Propheten.

Ebensowenig vertrug natürlich, wenn Ḫāriǧiten muslimisches Gebiet als „Haus des Unglaubens" bezeichneten, dies sich mit dem sunnitischen Sprachgebrauch. Aber zumindest die Ibāḍiten differenzierten, wenn sie ins Detail gingen, insoweit, als damit nichts über das Handeln des einzelnen Muslims ausgesagt sei, sondern nur etwas über die Einstellung des jeweiligen Herrschers (vgl. das *Kitāb ar-Raṣf fī t-tauḥīd* des Bašīr b. Muḥammad b. Maḥbūb [gest. ca. 290/908] in: al-Salimi / Madelung [edd.], *Early Ibāḍī Literature*).

d) Waffenstillstand und Friedensverträge

Vom Frieden war in Sure 8:61 die Rede, unmittelbar nachdem die „Schlachtrosse" *(ribāṭ)* ihren Auftritt gehabt hatten: „Und wenn (die Feinde) sich dem Frieden zuneigen, dann neige (auch du) dich ihm zu! ...". Natürlich setzte ein Friedensschluß Vertrauen voraus, und das war, wie der Alltag lehrte, eine riskante Sache. Darum heißt es gleich darauf: „Aber wenn sie betrügen wollen, dann laß dir an Gott genügen ...". Dennoch: Friede war im Grunde das, worauf der Krieg abzielte, selbst wenn der Dschihad als permanente Verpflichtung verstanden wurde.[268] Nur sollte es eine *pax islamica* sein, also eine vom islamischen Recht geordnete Welt. Daß die Bevölkerung dazu geschlossen muslimisch sein müsse, war, wie wir sahen, nicht vorausgesetzt. Den „Schriftbesitzern" war die Ausübung ihrer Religion ga-

268 Donner spricht bei Versen wie Sure 8:61 von „escape clauses"; Muhammad hat den Dschihad nie als „totalen Krieg" verstanden (*Fight for God – But Do So with Kindness. Reflections on War, Peace, and Communal Identity in Early Islam*, in: Kurt A. Raaflaub [ed.], *War and Peace in the Ancient World* [Malden, Mass. 2007], S. 297 ff.).

rantiert, solange sie nicht zum Skandal wurde, indem sie sich in der Öffentlichkeit zu stark bemerkbar machten, etwa durch intensives Glockengeläut.[269] Die Bekehrungen zogen sich über Jahrhunderte hin und vollzogen sich im allgemeinen aus sozialen Gründen. Die Juden widerstanden den Verlockungen des Islams im übrigen besser als die Christen; sie waren schon aus byzantinischer Zeit daran gewöhnt, wie man sich einer dominanten Religion entzieht.

Die Juristen diskutierten darum an dieser Stelle auch das gesamte Minderheitenrecht. Man mußte sich dabei auch eine Begründung für die Kopfsteuer einfallen lassen. Häufig interpretierte man sie als ein Schutzgeld, später, etwa im Osmanenreich, als Entschädigung für die Befreiung vom Wehrdienst.[270] Befreiung vom Wehrdienst war ursprünglich eine Demütigung; Kampf war ja eine ehrenvolle Angelegenheit. Meist erwies sie sich freilich als ein Segen; die unter dem Schutz des Islams stehenden Nichtmuslime wurden auf diese Weise reich und erreichten wohl manchmal auch ein höheres Alter. In Gefahr gerieten sie nur dadurch, daß sie eben wegen ihres Reichtums den Neid ihrer Beschützer auf sich zogen.

Im Laufe der Jahrhunderte kam es nun immer häufiger vor, daß ein Krieg weder zur Bekehrung des Gegners noch auch zu Landgewinn führte; man war zu schwach und mußte sich deswegen mit dem Gegner arrangieren. Auch das haben die Juristen, realistisch wie sie waren, akzeptiert. Die Grundlage war die Opportunität und die Staatsraison.[271] Der gottgewollte Idealzustand mußte ja nicht sogleich eintreten; er sollte nur nicht unmöglich gemacht werden. Verträge und Sicherheitszusagen sollten darum jederzeit kündbar sein – dann nämlich, wenn man wieder zu Kräften gekommen war. Ihre Gültigkeit begrenzte man auf zehn Jahre, weil auch der Prophet den Vertrag, den

---

269 Der Lärm der Glocken hat die Muslime immer gestört. Heute stört er schon christliche Pfarrer – wie der *aḏān* die ruhebedürftigen Touristen. In der islamischen Welt des Mittelalters benutzten die Christen statt der Glocken ein hölzernes Lärminstrument, das Sistrum, eine Art Rassel, wie sie in der katholischen Liturgie gebraucht wird, wenn während der Karwoche die Glocken schweigen.

270 Im Einzelnen dazu Saraḫsī, *Kitāb al-Mabsūṭ* X, S. 77–79; allgemein Rohe, *Das islamische Recht*, S. 154.

271 Schwäche im Kriegsgebiet wurde definiert als eine Situation, in der die Muslime weniger als halb so viele Soldaten zur Verfügung hatten als ihre Gegner (EI² III, S. 180b). Allgemein Ḫair Haikal, *Al-Ǧihād wal-qitāl* III, S. 1471 ff.

er bei Ḥudaibiya mit den Mekkanern geschlossen hatte, auf diese Zeit begrenzte.[272] Allerdings gestand man zu, daß Verträge jederzeit erneuerbar seien, und wenn man sie kündigte, sollte der Gegner davon zuvor unterrichtet werden.[273] Das Instrument, dessen man sich hier bediente, war die *muwādaʿa*, der Staatsvertrag.[274] Muhammad war schon bei seinem ersten Abkommen in Medina so verfahren, als er mit einer Art „Verfassung" in der Oase eine *umma* über die eigene Anhängerschaft hinaus zu bilden versuchte.[275] Auch das war eine Übereinkunft auf Zeit gewesen; die Klane, die mit ihm zusammenarbeiteten, sollten untereinander Frieden wahren.[276] Jedoch hielten die mit den Franken oder den Fürsten der Reconquista ausgehandelten Verträge sich nicht immer an die Regeln, die in der *Siyar*-Literatur entwickelt worden waren.[277] Auch das islamische Recht entwickelte sich weiter, wenn die Umstände es verlangten.

e) Das Aufenthaltsrecht für nichtmuslimische Ausländer

Auch der internationale Handels- und Reiseverkehr konnte nur funktionieren, wenn die Waffen ruhten. Die islamische Welt lebte vom Handel; Großkaufleute exportierten ihre Waren bis nach Indonesien und China, und in den Hafenstädten des Persischen Golfs ankerten

---

272 Peters, *Islam and Colonialism*, S. 33; Rohe, *Das islamische Recht*, S. 152.

273 Zum Letzteren Saraḫsī, *Kitāb al-Mabsūṭ* X, S. 86 f.; auch Abū Ḥanīfa behandelte den Fragenkomplex bereits in seinen Kollegs (vgl. Šaibānī, *Siyar*, übers. Khadduri, *The Islamic Law of Nations*, S. 152 ff.). Allgemein Khadduri, *War and Peace in the Law of Islam*, S. 202 ff.

274 Die Arbeit von Kruse hat eben dies zum Inhalt (*Islamische Völkerrechtslehre*, 2. Aufl., S. 70 ff. und 85 ff.); vgl. die Übersetzung aus Kāsānī ibid., S. 188 ff. Zum Thema auch Krüger, *Fetwa und Siyar*, S. 120 ff. Beispiele aus der Zeit der Kreuzzüge bringt Michael A. Köhler, *Allianzen und Verträge zwischen fränkischen und islamischen Herrschern im Vorderen Orient. Eine Studie über das zwischenstaatliche Zusammenleben vom 12. bis ins 13. Jahrhundert* (Berlin 1991).

275 Allgemein dazu schon Wellhausen, *Skizzen und Vorarbeiten* IV: *Medina vor dem Islam. Muhammads Gemeindeordnung von Medina. Seine Schreiben, und die Gesandtschaften an ihn*, S. 65 ff.; jetzt M. Lecker, *The "Constitution of Medina", Muḥammad's First Legal Document* (Princeton 2004), S. 204 f.

276 Nagel, *Mohammed. Leben und Legende*, S. 342 ff. > *Mohammed. Zwanzig Kapitel*, S. 138 ff. Nagel datiert das Abkommen übrigens verhältnismäßig spät, nach der Schlacht von Uḥud.

277 Für Spanien notiert dies Lohlker, *Islamisches Völkerrecht*, S. 91 ff.

Schiffe aus den Weiten des Indischen Ozeans oder von der Ostküste Afrikas. Mit benachbarten Großmächten wie Byzanz verkehrte man über Gesandte; Diplomaten brauchten ebenso eine „Immunität" wie die Händler. Seit altersher gab es den Brauch der individuellen Sicherheitszusage, z. B. für Parlamentäre.[278] Beduinen hatten dem Fremden „Nachbarschaft" *(ǧiwār)* gewährt; im Hebräischen heißt ja der Fremde selber *gēr.*[279] Der Koran nahm das auf: „Und wenn einer von den Heiden dich um Schutz bittet *(istaǧāraka)*, dann gewähre ihm Schutz *(fa-aǧirhu)*, damit er das Wort Gottes hören kann! Hierauf laß ihn (unbehelligt) dahin gelangen, wo er in Sicherheit ist *(abliġhu ma'manahū)*." (Sure 9:6). Darauf berief sich dann das islamische Fremdenrecht; ein *ḥarbī* konnte für begrenzte Zeit im „Haus des Islams" aufgenommen werden und dort seinen Geschäften nachgehen.[280] Er war dann ein *musta'min*, „jemand, der einen *amān* (also freies Geleit) erbittet" bzw. „um eine Aufenthaltserlaubnis nachgesucht hat".[281] Auch darüber ließ sich weidlich diskutieren: Welchem Strafrecht unterliegt der *musta'min* auf islamischem Territorium?[282]

---

278 Vgl. EI² I, S. 429 f., s. v. *Amān* (J. Schacht); auch Peters, *Islam and Colonialism*, S. 29 ff. und jetzt Rohe, *Das islamische Recht*, S. 156 ff. Über Belagerungen und freies Geleit spricht schon Abū Yūsuf, *Kitāb al-Ḫarāǧ*, übers. Fagnan, *Le Livre de l'impôt foncier*, S. 310 ff. Man fragte sich z. B., ob man, solange der Parlamentär verhandelte oder noch im Lande war, den Kampf schon wieder beginnen dürfe (Ibn Abī Zaid al-Qairawānī, ed. von Bredow, *Der Heilige Krieg*, S. 421 ff.).

279 W. Gesenius, *Hebräisches und aramäisches Handwörterbuch über das Alte Testament* (18. Aufl., Berlin 1987–2010), Lfg. I, S. 227, wo als Bedeutung „Schutzbürger, Fremdling, Gast" angegeben ist; vgl. D. N. Freedman (ed.), *The Anchor Bible Dictionary* (New York 1992), Bd. VI, S. 103 f., s. v. *Sojourner* (= Fremder ohne Stammesbindung, „resident alien" in der Ausdrucksweise der US-amerikanischen Steuerbürokratie). Im neutestamentlichen Griechisch entspricht πάροικος; dazu ThWNT V, S. 840 ff. (wo dann auch die Bedeutungen „Proselyt, Beisasse" aufscheinen). Zum *ǧiwār* vgl. EI² II, S. 558 f., s. v. (J. Lecerf).

280 Willi Heffening, *Das islamische Fremdenrecht bis zu den islamisch-fränkischen Staatsverträgen* (Hannover 1925). Für Abū Ḥanīfa vgl. Šaibānī, übers. Khadduri, *The Islamic Law of Nations*, S. 158 ff.; über gestrandete Schiffe „ungläubiger" Händler denkt Ibn Abī Zaid al-Qairawānī nach (ed. von Bredow, *Der Heilige Krieg*, S. 163 ff.).

281 Julius Hatschek, *Der Musta'min* (Berlin 1919).

282 Bekanntlich erzwangen die europäischen Mächte gegenüber dem Osmanenreich später die sog. „Kapitulationen", denen zufolge europäische Kaufleute

Was geschieht mit seinem Besitz, wenn er im *dār al-islām* stirbt?[283] Darf er heiraten, und wenn ja, wen?[284] Und vor allem: Unterliegt er irgendwelchen Handelsbeschränkungen? Hier hatte die segensreiche Bestimmung über den Waffenhandel ihren Platz.[285]

Das Konzept „Dschihad" hatte also einen breiten juristischen Anwendungsbereich. Man brachte darin Sachverhalte unter, die wir in ganz andere Rubriken einordnen würden: unter „Vertragsrecht" oder „Staatstheorie", unter „Fiskalrecht" und „Internationales Recht" sowie natürlich unter „Minderheitenrecht" und „Völkerrecht" (wobei der letztere Begriff von Khadduri und Kruse vielleicht etwas zu großzügig in das orientalistische Vokabular eingebürgert worden ist). Man darf natürlich nicht vergessen: Das war alles kein kodifiziertes Recht. Das waren nur Gedanken, die man sich so machte – wie wenn heute jemand etwas in einer Zeitung schreibt. Dennoch: Es gab zu vielem einen gewissen Konsens, unbeschadet dessen, was die Machthaber machten. Außerdem konnte man sich leichter anpassen. Es ist wohl kein Zufall, daß bei dem Mālikiten Ibn Abī Zaid al-Qairawānī die Überlegungen zum *amān* einen unverhältnismäßig großen Raum einnehmen; er lebte in weitgehend friedlichen Zeiten. Grundsätzlich ist der Realismus festzuhalten, mit dem die muslimischen Juristen an ihre Fälle herangingen. Daß sie sich bei deren Beurteilung von Ereignissen und Aussagen einer zum Vorbild erhobenen Vergangenheit leiten ließen, wird man ihnen kaum ankreiden dürfen; auch uns ist vertraut, daß die Vergangenheit, nun allerdings allen heilsgeschichtlichen Glanzes beraubt, dem Urteil der Gegenwart Schranken setzt. Der Realismus der „Kriegerreligion" Islam entgeht dem zur Heuchelei verführenden Rechtfertigungszwang, mit dem die „Friedensreligion"

---

usw. nicht von islamischen Gerichten belangt werden konnten. Sie wurden erst 1914 im Zuge des Kriegseintritts aufgehoben.

283 Šaibānī, übers. Khadduri, *The Islamic Law of Nations*, S. 165 ff.

284 Ibid. S. 177 ff.

285 Siehe oben S. 16; dazu Kāsānī bei Kruse, *Islamische Völkerrechtslehre*, 2. Aufl., S. 182. Auch Krüger, *Fetwa und Siyar*, S. 136: Jemand, der eine Sicherheitszusage hat, darf keine Geschäfte führen, die zur Verstärkung des Kriegspotentials der *ḥarbīyūn* führen. Für Spanien vgl. Lohlker, *Islamisches Völkerrecht*, S. 37. Werkspionage war als Delikt noch unbekannt. Aber auch Sklaven durften nicht an „Ausländer" verkauft werden (Peters, *Jihad*, S. 26). Aus heutiger Sicht Ḫair Haikal, *Al-Ǧihād wal-qitāl*, S. 1639 ff.

Christentum immer wieder vor dem Phänomen „Krieg“ kapituliert. Auch das ist bereits von Noth gesagt worden.[286]

Hauptteil. Dritter Abschnitt: Der Dschihad-Begriff der islamischen Reformer

Außerhalb der Jurisprudenz ist der Dschihad-Gedanke nicht leicht dingfest zu machen. Von der These Kh. Blankinships war bereits die Rede.[287] Die Umaiyaden führten Kriege zur Expansion ihres Territoriums; aber der Nachweis, daß sie dies um des *ǧihād* willen taten, ist nicht leicht zu führen. Frühabbasidische Historiker konnten auf den Gedanken kommen, die „rechtgeleiteten“ Kalifen *ǧihād* üben zu lassen, weil sie deren Bild nach dem des Propheten formten. Abū Miḫnaf (gest. 157/774) tut das mit ʿAlī; das ist seine kufisch-irakische Sicht der Dinge.[288] Aber ʿAlīs Gegner waren keine Ungläubigen, sondern Muslime, vor allem in der Schlacht von Ṣiffīn, auf die sich die genannten Stellen, aus Abū Miḫnafs *Kitāb Ṣiffīn* entnommen, allesamt beziehen.[289] Abū Miḫnaf geht hier mit der Geschichte um wie ein Deuteronomist.

In Syrien verlor der Dschihad auf die Dauer an Schwung, und es half nichts, daß auch die Byzantiner sich in der Gegend nicht

286 Bei dem naheliegenden Kulturvergleich sollte man allerdings nicht immer nur auf das abendländische Christentum seit den Kreuzzügen schauen. Schon M. Canard hat darauf aufmerksam gemacht, daß die byzantinischen Theologen keine Lehre vom Heiligen Krieg entwickelten; sie hielten sich an die Kirchenväter vor Augustin (der ohnehin ein „Westler“ war); *La guerre sainte dans le monde islamique et dans le monde chrétien*, in: Revue Africaine 79.2 (1936), S. 605–623, dort S. 615 ff. (Reprint in: idem, *Byzance et les musulmans du Proche Orient* [London 1973], nr. VIII). Zu einem kurzen Gesinnungswechsel kam es unter Nikephoros Phokas, der auch die entsprechenden Erfolge zu verbuchen hatte. Genauer dazu A. Palmer, *De overwinning van het kruis en het probleem van de christelijke nederlaag. Kruistochten en Djihaad in Byzantijnse en Syrisch-Orthodoxe ogen*, in: M. Gosman / H. Bakker (edd.), *Heilige oorlogen*, S. 84 ff.

287 Siehe oben S. 48 ff.

288 EI² I, S. 140 (H. A. R. Gibb); vgl. Ṭabarī, *Taʾrīḫ* I, 3304, pu. f.; 3317, 5; 3395, 6. Dazu M. Lecker in EI² IX, S. 554b.

289 Vgl. dazu U. Sezgin, *Abū Miḫnaf. Ein Beitrag zur Historiographie der umaiyadischen Zeit* (Leiden 1971), S. 103 ff. und 123 ff.

mehr besonders engagierten. Eine gewisse ideologische Renaissance gab es unter Saifaddaula, dem Begründer der Ḥamdānidendynastie in Aleppo; man merkt es an der zeitgenössischen Poesie, etwa bei seinem Lobdichter Abū Firās al-Ḥamdānī[290] oder bei Mutanabbī.[291] Der Prediger Ibn Nubāta (gest. 374/984-5) lieferte die entsprechenden Prosatexte; noch zum Tode des Nikephoros Phokas im Jahr 969, der die Ḥamdāniden das Fürchten gelehrt hatte, aber nun von Johannes Tsimiskes ermordet worden war, verfaßte er eine *ḫuṭba ǧihādīya.*[292] Aber Muqaddasī, der, wie sein Name sagt, aus Jerusalem stammte und von dort aus die islamische Welt bereiste, schrieb dann doch kurz darauf, daß die Syrer sich nicht mehr zum Dschihad aufraffen könnten, weil sie die Byzantiner fürchteten.[293]

Die Kreuzzüge schufen dann eine neue Situation. Man hat häufig und schon sehr früh hervorgehoben, daß die Kreuzzugsideologie mit dem islamischen Dschihad-Gedanken manches gemeinsam hat.[294] Yehuda ha-Levi (gest. nach 1141) spottete in seinem arabisch geschriebenen *Kitāb al-Ḫazarī* (hebr. *Sēfær hak-Kūzārī*), dem fiktiven Dialog über die Bekehrung der Chasaren zum Judentum, daß Muslime und Christen sich gegenseitig umbrächten, wobei jeder von ihnen

---

290 Er richtete u. a. aus Konstantinopel Verse an Saifaddaula, weil er dort gefangen saß und sich loskaufen mußte (M. Canard, *Sayf al Daula. Recueil de textes relatifs à l'émir Sayf al Daula le Hamdanide* [Algier 1934], S. 317 ff.).

291 Canard, *Mutanabbî et la guerre byzantino-arabe*; in: idem, *Al-Mutanabbi. Recueil publié à l'occasion de son millénaire* (Beirut 1936), S. 99 ff., dort S. 108 f.: mit Verweisen auf die Edition des Diwans von Dieterici; wiederabgedruckt in: Canard, *Byzance et les musulmans du Proche Orient* (London 1973), nr. VI. Es handelt sich da aber nicht um Dschihad-Ideologie im eigentlichen Sinne, sondern eher um poetisches Kriegsgeschrei.

292 Vgl. den Text bei Canard, *Sayf al Daula*, S. 415 ff.; allgemein zu Ibn Nubāta EI² III, S. 900 (M. Canard). Zur Entwicklung E. Sivan, *L'Islam et la Croisade* (Paris 1968), der sich wiederum vornehmlich auf die Arbeiten von Canard stützt; dort S. 9 ff.

293 *Aḥsan at-taqāsīm*, S. 152, 8: *lā nahḍa fī ǧihād wa-lā ḥamīya ʿalā l-aʿdāʾ*.

294 Vgl. etwa Kruse, *Islamische Völkerrechtslehre* (2. Aufl.), S. 62 ff., und oben S. 71. für M. Bonner; vor allem Noths Dissertation *Heiliger Krieg und Heiliger Kampf in Islam und Christentum.* Alle diese Autoren beziehen sich auf C. Erdmanns einflußreiches Buch *Die Entstehung des Kreuzzugsgedankens* (Stuttgart 1935); vgl. später auch Norman Daniel, *The Arabs and Mediaeval Europe* (London 1975), S. 113 ff.: „European solidarity and the inception of the crusading idea".

meine, er komme dafür ins Paradies.[295] Aber auf islamischer Seite kam die Dschihad-Propaganda erst nach dem Untergang der Grafschaft Edessa (539/1144)[296] recht in Fahrt. Während des Ersten Kreuzzuges war davon noch nichts zu merken – trotz des Massakers, das die christlichen Glaubenskrieger in Jerusalem verübten. Man hatte in Syrien wohl zu viele ehrgeizige Kleinfürsten und türkischstämmige Warlords erlebt, um noch den unbekannten Neuankömmlingen andere als weltliche Motive zu unterstellen. Vor allem aber gab es, solange die häretischen Fatimiden von Ägypten aus über Syrien herrschten, keinen rechtmäßigen *imām*, der den Dschihad hätte leiten können. Das änderte sich mit Nūraddīn Zengī und Saladin. Beide verbanden ihren Dschihad-Eifer mit demonstrativer Rechtgläubigkeit und der Förderung eines orthodoxen Lehrbetriebs.[297] Die Panegyrik nahm das Thema auf;[298] Saladin hatte ja nicht nur den Unglauben der Christen in die Schranken gewiesen, sondern auch die „Rebellion“ *(baġy)* der dem Ismailitentum verfallenen Fatimiden unterdrückt.[299] Flugschriften

---

295 Judah Ha-Levi, *Kitāb al-radd wa-'l-dalīl fī 'l-dīn al-dhalīl*, ed. D. H. Baneth (Jerusalem 1977), S. 6, 4 ff.; der arabische Text ist hier mit hebräischen Buchstaben geschrieben und so auch gedruckt. In seiner späteren hebräischen Version ist der Text mitsamt der alten deutschen Übersetzung von D. Cassel (1853) neu aufgelegt u. d. T. *Der Kusari* (Zürich 1990); vgl. dort S. 35. Christen und Muslime werden in der hebräischen Übersetzung (nicht im arabischen Original!) mit den Decknamen „Edom“ und „Ismael“ bezeichnet.

296 Dazu EI² VIII, S. 590 f. (E. Honigmann / C. E. Bosworth).

297 Für Nūraddīn vgl. N. Elisséeff, *Nūr ad-dīn. Un grand prince musulman de Syrie au temps des Croisades 511–569 H. / 1118–1174* (3 Bände, Damaskus 1967), S. 705 ff.: *Le Ǧihād de Nūr ad-dīn* (dort S. 751 ff. zum Bau von Madrasen). Für Saladin vgl. Sivan, *L'Islam et la Croisade*, S. 95 ff.; zu dieser sehr materialreichen Untersuchung vgl. meine Rezension in: ZDPV 87 (1971), S. 219 f.

298 Hier ist vor allem Abū Šāmas *Kitāb ar-Rauḍatain fī aḫbār ad-daulatain an-Nūrīya waṣ-Ṣalāḥīya* eine ergiebige Quelle, in der die beiden Herrscher zusammen behandelt werden. Zur Poesie im Umkreise Saladins vgl. H. Dajani-Shakeel, *Jihād in twelfth-century Arabic poetry*, in: The Muslim World 66.2 (1976), S. 96–113.

299 Diese waren allerdings in den letzten Jahrzehnten ohnehin schon recht zahm geworden. Mit den – ebenfalls ismailitischen und wesentlich extremeren – Assassinen des „Alten vom Berge“ Rāšidaddīn Sinān hat Saladin sich arrangiert (vgl. B. Lewis, *Saladin and the Assassins*, in: BSOAS 15.2 (1953), S. 239–245; auch EI² VIII, S. 442b und 911a).

wurden verfaßt; sie mußten nicht unbedingt mit juristischer Gelehrsamkeit gespickt sein, sondern trugen allgemein exhortatorischen Charakter. Ibn ʿAsākir, der Historiker der Stadt Damaskus, widmete Nūraddīn sein *Kitāb al-Iğtihād fī iqāmat farḍ al-ğihād*; es bestand aus 40 garantiert echten Ḥadīṯen und repräsentierte damit ein literarisches Genus, das über Jahrhunderte hinweg sich großer Beliebtheit erfreute.[300]

Der Fall von Edessa, mit dem sich die Schwäche der zwar schwer bewaffneten, aber von ihren Heimatländern abgeschnittenen Eindringlinge zeigte, war zugleich der Anstoß für Bernhard von Clairvaux, für einen neuen (Zweiten) Kreuzzug die Trommel zu rühren. Colpe hat sich den Scherz erlaubt, Bernhard von Clairvaux mit Khomeini zu vergleichen.[301] Der Zisterziensermönch hatte in der Tat keinen Zweifel daran gelassen, was er von dem *miles Christi* erwartete. Er schrieb an die Templer:[302]

> Der Soldat Christi trägt sein Schwert nicht ohne Grund; denn er ist der Diener Christi zur Bestrafung der Übeltäter ebenso wie zum Lobe der Guten. Wenn er einen Übeltäter tötet, ist er keineswegs ein Mörder *(homicida)*, sondern er tötet einen Bösewicht (als *malicida*), und man hat ihn bloß als Rächer Christi gegenüber den Übeltätern und als Beschützer der Christen anzusehen. Wenn er selber getötet wird, wird er, wie wir wissen, nicht untergehen, sondern das Leben erlangen ... Der Christ hat seinen Ruhm im Tode der Nichtchristen, weil Christus (auf diese Weise) verherrlicht wird ... An sich sollten nicht einmal Nichtchristen getötet werden, wenn es einen anderen Weg gäbe, sie daran zu hindern, die Gläubigen zu behelligen oder zu unterdrücken; aber jetzt ist es besser, wenn sie getötet werden *(nunc autem melius est ut*

---

300 Vgl. EI² XII, S. 82 f., s. v. *Arbaʿūn ḥadīth*[an] (A. Karahan). Das Werkchen ist in einer Damaszener Handschrift erhalten (Sivan, *L'Islam et la Croisade*, S. 68 und 89, Anm. 69).

301 Colpe, *Der „Heilige Krieg"*, S. 63 ff.

302 Aus *De laude novae militiae ad milites Templi* (geschrieben zwischen 1132 und 1136), in: Patrologiae cursus completus, accurante J.-P. Migne, Series Latina, Bd. 182: *S. Bernardi abbatis primi Clarae-Vallensis opera omnia* 1 (Paris 1854), S. 924, Z. 13 ff.; dazu P. Eicher, *Gottesfurcht und Menschenverachtung*, in: H. von Stietencron (ed.), *Angst und Gewalt* (Düsseldorf 1979), S. 111–136, dort S. 128. Die Stelle erhält eine tragende Rolle in dem interessanten Buch von Dag Tessore, *La mistica della guerra. Spiritualità delle armi nel christianesimo e nell'islam* (Rom 2003); dt. Übers. Düsseldorf 2004 *(Der Heilige Krieg im Christentum und Islam)*, dort S. 54 und 177 ff.

occidantur), als daß der Stab der Sünder *(virga peccatorum)* über das Geschick der Gerechten walte ...

Auch Noth hat auf Bernhard verwiesen,[303] und wer Parallelen zu heutigen Tiraden sucht, braucht nur ein paar Vokabeln auszuwechseln. Allerdings zeigt der letzte Satz, wie sehr ein Christ sich winden mußte, um den rechten Ton zu finden. Als diese Worte geschrieben wurden, stieß das Dschihad-Gebot *(farḍ al-ğihād)*, dem Ibn ʿAsākir das Wort geredet hatte, außerhalb des eigentlichen Kriegsgebietes nicht unbedingt auf geneigte Ohren. Manche syrische Kleinfürsten, vor allem in Obermesopotamien (der Ǧazīra), verspürten wenig Lust, sich zu engagieren. Sie hielten gute Nachbarschaft zu Byzanz; die Bronzemünzen, die dort geschlagen wurden und die jeder täglich in Händen hielt, zeigen entgegen islamischem Usus bildliche Darstellungen, vor allem Köpfe und Büsten, die aber nicht den zeitgenössischen Herrschern zugehörten, sondern antiken Kaisern und Kaiserinnen nachempfunden waren, deren Münzen man noch kannte.[304] Mit diesen Glaubensbrüdern, die nicht daran dachten, sich mit ihm zu verbünden, mußte Saladin sich zuerst auseinandersetzen, um gegen die Kreuzfahrer Kraft zu gewinnen. So kam es, daß er erst einmal *ğihād* gegen Muslime führte, bevor er die Christen bei Ḥaṭṭīn besiegen konnte.[305] Er wollte – und konnte – dies nicht ohne die zumindest stillschweigende Billigung des Kalifen tun. Mit Obermesopotamien kam er ohnehin Bagdad so nahe, daß man dort leicht hätte mißtrauisch werden können; er stammte ja – wie Jahrhunderte später Ṣaddām Ḥusain – aus Takrit.[306] In der Korrespondenz mit dem *imām* des *ğihād*, der der Kalif ja war, betonte er, daß er den Dschihad als *farḍ ʿain* verstehe, und

---

303 *Heiliger Krieg*, S. 143 ff. Er spielt dort mit dem Gedanken, daß Bernhard von der Koranübersetzung Kenntnis hatte, die damals für Petrus Venerabilis, den Abt von Cluny, hergestellt wurde, und sich von ihr an zwei Stellen, darunter der oben auf S. 10 genannten (Sure 47:4, zweite Hälfte), zu eigenen Formulierungen inspirieren ließ. Ich weiß nicht, was im Kreise der Mediävisten aus dieser Hypothese geworden ist.
304 Vgl. N. Lowick, *The Religious, The Royal and The Popular in The Figural Coinage of The Jazira*, in: idem, *Coinage and History of the Islamic World* (Aldershot 1990), nr. IX. Ich danke L. Ilisch für den Hinweis.
305 EI² VIII, S. 910b, s. v. *Ṣalāḥ al-Dīn* (D. S. Richards).
306 Am rechten Ufer des Tigris, nördlich von Samarra, etwa 100 km von Bagdad entfernt. Saladins Vater Nağmaddīn Aiyūb war von den Salğūken dort als Militärbefehlshaber eingesetzt worden.

zwar für alle Muslime; die *umma* war ja angegriffen worden.[307] Aber der Kalif hielt sich zurück; ihm schien wohl, daß Saladin mit seinem Heer genug der *kifāya* sei. Das Kalifat lag damals in den Händen von Abū l-ʿAbbās an-Nāṣir li-dīn Allāh (reg. 575/1180–622/1225); er war damit beschäftigt, auf dem Weg über die *futūwa* eine Koalition mit den Fürsten seiner Zeit zu schaffen.[308] Damit belebte er ein Ideal der Ritterlichkeit, das sich auch für den Dschihad hätte fruchtbar machen lassen. Aber er verfolgte ein anderes Ziel; er wollte seiner eigenen Ohnmacht aufhelfen. Konkrete Hilfe erhielt Saladin darum aus dem Irak nur durch Freiwillige.[309] Unter den Letzteren gab es Leute, die ihren Eifer als eine zweite *hiğra* interpretierten, die sie nun nicht nach Medina, sondern nach Jerusalem führen würde.[310] Die Hidschra des Propheten war auch hier gewissermaßen das Glacis für den Dschihad.

Was Saladin mit den syrischen Kleinfürsten tat, hatte ein Jahrhundert zuvor in Spanien der Almoravide Yūsuf b. Tāšfīn mit den *reyes taifas*, den *mulūk aṭ-ṭawāʾif* getan, er allerdings ohne den Kalifen lange zu fragen.[311] Er setzte sie ab, weil sie ihrer Dschihad-Pflicht nicht nachgekommen seien.[312] Der maßgebliche Jurist seines Reiches, Abū l-Walīd Ibn Rušd (gest. 520/1126), Qadi und Imam an der Großen Moschee in Córdoba, der Großvater des Philosophen, hielt unter den gegebenen Verhältnissen in al-Andalus den Dschihad für wichtiger als

307 Sivan, *L'Islam et la Croisade*, S. 121; van Ess, *Fehltritt*, S. 166, mit Belegen.

308 Dazu EI² VII, S. 996–1003, s. v. *al-Nāṣir li-dīn Allāh* (A. Hartmann); dort vor allem S. 998 f.

309 Sivan, *L'Islam et la Croisade*, S. 121. Wie wenig beglückt man in Bagdad über deren Werbetätigkeit war, zeigt mit Bezug auf das Jahr 1111 der Text bei F. E. Peters, *Jerusalem* ([2]Princeton 1995), S. 333 f.

310 J. van Ess, *Fehltritt*, S. 179.

311 Vgl. EI² VII, S. 553, s. v. *Mulūk al-Ṭawāʾif* (D. J. Wasserstein). Die Zustimmung des Kalifen holte er sich nachher, indem er den Juristen Ibn al-ʿArabī nach Bagdad schickte (vgl. I. ʿAbbās, *al-Ğānib as-siyāsī min riḥlat Ibn ʿArabī ilā l-mašriq*, in: al-Abhath 16 (1963), S. 217 ff., und V. Lagardère, *Abū Bakr b. al-ʿArabī, Grand Cadi de Séville*, in: REMMM 40 (1985), S. 91–102.

312 J. van Ess, *Fehltritt*, S. 385. Zu den beiden Fatwas, die dazu im Mašriq nachträglich von Ibn Abī Randaqa aṭ-Ṭurṭūšī (in Alexandria) und Ġazzālī (in Bagdad) erstellt wurden, vgl. M. J. Viguera, *Las cartas de al-Gazālī y al-Ṭurṭūšī al soberano almorávid Yūsuf b. Tāšufīn*, in: Al-Andalus 42.2 (1977), S. 341–374, dort S. 353 ff. und 361 ff.

den Ḥaǧǧ;[313] die Grenze gegenüber der Reconquista war näher als das meist nur in jahrelanger Reise erreichte Mekka. Wer als Gelehrter sein Leben in gottwohlgefälliger Weise beenden wollte, ging manchmal in den Norden, um durch Predigten oder Lehrveranstaltungen die Moral der *muǧāhidūn* zu heben.[314] Wer aber wohlhabend genug war, um die Pilgerfahrt zu unternehmen, machte nicht selten einen Abstecher nach Damaskus, um zu sehen, wes Geistes Kind die Menschen dort waren.[315] Dominique Urvoy, der über Averroes gearbeitet hat,[316] beschreibt in einem längeren Aufsatz, wie der Dschihad-Gedanke sich in Spanien entwickelte,[317] und Maher Jarrar hat untersucht, wie die Prophetenbiographie in diesem Zusammenhang ideologisch eingesetzt wurde.[318] Die Situation in Valencia ist von Pierre Guichard beleuchtet worden.[319] Und am Ende, als nur noch Granada übrig war, entstand dann jene bereits erwähnte[320] *Tuḥfat al-anfus* des Ibn Huḏail al-Fazārī, die drei Jahrzehnte später von ihrem Autor um einen hippologischen Traktat ergänzt wurde: *Ḥilyat al-fursān wa-šiʿār aš-šuǧʿān.*[321] Ibn Huḏail stellte sich den Dschihad wohl wie ein Ritterspiel vor; er kam

313 R. Brunschvig, *Averroès juriste*, in: *Études d'islamologie* (Paris 1976), Bd. II, S. 167 ff., dort S. 170.

314 So Abū ʿUmar aṭ-Ṭalamankī (gest. Ende 428/1037), der allerdings vorher den Ḥaǧǧ gemacht hatte (vgl. mein *Der Eine und das Andere*, S. 318). Er wurde im Norden auch nicht überall geschätzt; in Saragossa hängte man ihm einen Ketzerprozeß an (M. Fierro, *El proceso contra Abū ʿUmar al-Ṭalamankī a través de su vida y su obra*, in: Sharq al-Andalus 9 [1992], S. 93–127). Noth, *Heiliger Krieg*, hat auf S. 49 weitere Beispiele für Spanien.

315 J. van Ess, *Der Eine und das Andere*, S. 640 f.

316 *Averroès. Les ambitions d'un intellectuel musulman* (Paris 1998); vgl. dort S. 26 zu dem Großvater und seiner Einschätzung des Dschihad.

317 *Sur l'évolution de la notion de Ǧihād dans l'Espagne musulmane*, in: Mélanges de la Casa de Velázquez 9 (1973), S. 335–371.

318 *Die Prophetenbiographie im islamischen Spanien* (Dissertation Tübingen 1989, gedr. Frankfurt am Main 1989), dort S. 244 ff.

319 *Les musulmans de Valence et la Reconquête (XIe–XIIIe siècles)*, 2 Bände, Damaskus 1990–1991, dort Bd. I, S. 96 ff.

320 Oben S. 86 f. in Anm. 245 und 249.

321 Ebenso wie die *Tuḥfat al-anfus* hrsg. von Louis Mercier, der Text Paris 1922, die Übersetzung Paris 1924: *La Parure des Cavaliers et l'insigne des preux.* Vgl. dazu die umfangreiche Besprechung von H. Ritter, *La Parure des Cavaliers und die Literatur über die ritterlichen Künste*, in: Der Islam 18.1 (1929), S. 116–154.

aus einer alten arabischen Familie und träumte von einer Kavallerie in syrischer Tradition.[322] Sein Ideal war nicht zukunftstauglich, und sein Buch blieb ohne jeden Einfluß.[323]

In Syrien war die alte Tradition auch längst in den Hintergrund getreten, zumindest mit Bezug auf den Dschihad. Saladin war wegen der mangelnden Unterstützung sehr enttäuscht gewesen;[324] er hatte den Sieg von Ḥaṭṭīn nicht nutzen können. Seine Nachfolger neigten eher zu einer friedlichen Koexistenz mit den Franken;[325] das war nicht nur eine Lehre, die sie aus dem Verhalten ihrer Glaubensbrüder im Osten zogen, sondern auch eine Folge der finanziellen Erschöpfung.[326] Unter den ersten Mamlūken flammte der Krieg gegen die Franken dann wieder auf; Baibars nahm den Christen einen befestigten Platz nach dem andern ab, und al-Malik al-Ašraf vertrieb sie 690/1291 aus ihrer letzten Bastion in Akkon. Aber der Dschihad richtete sich nun auch gegen die (damals noch heidnischen) Mongolen. 658/1260, zwei Jahre nach dem Fall von Bagdad und der Ermordung des letzten Kalifen, hatte Quṭuz bei der Goliathsquelle (ʿAin Ǧālūt) eine mongolische Armee unter Kitbuġa Noyon besiegt; Baibars führte damals die Vor-

---

322 Vgl. EI² III, S. 804; auch EI² II, S. 786b, s. v. *Faras* (F. Viré).

323 Über die mālikitische Tradition, in der Ibn Huḏail steht, orientiert man sich am besten in dem *Kitāb al-Ǧihād* aus Ibn Abī Zaid al-Qairawānīs (gest. 386/996) *Kitāb an-Nawādir*, das M. von Bredow in seiner bereits mehrfach herangezogenen Bonner Dissertation herausgegeben hat. Jedoch muß der Nichtarabist dort mit einer – allerdings recht eingehenden – Inhaltsübersicht vorliebnehmen (von Bredow, *Der Heilige Krieg*, S. 67 ff.). Wichtig ist auch der Index der Termini (S. 141 ff.). – Aus der gleichen Zeit stammt das *Kitāb Qidwat al-ġāzī* des spanischen Mālikiten Ibn Abī Zamanīn (gest. 399/1008), das in der Dissertation von Ruth Wechsel, *Das Buch Qidwat al-Ġāzī*, näher analysiert wird. Zum Autor vgl. GAL² 1, S. 205, S 1, S. 335, und EI² III, S. 694. Zur Lesung *Zamanīn* statt *Zamanain* vgl. aṣ-Ṣafadī, *al-Wāfī bil-wafayāt* III, S. 321, 12; so auch Wechsel, da in der Handschrift so vokalisiert sei.

324 Sivan, *L'Islam et la Croisade*, S. 121 ff.

325 Ibid. S. 131.

326 Schon Saladin hatte im übrigen, so sehr er auch die Dschihadpropaganda zur Herrschaftslegitimierung nutzte, sich nicht gescheut, Verträge mit den Franken abzuschließen. Das betont M. A. Köhler in seinem *Allianzen und Verträge*, S. 316 und 327 ff.

hut an.[327] Man hatte in Syrien etwas Zeit gebraucht, um sich dieser neuen Gefahr bewußt zu werden. Im Irak und vor allem in Iran war man schneller aus dem bürgerlichen Schlaf gerüttelt worden, mit schrecklichen Folgen für die Menschen und die islamische Kultur, und die Aiyūbiden, die damals noch an der Macht waren, hatten sich gegenüber jedem Hilfeersuchen taub gestellt.[328] Der Papst und der französische König, die dem Untergang der Kreuzfahrer nichts entgegenzusetzen hatten, witterten einen neuen Verbündeten, der wenigstens nicht islamisch, sondern nur heidnisch war; aber auch ihre freundlichen Briefe blieben ohne Resonanz.

Die Byzantiner, die von den westlichen Christen schon während des Vierten Kreuzzuges im Jahre 1204 ausgeplündert worden waren, bedrohten Syrien längst nicht mehr. Die Selǧūken hatten schon 463/1071 durch ihren Sieg bei Malazgird/Mantzikert die Grenze weit ins Innere Anatolien vorgeschoben.[329] Die Vergangenheit lebte weiter in „Epen", besser: Volksromanen, in denen sich die Zeitebenen überlagerten und schließlich auch die Erfahrungen der türkischen Eroberer mit einflossen.[330] Die Realität wird erfaßt bei Speros Vryonis, Jr.: *The Decline of Medieval Hellenism in Asia Minor and the Process of Islamization from the Eleventh through the Fifteenth Century* (Berkeley 1971). Die Zeiten waren rauh, ob mit oder ohne Dschihad.[331]

In meinem Vortrag habe ich mich um all diese Ereignisse nicht gekümmert, sondern bin gleich auf die Osmanen zu sprechen gekommen, die mehr als zwei Jahrhunderte nach Malazgird von Bithynien

327 EI² I, S. 786 f., s. v. *ʿAyn Djālūt* (B. Lewis); vgl. Sivan, *L'Islam et la Croisade*, S. 165 ff. und 174 f. („Guerre sainte multiple").

328 Sivan, *L'Islam et la Croisade*, S. 155 ff.

329 EI² VI, S. 243 f., s. v. *Malāzgird* (C. Hillenbrand); vgl. auch das zur 900-Jahrfeier der Schlacht herausgegebene *Malazgirt Armağanı* des Türk Tarih Kurumu (Ankara 1972).

330 Vgl. EI² I, S. 1102 ff., s. vv. *al-Baṭṭāl* (M. Canard) und *al-Baṭṭāl (Sayyid Baṭṭāl Ghāzī)* (I. Mélikoff), sowie EI² II, S. 233 ff., s. v. *Dhu 'l-Himma* (M. Canard); auch Sivan, *L'Islam et la Croisade*, S. 195 ff. Zu dem zweiten Text noch die Freiburger Dissertation von U. Steinbach, *Ḏāt al-Himma. Kulturgeschichtliche Untersuchungen zu einem arabischen Volksroman* (Wiesbaden 1972); zur literarischen Verarbeitung der Dschihadidee dort S. 35 ff.

331 Wenn Vryonis den Begriff *Djihad* benutzt (vgl. den Index s. v.), so in sehr breitem Sinne, für jede Art militärischer oder räuberischer Unternehmung der Eindringlinge.

aus (Zentrum Bursa) in byzantinisches Gebiet eindrangen.[332] Sie betrachteten sich als „Frontkämpfer" (*ġāzī*, Pl. *ġuzāt*) oder genauer: als „Streifzügler", d. h. Leute, die überfallartig nach Art einer „Razzia" (von arab. *ġazw*, „Feldzug") Feindesland unsicher machten; ihr Treiben wird schon in den genannten Volksromanen verklärt.[333] Sie waren nicht die einzigen, die damals in Anatolien diesen Anspruch erhoben, aber diejenigen, die damit bleibenden Erfolg hatten. Paul Wittek (1894–1978), ein österreichischer Turkologe, den sein Abscheu vor den Nationalsozialisten zuerst an die Université Libre in Brüssel und dann an die School of Oriental and African Studies in London verschlug,[334] sah darin den *nervus rerum* ihres Handelns und brachte dies mit dem Dschihad zusammen; 1938 erschien in London sein *The Rise of the Ottoman Empire*. Die Studie, an sich gar nicht sehr umfangreich, beherrschte ein halbes Jahrhundert lang die damals noch junge internationale Osmanistik. Jedoch ist die zugrunde liegende These mittlerweile aufgegeben oder zumindest modifiziert. Man vergleiche dazu R. P. Lindner, *Nomads and Ottomans in medieval Anatolia* (Bloomington 1983, dort S. 1 ff.) und Cemal Kafadar, *Between Two Worlds. The construction of the Ottoman State* (Berkeley 1995).[335] Die Osmanen zerstörten ein Imperium (Eroberung Konstantinopels 1453), und ihre Heere kamen bis vor Wien; aber ein „Jihad State" waren sie nicht.

Bevor wir klarer sehen, wo sich im Laufe der Jahrhunderte eine Dschihad-Ideologie entwickelte, bleibt noch viel zu tun. Die Grenzlage reichte dazu jedenfalls nicht aus; man setzte dort, wie wir sahen, häufig eher auf ein mehr oder weniger friedliches Beieinander oder begnügte sich mit gelegentlichen Raubzügen (in denen man allerdings immer auch die Kampfstärke des Gegners testete). Nationalistische

---

332 Allgemein dazu EI² VIII, S. 190–231, s. v. *ʿOthmānlı*; auch Halil İnalcık, *The Ottoman Empire. The Classical Age, 1300–1600* (London 1973), und Colin Imber, *The Ottoman Empire 1300–1481* (Istanbul 1990).

333 Vgl. EI² II, S. 1043 ff., s. v. *Ghāzī* (I. Mélikoff).

334 Zu ihm: Nachruf von J. Wansbrough in: BSOAS 42.1 (1979), S. 137–139, und C. Heywood, *A Subterranean History: Paul Wittek (1894–1978) and the Early Ottoman State*, in: Die Welt des Islams 38.3 (1998), S. 386–405.

335 Anders noch Kafadars Lehrer Halil İnalcık, *The Ottoman Empire*, S. 6 f. Der Streit ist auch noch nicht zu Ende; vgl. jetzt Ali Anooshahr, *The Ghazi Sultans and the Frontiers of Islam. A comparative study of the medieval and early modern period* (London u. a. 2009).

oder chauvinistische Motive gab es nicht. Offen erklärten Dschihad finden wir in Afrika um die Wende zum 19. Jahrhundert, bei Usuman Dan Fodio,[336] der unter den Fulbe das sog. „Sokoto-Kalifat" errichtete. Wir stoßen dort auf ein Beispiel dafür, daß sufischer Geist sich für den Dschihad öffnen konnte; Dan Fodio wollte im Traum den Propheten gesehen haben, wie er den Sufi-Šaiḫ und Ordensgründer ʿAbdalqādir al-Ǧīlānī (gest. 561/1166) beauftragte, ihn, Dan Fodio, mit dem „Schwert der Wahrheit" zu gürten. Er verstand seine Predigt als islamische Reformbewegung; der Dschihad erwuchs aus einem festen Überlegenheitsgefühl.

Der Teil der islamischen Welt jedoch, wo wir die geistesgeschichtlichen Konturen etwas besser erkennen, ist Indien. Šāh Walīyullāh Dihlawī (gest. 1176/1762), ein Angehöriger des Naqšbandī-Ordens und Initiator einer letzten Endes erfolglosen Reformbewegung,[337] behandelte in seinem Hauptwerk *Ḥuǧǧat Allāh al-bāliġa* den Dschihad in traditioneller Weise.[338] Zwar suchte er nach dem tieferen Sinn (dem „Geheimnis", *sirr*) des Gebotes und seiner einzelnen Vorschriften; aber er hielt sich doch weitgehend an die alten historischen Beispiele. Indien wird nur nebenbei erwähnt.[339] Er vermeidet auch, obwohl Sufi, jeden Hinweis auf den *ǧihād akbar*. Freilich schätzte er den Dschihad im üblichen Sinne als mögliches Mittel zur Wiedergewinnung der muslimischen Dominanz, nachdem die Moghulherrscher ihre Kraft verloren hatten. In seinen späteren Jahren ermunterte er den Afghanenemir Aḥmad Šāh Durrānī (gest. 1184/1773) zu einem Feld-

---

336 Gest. 1817; vgl. EI² X, S. 949 ff., s. v. *ʿUṯmān b. Fūdī* (D. M. Last). „Usuman Dan Fodio" ist die Namensform im Haussa.

337 EI² II, S. 254 f., s. v. *al-Dihlawī* (A. S. Bazmee Ansari); EIran VII, S. 220 f., und The Oxford Encyclopedia of the Modern Islamic World IV, S. 311 f. (beide Male M. K. Hermansen); auch Aziz Ahmad, *Studies in Islamic Culture in the Indian Environment* (Oxford 1964), S. 201 ff., und Daniel Brown, *Rethinking Tradition in Modern Islamic Thought* (Cambridge 1996), S. 22 ff. Walīyullāh war nahezu gleichaltrig mit Muḥammad b. ʿAbdalwahhāb, der ihn um drei Jahrzehnte überlebte und mit der Wahhābīya viel stärker in die Moderne hineinwirkte (EI² XI, S. 39 ff., s. v.).

338 Zwei Bände, Kairo 1952–1953, ²1977; dort Bd. II, S. 170 ff. Die Übersetzung von M. K. Hermansen, *The conclusive argument from God. Shāh Walī Allāh of Delhi's Ḥujjat Allāh al-Bāligha* (Leiden 1996) enthält den zweiten Band nicht.

339 Walīyullāh Dihlawī, *Ḥuǧǧat Allāh al-bāliġa* II, S. 172, 10 f.

zug gegen „ungläubige“ Hindufürsten; dieser war, dem Beispiele Maḥmūds von Ġazna (388/998–421/1030) folgend, schon mehrfach in Indien eingefallen.[340]

Bei Walīyullāhs Enkelschüler Aḥmad Brēlwī (gest. 1246/1831)[341] schlug dies dann in militanten Aktivismus um. Brēlwī hatte bei Šāh ʿAbdalʿazīz, dem Sohn Šāh Walīyullāhs (gest. 1239/1823), studiert und bei ihm gelernt, daß die von den Briten kontrollierten Gebiete als *dār al-ḥarb*, „Kriegsgebiet“, anzusehen seien; darum sammelte er kampferfahrene Pathanen um sich, um dem Islam wieder zur Vorherrschaft zu verhelfen. Das brachte ihn in Gegensatz zu den ebenfalls recht kampferfahrenen Sikhs, denen einige Pathanenstämme nominell botmäßig waren; er fiel in einer Schlacht gegen diese, die aus seiner Sicht ja ebenso wie die Engländer Ungläubige waren, und erwarb sich auf diese Weise den Ehrentitel „Märtyrer“ *(šahīd).* Auch er war ein Sufi und versuchte die mystischen Orden im Sinne einer *ṭarīqa muḥammadīya* zu reformieren.[342] Seine Anhänger machten später mit den Sepoy (s. u.) gemeinsame Sache, was der Bewegung nicht gut bekam.[343]

Derjenige aber, der die Dschihad-Idee in neue Bahnen lenkte, war Saiyid Aḥmad Khān (1817–1898), dem die Briten später den Titel „Sir“ verliehen und der von der Universität Edinburgh sogar einen

340 Zu ihm EI² I, S. 295 f.

341 EI² I, S. 282 f. (Sh. Inayatullah); EIran III, S. 787 f., s. v. *Barēlvī, Sayyed Aḥmad Šahīd* (Q. Ahmad); The Oxford Encyclopedia of the Modern Islamic World I, S. 310 ff., s. v. *Barelwīs* (Usha Sanyal).

342 Peters, *Islam and Colonialism*, S. 44 ff.; A. Schimmel in: M. U. Malik / A. Schimmel (edd.), *Pakistan: Das Land und seine Menschen* (Tübingen 1976), S. 115 f. Zum Begriff *ṭarīqa muḥammadīya* vgl. EI² X, S. 246b (E. Geoffroy), und einige Arbeiten von B. Radtke (z. B. *De betekenis van de ṭarīqa muḥammadiyya in de Islamitische mystiek van de 18e en 19e eeuw*, in: M. Buitelaar / J. ten Haar (edd.), *Mystiek, het andere gezicht van de islam* [Bussum 1999], S. 35 ff.; allgemein auch *Neue kritische Gänge* [Utrecht 2005], S. 296 ff.). In derselben Schlacht fiel übrigens auch Ismāʿīl Šahīd, ein direkter Enkel Šāh Walīyullāhs, der mit Saiyid Aḥmad schon die Pilgerfahrt zusammen gemacht hatte und dann vor allem als Prediger bzw. Chefideologe hervortrat (EI² IV, S. 196 f., s. n.).

343 Zur Entwicklung insgesamt vgl. EI² VII, S. 290 f., s. v. *Mudjāhid* (C. E. Bosworth).

Ehrendoktor erhielt.[344] Er stammte aus einer Familie, die eng mit dem Moghulhofe verbunden gewesen war, mußte aber aus finanziellen Gründen schon früh in den Dienst der East India Company treten. Ein Sufi war er nicht, eher von liberalem Geiste; er gründete in seinen späteren Jahren (1875) das Muhammadan Anglo-Oriental College in Aligarh, das nach dem Vorbild der traditionellen englischen Universitäten angelegt war und 1920 auch selber Universitätsstatus erhielt.[345] Das zentrale Ereignis in seinem Leben war die „Mutiny".[346] Er war damals 40 Jahre alt und hat mehrfach in seinen Publikationen auf sie Bezug genommen.[347] In Biğnawr/Bijnore, wo er sich damals aufhielt, hatte er eine Kolonie von europäischen Beamten vor Übergriffen schützen können.[348] Aber anderswo war es auch zu Massakern gekommen,[349] und Aufrufe oder Fatwas zum Glaubenskrieg waren in Umlauf gesetzt worden.[350] Messianisch getönte Vorhersagen hatten

344 Zu ihm EI² I, S. 287 f. (J. M. S. Baljon Jr.); The Oxford Encyclopedia of the Modern Islamic World I, S. 57 f. (Hafeez Malik); Aziz Ahmad, *Islamic Modernism in India and Pakistan* (Oxford 1967), S. 31 ff.; Peter Hardy, *The Muslims of British India* (Cambridge 1972), S. 94 ff.; D. Brown, *Rethinking Tradition*, S. 32 ff.

345 EI² I, S. 403, s. v. *Aligarh* (A. S. Tritton); auch EI² II, S. 426, s. v. *Djāmiʿa* (C. K. Zurayk). In den dreißiger Jahren des 20. Jahrhunderts unterrichteten dort auch deutsche Orientalisten wie etwa O. Spies.

346 Zu ihr gibt es vor allem aus dem 19. Jh. eine reiche, aber fast ausschließlich englischsprachige Literatur. Über die späteren Publikationen und ihre Ausrichtung vgl. den Literaturbericht von D. Rothermund in: H. Kulke (et al.), *Indische Geschichte vom Altertum bis zur Gegenwart. Literaturbericht über neuere Veröffentlichungen* (Historische Zeitschrift, Sonderheft 10, München 1982), S. 257 ff.; auch Hardy, *The Muslims of British India*, S. 61 ff., und allgemein jetzt The New Encyclopædia Britannica, 15. Aufl., Bd. XXI, S. 96 ff.

347 *Asbāb-i baġāwat-i Hind = The Causes of the Indian Revolt* (Benares 1858; man beachte den Ausdruck *baġāwa*, mit dem der Begriff *baġy* aufgenommen wird); *Loyal Muhammadans of India* (3 Teile, Meerut 1860–1861).

348 Vgl. seine Schrift *Tārīḫ-i sarkašī-yi Biğnaur* (Agra 1858). Zu Bijnor(e) vgl. EI² I, S. 1206.

349 Etwa in Cawnpore/Kānpūr im Distrikte Uttar Pradesh, wo eine britische Garnison trotz freien Geleits mitsamt ihren Familien ermordet wurde; vgl. EI² IV, S. 551, s. v. *Kānpur* (C. E. Bosworth).

350 Vgl. etwa EI² I, S. 953, s. v. *Bakht Khān*, und EI² III, S. 1174, s. v. *Imdād Allāh* (beide Artikel verfaßt von A. S. Bazmee Ansari).

die Stimmung angeheizt; man hatte schon für das Jahr 1855 eine Vertreibung der Engländer erwartet.[351]

Von einer „Meuterei“ sprachen nur die Engländer; in Wirklichkeit handelte es sich wohl um eine Serie regionaler Volksaufstände.[352] Das hat schon Karl Marx so gesehen; ihn erbitterte die Art, in der die englische Presse die Sache herunterspielte.[353] Die Sepoy-Armee[354] umfaßte immerhin ca. 200.000 Mann; ihnen standen 40.000 Engländer gegenüber.[355] Die Unruhen dauerten mehrere Monate, und der Widerstand war besonders heftig in Metropolen wie Delhi oder Lucknow, wo die Muslime einen erheblichen Teil der Bevölkerung stellten.[356] Man kann also verstehen, warum die britischen Behörden, die nun die Alleinherrschaft in Indien übernahmen,[357] vor allem in der Dschihad-Idee die Wurzel allen Übels sahen;[358] sie verdächtigten die Muslime

---

351 D. Cook, *Understanding Jihad*, S. 81, nach der Arbeit des pakistanischen Historikers Salim al-Din al-Quraishi, *Cry for Freedom* (Lahore 1997).

352 Insofern ist auch die Geschichte von dem Schweinefett, die ich in meinem Vortrag erwähnt habe (oben S. 18), lediglich eine Bagatellisierung des tatsächlichen Geschehens; sie bezieht sich auf ein Ereignis in Meerut (Aziz Ahmad, *Islamic Modernism*, S. 27) und paßt zu dem essayistischen Stil, in dem Kolonialgeschichte in der letzten Zeit manchmal erzählt wird.

353 Seine Artikel erschienen in der New-York Daily Tribune, für die er den Informationsstand der englischen Zeitungen kritisch zusammenfaßte. Die Serie beginnt mit dem Leitartikel vom 15. Juli 1857. Das Material ist bequem greifbar in: K. Marx / F. Engels, *Aufstand in Indien* (Berlin 1978), hrsg. von Richard Sperl mit einer lesenswerten, wenngleich etwas klassenkämpferischen Einleitung. Das Schweinefett kommt auch dort schon vor (S. 81). Zugrunde liegt die Berliner Ausgabe von K. Marx / F. Engels, *Werke*, Bd. XII, S. 230 ff., wo aber wegen der strikt chronologischen Anordnung auch manches Andere miteinfließt. Gelegentlich ist ein Artikel zum Thema nicht von Marx, sondern von Engels verfaßt; Marx arbeitete seit 1851 für diese „fortschrittliche“ amerikanische Zeitung, und Engels mußte ihn entlasten. Die Originale sind englisch geschrieben; sie wurden auf dem Weg über das Russische ins Deutsche übersetzt.

354 „Sepoy“ geht zurück auf pers. *sepāhī* „Soldat“.

355 So zumindest die Zahlen bei Marx, *Aufstand in Indien*, S. 80.

356 Für Lucknow vgl. EI² V, S. 635. „Lucknow“ ist im übrigen die alte englische Schreibweise für den Ort; ausgesprochen wird der Name „Lakhnau“.

357 1858 wurde die East India Company aufgelöst und ein „Vizekönig“ eingesetzt; 1876 nahm Queen Victoria den Titel „Kaiserin von Indien“ an.

358 Das geht schon aus der Erklärung hervor, die die Royal Army am 15. September 1857 in Delhi herausgab (Cook, *Understanding Jihad*, S. 80).

zudem, das *ancien régime*, also die Herrschaft der Moghuldynastie, wieder installieren zu wollen. Man darf auch kaum darüber erstaunt sein, mit welcher Brutalität (bzw. „großen Härte“, wie der Sprachgebrauch heute ist) die englischen Heereseinheiten vorgingen; das war in Kolonialkriegen immer so.[359] In Delhi und Lucknow kam es überdies zu ungehemmten Plünderungen.[360] Die Vorgänge in Delhi zwischen Mai 1857 und Juli 1858 werden von dem Dichter Ghālib in seinem – allerdings recht kurzen – „Tagebuch“ beschrieben.[361] Auch die Gerichtsverhandlungen, in denen hernach das Geschehen aufgearbeitet wurde, waren kaum von Nachsicht geprägt;[362] als Charles Canning, der 1858 eingesetzte erste „Vizekönig“, durch Milde die Wogen zu glätten versuchte, wurde er von britischen Kaufleuten in Kalkutta mit dem Spottnamen „Clemency“ bedacht.[363]

Die Muslime reagierten apologetisch, mit einer Umorientierung des Dschihad-Gedankens. Aḥmad Khān hat sich nur selten zum Thema geäußert; persönlich war er ja auch nicht betroffen.[364] Man darf nicht vergessen, daß er in theologischen und juristischen Fragen Autodidakt war; seine Mittlerrolle beruhte vor allem darauf, daß er Englisch konnte.[365] Aber eben diese „Unbildung“ sorgte auch dafür,

---

359 Siehe oben S. 19 und unten S. 116.

360 Uns ist dieses Phänomen eher von der Plünderung des Kaiserpalastes in Peking nach dem Boxeraufstand gegenwärtig; aber es war eben auch sonst die Regel. Nicht wenige arabische Handschriften sind auf diese Weise in die europäischen Bibliotheken gelangt.

361 *Dastanbuy. Translated from the original Persian ... by Khwaja Ahmad Faruqi* (Bombay u. a. 1970). Ghālibs Darstellung wirkt stellenweise etwas wolkig, weil er sich einer überbordenden Metaphorik bedient und im übrigen darauf aus gewesen war, von den Engländern eine Pension zu erhalten. Er war damals schon über 60; in diesem Alter erwartete ein persischer Dichter, daß die Herrschenden sich erkenntlich zeigten.

362 Dazu kurz Malik/Schimmel, *Pakistan*, S. 117.

363 The New Encyclopædia Britannica, 15. Aufl., Bd. XXI, S. 97.

364 Die beiden Monographien über ihn: J. M. S. Baljon, *The Reforms and Religious Ideas of Sir Sayyid Ahmad Khân* (Leiden 1949), und Christian W. Troll, *Sayyid Ahmad Khan. A reinterpretation of Muslim theology* (New Delhi 1979), gehen auf diesen Aspekt kaum ein. Vgl. aber seine bei Peters, *Islam and Colonialism*, S. 50 ff., genannten Stellungnahmen zur Frage.

365 Im Gegensatz zu seinen ganz anders ausgebildeten Vorgängern Šāh Walīyullāh oder Aḥmad Brēlwī. Englisch war ja damals eine Sprache, die international nicht viel galt und im Orient nur in der Verwaltung des britischen

daß er unbefangen urteilte; beim Dschihad vertrat er deutlich eine „gewaltlose Interpretation“ des Begriffs.[366] Ausgearbeitet wurde diese neue Strategie dann von anderen, etwa von Muḥammad Ḥusain Batālwī in seiner *Risāla-yi ǧihād*, die 1879 erschien;[367] seit etwa 1870 waren zahlreiche Fatwas erschienen, in denen eine generelle Verpflichtung zum Dschihad abgestritten wurde.[368] Auch Aḥmad Khāns Schüler Čirāġ ʿAlī (gest. 1895), der ebenso englisch schrieb wie er und die *Proposed Political, Legal and Social Reforms in the Ottoman Empire and other Mohammadan States* verfaßte (1883), schloß sich dieser Doktrin an.[369] Loyalität gegenüber dem britischen Regiment war unter den Intellektuellen weit verbreitet. Selbst die indischen Ahl-i Ḥadīṯ, die in der zweiten Hälfte des 19. Jahrhunderts aufkamen,[370] ließen sich von ihr anstecken; sie beschränkten sich auf den *ǧihād bil-qalam*, den schriftstellerischen „Kriegseinsatz“.[371] Allerdings gab es schon zu Beginn des 20. Jahrhunderts Abweichler, die, wenngleich ohne faktische Militanz, der alten Interpretation wieder das Wort redeten.[372]

Kolonialreiches benutzt wurde. Die Osmanen sprachen im Umgang mit den Europäern Französisch; im muslimischen Indien war die „Weltsprache“ Persisch. Auch Aḥmad Khān hat im übrigen die meisten seiner (zahlreichen) Publikationen auf Urdu verfaßt (bzw. Hindustani, wie man damals sagte); er hatte es viel schwerer, seinen eigenen Landsleuten zu gefallen als den Engländern.

366 So D. Cook, *Understanding Jihad*, S. 81; vgl. M. S. Jain, *Muslim Political Identity* (Jaipur 2005), S. 108 ff. und 267 ff.

367 Zum Autor vgl. M. Riexinger, *Sanāʾullāh Amritsarī (1868–1948) und die Ahl-i-Ḥadīs im Punjab unter britischer Herrschaft* (Würzburg 2004), S. 212 ff.; zum Text dort S. 219. Vgl. auch Aziz Ahmad, *Islamic Modernism*, S. 120. Ich habe die Schrift selber nicht gesehen.

368 Peter Hardy, *The Muslims of British India*, S. 108 ff.

369 Peters, *Islam and Colonialism*, S. 192, Anm. 54 (mit weiteren Namen); auch idem, *Jihad*, S. 187 f., Anm. 54. Zu Maulawī Čirāġ ʿAlī (Cheragh Ali) vgl. EI² III, S. 431b, s. v. *Hind* (K. A. Nizami) und EI² IV, S. 170b, s. v. *Iṣlāḥ* (Aziz Ahmad); auch Aziz Ahmad, *Islamic Modernism*, S. 57 ff.

370 EI² I, S. 259 f., s. v. (Sh. Inayatullah), wo sie hartnäckig als „Sekte“ bezeichnet werden; The Oxford Encyclopedia of the Modern Islamic World, Index s. v.; Aziz Ahmad, *Islamic Modernism*, S. 113 ff.

371 D. Brown, *Rethinking Tradition*, S. 27 ff.

372 Riexinger, *Sanāʾullāh Amritsarī*, S. 442 ff.

Der Dschihad galt nunmehr nur dann noch als gerechtfertigt, wenn es zu einer aktuellen religiösen Unterdrückung kam;[373] dann war er ein Verteidigungskrieg – wiederum zum Schutze der Religion. Nach der alten Lehre war die Verteidigung des *dār al-islām* im Falle eines gegnerischen Angriffs die Voraussetzung dafür gewesen, daß der Dschihad sich von einem *farḍ kifāya* in ein *farḍ ʿain* verwandelte.[374] Jetzt fiel das *farḍ kifāya* völlig weg; einen Glaubenskrieg zur Bekehrung der Heiden sollte es nicht mehr geben.[375] Indien wurde, obgleich nun vollends unter britischer Herrschaft, nicht mehr als „Haus des Krieges" angesehen, sondern als „Haus der Sicherheitszusage" *(dār al-amān)*.[376] Wer dagegen seine eigene religiöse Identität verteidigen mußte, hatte das Recht, dafür zu kämpfen; er führte einen „gerechten Krieg". Bisher hatte man nie darüber nachzudenken brauchen, ob der Dschihad gerecht sei oder nicht; die Vorstellung vom *bellum iustum* war dem Islam ebenso fremd[377] wie die Begriffe „Kriegsschuld" oder „Kriegsverbrechen".[378]

---

373 So schon Aḥmad Khān; vgl. Baljon, *Reforms and Religious Ideas*, S. 30 f., nach dem unvollendeten und etwas unkonventionellen Korankommentar Aḥmad Khāns (der von Sure 1 bis Sure 17 reichte und damit auch die für den Dschihad wichtige Sure 9 umfaßte). Ähnlich auch in der Rezension zu dem einflußreichen Buch *The Indian Musalmans*, das der hochrangige englische Kolonialbeamte (Sir) William W. Hunter 1871 veröffentlichte; vgl. Peters, *Jihad*, S. 123. Dazu Peters, *Islam and Colonialism*, S. 125 und 160.

374 Krüger, *Fetwa und Siyar*, S. 101; auch oben S. 37 und 69.

375 Peters, *Islam and Colonialism*, S. 123.

376 Ibid. S. 50 f. Auch das findet sich im Ansatz schon bei Aḥmad Khān, wiederum in seiner Rezension zu Hunter (Hardy, *The Muslims of British India*, S. 95). Hunter erkannte das auch an; er wandte sich nur gegen die Wahhābiten, die während der sechziger Jahre in Bengalen wegen ihres militanten Dschihadbegriffs vor Gericht gezogen wurden.

377 Peters, *Islam and Colonialism*, S. 121 ff.; vgl. auch James T. Johnson, *The Holy War Idea in Western and Islamic Traditions* (Pennsylvania State University Press 1997), S. 42 ff., wo beide Konzepte miteinander verglichen werden.

378 Daß dies bei modernen Autoren anders ist, belegt Peters, *Jihad*, S. 119 f. M. Khadduri hat in *War and Peace in the Law of Islam*, S. 57 ff., ein Kapitel mit dem Titel *The Jihâd as Bellum Justum*; er schrieb unter dem Eindruck des Eintritts von 10 islamischen Staaten in die Vereinten Nationen. Die Monographie von John Kelsay, *Arguing the Just War in Islam* (Cambridge, Mass. 2007) nimmt den Gedanken auf; jedoch argumentiert der Autor nicht historisch, sondern will darauf hinaus, daß ein recht verstandener Dschihad

Wieweit diese Umorientierung sich in Gesprächen mit christlichen Missionaren vorbereitete, bleibt näher zu untersuchen. Sayyid Aḥmad Khān ist ja auch mit seiner (kaum reflektierten) Vorstellung von der Verbalinspiration des Korans, die im Islam bis dahin kaum je näher dargelegt worden war,[379] vielleicht von (aus unserer Sicht fundamentalistischen) christlichen Glaubensbringern beeinflußt worden. Er hat 1854 in Agra das dreitägige Religionsgespräch miterlebt, das der schwäbische Pietist Karl Gottlieb Pfander (1803–1863) mit dem muslimischen Gelehrten Raḥmatullāh Kīrānawī führte,[380] und er war in christlicher Theologie für muslimische Verhältnisse recht belesen.[381] Die Theorie einer rigiden Verbalinspiration ist bekanntlich in der lutherischen Orthodoxie des 17. Jahrhunderts aufgekommen; sie wurde beim Alten Testament sogar auf die Vokalzeichen angewendet, die die Masoreten seit dem 7. Jahrhundert hinzugefügt hatten.[382] Aber daß man *scriptura* und *verbum Dei* miteinander verwechselte, kam auch im Islam immer wieder vor.[383] Daß sich die Idee vom *bellum iustum*

---

nur als „gerechter Krieg“ geführt werden könne. Vgl. die scharfe Kritik von E. Landau-Tasseron, *Is jihād comparable to just war?* in: JSAI 34 (2008), S. 535–550.

379 Sie stieß dort auf die Schwierigkeit, daß es sieben (anfangs sogar 14) verschiedene kanonische Koranlesarten gab. Allgemein dazu van Ess, *Theologie und Gesellschaft* IV, S. 612 ff.; auch EQ IV, S. 437 ff., s. v. *Revelation and Inspiration*, dort S. 445 f. (D. A. Madigan).

380 Brown, *Rethinking Tradition*, S. 34 ff. Zu Pfander und dem Traktat *Mīzān al-ḥaqq*, den er zur Widerlegung des Islams verfaßte, vgl. Christine Schirrmacher, *Mit den Waffen des Gegners. Christlich-muslimische Kontroversen im 19. und 20. Jahrhundert* (Berlin 1992). Zur christlichen Mission vor 1857 vgl. Aziz Ahmad, *Islamic Modernism*, S. 24 ff.

381 Er verfaßte einen Bibelkommentar auf Urdu (der allerdings nie über Genesis 11 hinaus gedieh: *Tabyīn al-kalām*), und er polemisierte gegen Ferdinand Christian Baur (gest. 1860), das Haupt der „Jüngeren Tübinger Schule“ (Baljon, *Reforms and Religious Ideas*, S. 77 f.). Auch mit dem Schotten William Muir und dessen *The Life of Mahomet* (4 Bände, London 1858–1861) hat er sich auseinandergesetzt (Brown, a. a. O.); dieser war gleichfalls in Agra dabeigewesen.

382 Vgl. C. H. Ratschow, *Lutherische Dogmatik zwischen Reformation und Aufklärung* (2 Bände, Gütersloh 1964–66), dort Bd. I, S. 71 ff.

383 Bei Aḥmad Khān verbindet sich der skripturalistische Ansatz mit einem extensiven – und für die muslimischen Zeitgenossen aufreizenden – „aufklärerischen“ Rationalismus (Balyon, *Reforms and Religious Ideas*, S. 53, 71 f. und 85 f.). Allgemein dazu A. Ahmad / G. von Grunebaum (edd.), *Muslim*

schon bei Augustin fand,[384] wie die Missionare vermutlich wußten, bewegte Aḥmad Khān natürlich wenig.

Aber damit, daß man das Gesetz umbog, war es ja nicht getan. Die Lehre vom Dschihad fußte auf dem Koran; man mußte also auch exegetisch neue Wege gehen. Das war legitim, hatte aber seine eigenen Fußangeln. Man verschob nun das Gewicht auf den Frieden; die Schriftstellen, die sich dafür gewinnen ließen, wurden in den Vordergrund gerückt.[385] Militante Passagen, z. B. der sogenannte „Schwertvers" (Sure 9:5), wurden an spezielle Anlässe geknüpft *(taḫṣīṣ)* und ihrer allgemeinen Geltung entkleidet. Die Entwicklung bleibt im Einzelnen zu untersuchen; aber es scheint, daß damals die Richtung für bis heute gängige Argumentationen vorgegeben wurde. Auch die Reformer, die in der nächsten Generation in Ägypten auftraten, Muḥammad ʿAbduh (1849–1905) und Rašīd Riḍā (1865–1935), folgten dieser Linie.[386] Man trifft auf dasselbe Gedankengut noch in der Schrift *al-Qurʾān wal-qitāl*, „Der Koran und der Krieg", die Maḥmūd Šaltūt, der von 1958 bis 1963 Šaiḫ al-Azhar war, im Jahre 1948 in

Self-Statement in India and Pakistan 1857–1958 (Wiesbaden 1970), S. 27 f. und 34; zum Kontext Troll, *Sayyid Ahmad Khan*, S. 184 ff. Daß Aḥmad Khān den Koran für das authentische „Wort Gottes" hielt, ist häufig belegt (Aziz Ahmad, *Islamic Modernism*, S. 42 f., 45, 55). Unter dem Einfluß protestantischer Ideen formierten sich in Indien gegen Ende des 19. Jahrhunderts auch die Ahl-i Qurʾān, die den Ahl-i Ḥadīṯ entgegentraten (Brown, *Rethinking Tradition*, S. 38 ff.). Vgl. zu allem noch oben S. 55. Weiterführende Literatur in van Ess, *Theologie und Gesellschaft* (oben Anm. 379), und jetzt in dem – ansonsten historisch wenig aussagekräftigen – Artikel *Verbalinspiration* in RGG[4] VIII, Sp. 934 f. (K. Prenner).

384 Siehe oben S. 19; dazu C. Mayer (ed.), *Augustinus-Lexikon* (Basel 1994–), Bd. I, S. 638 ff., s. v. *Bellum*, und allgemein Johnson, *The Holy War Idea*, S. 52 ff.

385 Dazu Peters, *Islam and Colonialism*, S. 127 ff.

386 Vgl. Peters, *Jihad*, S. 124 ff. ʿAbduh war 32 Jahre jünger als Aḥmad Khān (geb. 1817); Vermittler zwischen beiden könnte Ǧamāladdīn al-Afġānī (1838–1897) gewesen sein, der ʿAbduh stark beeinflußt hat. Allerdings war Afġānī nicht in allen Dingen mit Aḥmad Khān einer Meinung; er hatte für die Briten gar nichts übrig (Aziz Ahmad, *Studies in Islamic Culture in the Indian Environment*, S. 55 ff.).

Kairo veröffentlichte.[387] Was fehlte, war eine übergreifende und selbständig agierende Hermeneutik.

Die englische Kolonialverwaltung tat auf die Dauer Einiges, um den Frieden zwischen den Religionen zu wahren. In Indien mußte sie ja nicht nur auf die Muslime, sondern auch auf die Hindus eingehen. Wie schwierig das war, wird in Edward M. Forsters *A Passage to India* (1924) lebendig geschildert. Die christliche, i. e. protestantische Mission wurde von den britischen Behörden nicht immer gerne gesehen. Aber sie ließ sich damals ebensowenig fernhalten wie heute nach dem Irakkrieg oder in Afghanistan. Außerdem konterkarierten die Kolonialherren ihre Friedenspolitik dadurch, daß sie auf anderen Schlachtfeldern der islamischen Welt die Greueltaten, zu denen es bei der Bekämpfung der „Mutiny" gekommen war, wiederholten. Ich habe Kitcheners Krieg gegen die Anhänger des Mahdi vom Sudan genannt (S. 19). Das Vorgehen der englischen Streitkräfte war, wie man heute sagen würde, „menschenverachtend". Allerdings muß ich hinzufügen, daß ich meine Informationen in diesem Punkte einem Juristen verdanke, der aus einem ganz andern Grunde an dem Geschehen interessiert war: Ingo von Münch, *Promotion* (Tübingen 2002), S. 161, mit Bezug auf Kitcheners Ehrendoktor. Er beruft sich seinerseits auf Sven Lindqvist, *„Rottet die Bestien alle aus". Auf den Spuren des Völkermordes* (in: Uni-Journal Jena – Juli 1999, S. 14 f.). Für die dort gegebenen Zahlen kann ich mich also nicht verbürgen: „Auf britischer Seite wurden 48 Soldaten getötet. Auf sudanesischer Seite starben 10.000, und noch etwa 10.000 verwundete Kriegsgefangene wurden in den nächsten Tagen von den Briten liquidiert". Diese Zahlen kamen natürlich nicht in die europäische Presse. Aber das war bei dem Irakkrieg kürzlich nicht anders.[388]

---

387 Übersetzt von R. Peters in: *Jihad in mediaeval and modern Islam* (Leiden 1977), S. 26–79 und 84–86; wieder abgedruckt in idem, *Jihad in classical and modern Islam*, S. 60–101.

388 Zum Mahdi-Aufstand siehe oben S. 51 f. Zu der Schlacht bei Omdurman vgl. die Texte in: H. Pleticha, *Der Mahdiaufstand in Augenzeugenberichten* (Düsseldorf 1967, als dtv-Taschenbuch München 1981, dort S. 376 ff.). An Kitcheners Feldzug nahm übrigens auch der junge Winston Churchill teil; er äußert sich zu den Verlustzahlen, allerdings nur auf britischer Seite. Die Verluste der Mahdi-Armee sind bloß geschätzt (vgl. S. 389 und 402).

S. 19: Zu Abdelkrim (= Muḥammad b. ʿAbdalkarīm, 1880–1963), dem Anführer der Rifkabylen in ihrem Kampf gegen die Spanier und Franzosen 1920–1926, vgl. The Oxford Encyclopedia of the Modern Islamic World I, S. 8 f. (E. Burke III). Er wurde von den Franzosen auf die Insel Réunion verbannt und konnte 1947 von dort nach Ägypten fliehen. Zu seinem Aufstand vgl. EI² VIII, S. 523a, s. v. *Rīf*, und The New Encyclopædia Britannica, 15. Aufl., Bd. X, S. 64 s. v. *Rif War*; auch schon Ch. Julien, *Histoire de l'Afrique du Nord* (Paris 1931), S. 740. Ich weiß nicht mehr, wo ich den Hinweis auf den Gaskrieg gefunden habe. Abdelkrim wurde im Maġrib berühmt wegen seines Sieges über die Spanier 1921 bei Anwāl. Ob er je von Dschihad gesprochen hat, entzieht sich meiner Kenntnis.[389]

Hauptteil. Vierter Abschnitt: Die Moderne

Als die Reformer das koranische Belegmaterial umschichteten, um den Dschihad zu entschärfen, verstießen sie gegen dessen historische Reihenfolge;[390] sie beriefen sich auf die Frühphase von Muhammads Wirken, als der Prophet noch zur Vorsicht hatte raten müssen. Das machte solange nichts aus, als man den Koran als überzeitliches Dokument einer göttlichen Botschaft nahm, die seit jeher im Himmel verwahrt gewesen war. Dem stand aber entgegen, daß der Koran nach ebenso unverbrüchlicher Ansicht „stückweise" geoffenbart worden war; die Prophetenbiographie wurde von dieser Annahme her konzipiert, und die Reformer hatten sich selber darauf berufen, indem sie den „Schwertvers" historisch einzugrenzen versuchten. Sure 9:5, um die es da ging,[391] war nach breitem Konsens Bestandteil einer Pro-

389 Eine Übersicht über die Dschihad-Bewegungen seit dem 19. Jh. bietet schon Peters, *Islam and Colonialism*, S. 39 ff.

390 Peters, *Islam and Colonialism*, S. 132.

391 Vgl. EQ III, S. 40a. Der Vers lautet: „Und wenn nun die heiligen Monate abgelaufen sind, dann tötet die Heiden, wo (immer) ihr sie findet, greift sie, umzingelt sie und lauert ihnen überall auf! Wenn sie sich aber bekehren, das Gebet verrichten und die Almosensteuer geben, dann laßt sie ihres Weges ziehen!" Ähnlichen Charakter hatte Sure 2:216, die manchmal im selben Zusammenhang zitiert wird: „Euch ist vorgeschrieben, zu kämpfen, obwohl es euch zuwider ist. Aber vielleicht ist euch etwas zuwider, während es gut für euch ist, und vielleicht liebt ihr etwas, während es schlecht für euch ist.

klamation, die Muhammad bei seiner Wallfahrt im Jahre 630, also kurz vor seinem Tode, in Mekka vorgetragen hatte; selbst die europäische Orientalistik hatte gegen diese Datierung wenig einzuwenden.[392] Die Juristen hatten seit jeher die Diskrepanz zwischen ewiger Geltung und historischer Gebundenheit auszugleichen versucht. Šāfiʿī (gest. 204/820) hatte von „Darlegung, Verdeutlichung“ *(bayān)* gesprochen, wenn es darum ging, den Fortgang der Offenbarung zu erklären, Ibn Ḥazm (gest. 456/1064) von „Spezifizierung“ *(taḫṣīṣ)*.[393] Das verfing aber nur, solange die Entwicklung geradlinig verlief. Wenn dagegen die Stellen sich zu sehr widersprachen, mußte man zum Instrument der Abrogation *(nasḫ)* greifen.[394] Das war ein harter Schnitt; man mußte dazu sich darauf einlassen, daß Gott seine Meinung ändern könne. Außerdem brauchte man eine relative Chronologie der Suren und Verse. Das ließ sich erreichen, indem man den Korantext an die Biographie des Propheten band. Die relative Chronologie verwandelte sich dadurch in eine absolute; aber die Einheit der Suren wurde aus demselben Grunde häufig zerstört.

Beides, die Herstellung einer internen koranischen Chronologie und das juristische Konstrukt einer Selbstkorrektur der Heiligen Schrift, ist vermutlich sehr früh anzusetzen. Denn das damit verbundene theologische Problem ließ sich nur ertragen, solange man noch glaubte, daß Gott kein Vorherwissen gehabt habe. Diese Ansicht findet sich bei Theologen der ersten zwei Jahrhunderte des Islams,

---

Gott weiß Bescheid, ihr aber nicht.“ Viel Aufsehen hat unter Orientalisten auch der Vers 9:29 gefunden, aber vornehmlich wegen seiner philologischen Cruces; dazu oben Anm. 261. In Sure 9 wird anfangs (Vers 1) offenbar ein früheres Stillhalteabkommen aufgekündigt, vielleicht das von Ḥudaibiya. Zur Interpretation ist unbedingt Paret, *Der Koran. Kommentar*, S. 193 ff., zu vergleichen.

392 Richard Bell, der sich eingehend zu Sure 9:1–37 geäußert hat (*Muhammad's Pilgrimage Proclamation*, in: JRAS 69.2 [1937], S. 233–244), denkt an eine Kontamination zweier Dokumente; einige Verse, die sich auf das Abkommen von Ḥudaibiya beziehen, gehören in die Zeit vor der Eroberung Mekkas, andere sind später. Aber der zeitliche Unterschied ist nicht groß, und Vers 5 wird ohnehin in die zweite Gruppe verwiesen.

393 B. Krawietz, *Hierarchie der Rechtsquellen im tradierten sunnitischen Islam* (Berlin 2002), S. 161.

394 Zur Rolle dieses Konstrukts in der Dschihad-Diskussion vgl. Peters, *Islam and Colonialism*, S. 13 ff.

außerhalb der Mu'tazila: bei Ǧahm b. Ṣafwān z. B. (hingerichtet 128/746)[395] oder den Šī'iten Zurāra b. A'yan (gest. 148/765) und Hišām b. al-Ḥakam (gest. vermutlich 179/795).[396] Das hieß nicht, daß Gott sich irrte; er lenkte vielmehr die Geschicke und das Denken seiner Gemeinde, indem er aus dem Augenblick heraus reagierte. Es hieß auch nicht, daß Gott nicht an die Zukunft gedacht hätte; aber er kannte sie nicht. Und er konnte sie nicht kennen, weil es sie nicht gab. Denn zwar weiß er, wie der Koran sagte, „alle Dinge" *(kull šai')*; aber was noch in der Zukunft hängt, ist kein „Ding" oder „etwas", es ist vielmehr nichts. Zu dieser frühen Einordnung der Abrogationslehre paßt, daß sie bereits in verhältnismäßig alten Texten begegnet: bei dem Ḫāriǧiten Sālim b. Ḏakwān,[397] bei dem Philologen Abū 'Ubaid (gest. 224/838),[398] bei dem Mystiker und Theologen Ḥāriṯ al-Muḥāsibī (gest. 243/857).[399]

Vorläufig ist dies alles freilich nur eine Hypothese. Aber für die Beurteilung des 19. Jahrhunderts ist das frühe Datum ohnehin irrelevant. Es würde nur erklären, warum die Vorstellung von der Abrogation so tief verwurzelt war und sich so schwer aus dem Weg räumen ließ. Als man mit dem Begriff zu operieren begann, war das islami-

---

395 J. van Ess, *Theologie und Gesellschaft* II, S. 498 f.

396 J. van Ess, *Theologie und Gesellschaft* I, S. 329 und 373; allg. dazu ibid. IV, S. 439 f. und Index IV, S. 1051b, s. v. *Gott.*

397 *Sīrat Sālim b. Ḏakwān*, ed. P. Crone / F. Zimmermann, *The Epistle of Sālim ibn Dhakwān* (Oxford 2001), S. 67 f. (Z. 252 f.).

398 Sein *Kitāb an-Nāsiḫ wal-mansūḫ* ist herausgegeben von J. Burton, Cambridge 1987. Es hat einen kurzen theoretischen Vorspann; das Hauptgewicht liegt jedoch auf der Behandlung der koranischen Beispiele.

399 Bei ihm ist die Theorie voll entwickelt (van Ess, *Theologie und Gesellschaft* IV, S. 203 f.) Zu den genannten Autoren auch Ch. Melchert, *Qur'ānic Abrogation Across the Ninth Century*, in: B. G. Weiss (ed.), *Studies in Islamic Legal Theory* (Leiden 2002), S. 75 ff. Burton geht in seinen beiden Büchern *The Collection of the Qur'ān* (Cambridge 1977) und *The Sources of Islamic Law. Islamic theories of abrogation* (Edinburgh 1990) die Sache eher vom Ende her an (Suyūṭī). Allgemein vgl. EI² VII, S. 1009 ff. (J. Burton), *Theologie und Gesellschaft* IV, S. 646 f. und jetzt mein *Der Eine und das Andere*, S. 536, Anm. 150; mit Bezug auf den „Schwertvers" van Ess, *Fehltritt*, S. 163. Muḥāsibī berichtet übrigens, daß manche frühe Rechtsgelehrte auch das heute so sakrosankte „Es gibt keinen Zwang in der Religion" von Sure 2:256 als durch den „Schwertvers" abrogiert angesehen hätten (*Kitāb Fahm al-Qur'ān*, ed. Ḥusain al-Qūwatlī, Beirut 1971, S. 426, 9 ff.).

sche Recht noch nicht voll ausgebildet; später war es dann kaum noch davon zu lösen. Als Maḥmūd Muḥammad Ṭāhā (geb. 1909) im Sudan die reformerische Umpolung auf die Spitze trieb und die These aufstellte, daß die medinensische „Botschaft" durch die ihr vorausgehende mekkanische abrogiert worden sei, wurde er wegen Apostasie hingerichtet (1985). Ihm ging es allerdings nicht um den Dschihad; er hielt vielmehr die in den frühen Suren geäußerten Ideen für unvergänglich, die medinensischen Einzelvorschriften hingegen für zeitgebunden.[400] Daß in der Lehre vom Dschihad das Pendel wieder zurückschlug, lag nicht so sehr an der inneren Unstimmigkeit des reformerischen Ansatzes wie an den Zeitumständen. In den politischen Turbulenzen des 20. Jahrhunderts wurde die Selbstverteidigung zum Regelfall, nur daß es nicht mehr die Religion zu verteidigen und von Unterdrückung zu befreien galt, sondern die „Nation" bzw. die völkische Identität. Das war dann auch nicht mehr eine Sache juristischer Debatten oder Fatwas, sondern persönlichen politischen „Einsatzes". Die Juristen verloren weitgehend ihre Deutungshoheit; an ihre Stelle traten politische Programme. Der Dschihad wurde damit säkularisiert; er gab sich revolutionär. Angestrebt war der Volkskrieg, die *levée en masse* wie bei der Intifada, wo das Volk „sich schüttelt" *(intafaḍa)* wie ein Tier, das zum Sprung ansetzt. Der Koran wurde ideologisch neu ausgelegt, im Sinne einer heroischen Sicht auf ein goldenes Zeitalter, nämlich das der Urgemeinde; die nachkoranische Vorstellung, daß der Dschihad (abgesehen vom Verteidigungsfall) nur *farḍ kifāya* sei, die schon bei Saiyid Aḥmad Khān keine Rolle mehr gespielt hatte, wurde nun völlig aus dem Verkehr gezogen. Aber die Leute um Aḥmad Khān hatten der gebildeten Mittelschicht angehört; moderne Fundamentalisten dagegen gehen häufig aus der Unterschicht hervor. Da jeder Muslim sich wieder als Einzelner angesprochen fühlen sollte, ohne Ansehen der Person, erschienen schließlich sogar die Frauen als

---

400 Vgl. EI² X, S. 96 f., s. n. (A. Oevermann); auch The Oxford Encyclopedia of the Modern Islamic World III, S. 429 f., s. v. *Republican Brothers* (P. J. Magnarella). Aḥmad Khān hatte die Abrogation völlig abgelehnt (Aziz Ahmad, *Islamic Modernism*, S. 43 und 45; dazu Ernest Hahn, *Sir Sayyid Aḥmad Khān's The Controversy over Abrogation [in the Qur'ān]. An Annotated Translation*, in: The Muslim World 64 [1974], S. 124–133); sie widersprach seiner Vorstellung von der Authentizität der göttlichen Rede. Maḥmūd Ṭāhā hat sich über die Tragweite des Begriffes vermutlich wenig Gedanken gemacht.

selbständige Akteure auf der Bildfläche – völlig emanzipiert, nicht nur als Krankenschwestern, sondern als „Märtyrerinnen".[401]

Die *umma*, also die Gemeinschaft aller Muslime, trat gegenüber der Nation zurück. Regionale Unterschiede, die es beim Dschihad immer schon gegeben hatte, verwandelten sich in staatliche Eigenwege. So geschah es, daß der Dschihad in der Weite der islamischen Welt während des 20. Jahrhunderts unterschiedlichen Entwicklungen unterworfen war. Folgende Muster sind zu beobachten:

a) Er äußert sich weiterhin als Kampf gegen die Kolonialmächte. Als in Afghanistan 1919 der „König" Amānullāh die Regierung übernahm, legitimierte er sich durch einen Dschihad gegen die Briten. Als gegen Ende des Jahrhundert die Russen in Afghanistan eindrangen, nannten die Widerstandskämpfer sich wiederum *muǧāhidūn*, obgleich sie jetzt von anderen „Ungläubigen", nämlich den USA, finanziert wurden.[402] Auch der Algerienkrieg und die palästinensische Befreiungsbewegung sind dieser Richtung zuzuordnen.[403]

b) Die neue Türkei sagte sich nach umfassender Säkularisierung gänzlich vom Dschihadgedanken los; seit 1914 ist dort der Dschihad

---

401 Es ist nicht nötig, hier auf Sekundärliteratur zu verweisen; die Zeitungen sind voll von Nachrichten dieser Art. Ḥadīṯe über Frauen, die sich am Dschihad beteiligten, bei Peters, *Jihad*, S. 16 f.; vgl. auch Cook, *Understanding Jihad*, S. 17, und idem, *Martyrdom in* Islam, S. 34. Die Juristen allerdings hoben darauf ab, daß die Frauen vom Kampf befreit seien (so etwa Ibn Abī Zaid al-Qairawānī, ed. von Bredow, *Der Heilige Krieg*, S. 28, 7 ff.); eine heutige Stellungnahme bei Ḫair Haikal, *Al-Ǧihād wal-qitāl* II, S. 1013 ff.

402 Vgl. EI² VII, S. 291 f., s. v. *Mudjāhid* (J. J. G. Jansen); zu Amānullāh EI² XII, S. 65 f., s. v. *Amān Allāh* (M. E. Yapp). Die Ereignisse von 1919 werden als der „Dritte Afghanische Krieg" bezeichnet.

403 In Algerien wehrte man sich von Anfang an gegen die europäischen Eindringlinge; schon der Vater des Amir ʿAbdalqādir führte einen Dschihad gegen die französischen Truppen. Der Sohn (1808–1883) griff das dann auf (vgl. The Oxford Encyclopedia of the Modern Islamic World I, S. 3 f.; auch EI² I, S. 67 f.). Beide Seiten wurden durch Fatwas unterstützt (L. Mercier in seiner Übersetzung des Ibn Huḏail, *La Parure des Cavaliers*, S. 78 ff.). Ausführlicher dazu Peters, *Islam and Colonialism*, S. 53; auch EI² I, S. 67 f., und jetzt The Oxford Encyclopedia of the Modern Islamic World I, S. 3 f. Aḥmad Khān war schockiert, als er auf seiner Reise nach England in Frankreich ein Gemälde sah, auf dem dargestellt war, wie ʿAbdalqādirs Harem von französischen Soldaten vergewaltigt wurde (Ahmad, *Islamic Modernism*, S. 35). Das „Orientalism" der damaligen Zeit hatte in der Tat einen eigenartigen Geschmack. – Zu Palästina siehe unten S. 123 f.

nicht mehr vom Staat ausgerufen worden. Atatürk verwarf auch die Großmachtpläne, die Enver Paşa in Zentralasien verfochten hatte.[404]

c) Der Dschihad wird entmilitarisiert und metaphorisch umgedeutet, z. B. als *ǧihād at-tarbiya* „Erziehungseinsatz" in Form von Alphabetisierungskampagnen oder Bildungsprogrammen.[405] Eine interessante arbeitsrechtliche Variante dazu bietet das oben auf S. 21 f. geschilderte Vorgehen Bourguibas in Tunesien. Das Fatwa, das er von seinen Juristen ausarbeiten ließ, ging völlig neue und aus konservativer Sicht krumme Wege.[406] Es ist in keinem andern islamischen Land übernommen worden.[407] In der Tat hatte der Dschihad in allzu durchsichtiger Art für ein säkulares Anliegen herhalten müssen, und Bourguiba stand ohnehin im Verdacht, dem französischen Laizismus anzuhängen.

d) In Ägypten entstand, ausgehend von den „Muslimbrüdern", ein militanter Dschihad, der sich nach innen richtete. Er löste dann den nasseristischen Sozialismus ab, wo ebenfalls versucht worden war, die ägyptische Gesellschaft zu verändern; der Konflikt mit den Muslimbrüdern war damals schon ausgebrochen. Diese verstanden den Dschihad individualistisch, als Pflicht des Einzelnen; der Staat konnte ihnen darum als „ungläubig" erscheinen. Die Vorgänge selber sind weitgehend bekannt; Material dazu findet sich bei Peters, *Islam and*

---

404 Auch Ṣaddām Ḥusain hätte gut daran getan, gegen den „Westen" nicht gerade den Dschihad auszurufen; er vertrat ja einen sozialistischen Staat, in dem religiöse Ideologien verboten waren. In der Tat brachte ihm die Aktion nichts ein. In seinem (vom „Westen" unterstützten) Angriffskrieg gegen Iran hatte er ein nationales Symbol aufgebaut: Qādisīya, die Schlacht, in der die Araber das Sasanidenreich zerstörten. Das Qādisīya-„Museum" stand beziehungsvollerweise gegenüber dem Tāq-i Kisrā, der sasanidischen Thronhalle auf dem Boden des alten Ktesiphon.

405 Peters, *Islam and Colonialism*, S. 118 f.; *Jihad*, S. 116 f. Der Gedanke findet sich schon in Indien, bei ʿUbaidallāh Sindhī in der ersten Hälfte des 20. Jahrhunderts. Dieser war als Sikh zum Islam konvertiert und brachte die kriegerische Haltung seiner Ursprungsgemeinde mit ein; darum bejahte er im Prinzip den Dschihad, interpretierte ihn aber im Sinne einer sozialrevolutionären Tat (Ahmad, *Islamic Modernism*, S. 198 f.).

406 Dazu Jochen Gentz, *Tunesische Fatwās über das Fasten im Ramaḍān*, in: Die Welt des Islams 7 (1962), S. 39–66.

407 Ein gewisser Parallelfall ist allerdings das kürzlich ergangene Fatwa der Azhar, wonach Fußballspieler während ihrer Kampfzeit nicht zu fasten brauchen.

Colonialism, S. 157, sowie idem, *Jihad*, S. 149 ff., und vor allem bei Gilles Kepel, *Le Prophète et Pharaon* (Paris 1984), wo die von mir referierte Argumentation (oben S. 22) schon im Titel aufscheint. Die Programmschrift, auf die die Mörder Sadats sich beriefen, hieß *al-Farīḍa al-ġāʾiba*, „Das verborgene Gebot" oder „Die vernachlässigte Pflicht"; gemeint war der Dschihad.[408]

Die Entwicklung in Palästina ist dabei wegen ihrer internationalen Verflechtung von besonderer Brisanz. Hier kam es 1948 zur Ausrufung eines neuen Staates, dessen Gründung internationale Zustimmung fand (auf dem Weg über die gerade erst in die Existenz getretenen Vereinten Nationen), der jedoch, da seine Bevölkerung großenteils aus rezenten Einwanderern bestand, von den heimischen arabischen Bewohnern des Landes bis heute als „Kolonie" empfunden wird. Wichtig ist zudem, daß der Staat sich auf religiöser Grundlage formierte, mochte diese auch noch so sehr „völkisch" interpretiert werden.[409] Vor der Staatsgründung, als noch die Briten Palästina verwalteten, hatte der muslimische Widerstand gegen die jüdische Einwanderung, der nach 1920 allmählich Gestalt annahm, die Parole ausgerufen, daß „die Religion Muhammads sich mit dem Schwert

---

408 Übersetzt von J. J. G. Jansen, *The Neglected Duty* (London u. a. 1986). Näher dazu Peters, *Jihad*, S. 161 ff., und Cook, *Understanding Jihad*, S. 107 ff.; das Pamphlet wurde von dem damaligen Šaiḫ al-Azhar, Ǧādalḥaqq, ordnungsgemäß widerlegt. Sadat hatte übrigens dem Dschihad seine Reverenz erwiesen, indem er den Oktober- oder „Yom Kippur"-Krieg (1973) „Operation Badr" nannte (so wie seine Gegner 1948 die Vertreibung der arabischen Bevölkerung von Baisān/Bētšeʾān als „Operation Gideon" bezeichnet hatten; vgl. B. Morris, *The birth of the Palestinian refugee problem* [Cambridge 1987], S. 105 ff.).

409 Selbst die westliche Presse spricht ja manchmal noch von dem „Judenstaat". Die „Volkwerdung" wird von den Arabern leicht mit dem Vorwurf des „Rassismus" bedacht. Sie ist im übrigen auch manchen europäischen Juden zum Problem geworden. Beachtenswert sind in diesem Zusammenhang die Veröffentlichungen des französischen Marxisten und Orientalisten Maxime Rodinson, der Atheist war und das Judentum als Religion hinter sich gelassen hatte, nach 1948 aber feststellen mußte, daß er zum „Volk" wieder dazugehörte (als potentieller Bürger des Staates Israel) und aus dieser völkischen Verklammerung (im Gegensatz zu der religiösen) auch nicht herauskonnte; vgl. *Peuple juif ou problème juif ?* (Paris 1981, ²1997). Er handelte sich damit den Vorwurf ein, ein „Antisemit" zu sein. In Deutschland sind seine Aufsätze nicht rezipiert worden.

erhoben“ habe *(dīn Muḥammad qām bis-saif).*[410] Die PLO dagegen war später eine säkulare Bewegung, weil sie arabische Christen und arabische Muslime in sich vereinte; ihr Ziel war primär die Gründung eines eigenen Staates. Von Dschihad hat man in ihr nicht gesprochen; die „Freiheitskämpfer“ waren nicht *muǧāhidūn*, sondern *fidāʾīyūn*, d. h. Männer, die ihr „Leben hingaben“ für das Vaterland. Erst nachdem es gelungen war, die Hamas gegen die PLO zu lancieren, trat das religiöse Element wieder in den Vordergrund; in der Charta der Hamas wird der Dschihad als eine Pflicht für alle Muslime vorgestellt.[411] Aber das Ziel dieses Dschihad ist nicht die Ausbreitung des Islams, sondern die Rückgewinnung weggenommenen und ehemals von Muslimen besiedelten Landes *(al-arḍ).*[412] Es handelt sich um eine ideologische Reaktion auf die israelische Landnahme, die ihrerseits aus dem Alten Testament begründet wird.[413]

Der „11. September“ (engl. „Nine-eleven“) hat dazu geführt, daß aus dem internationalen Interesse am „Palästina-Problem“ ein Kampf gegen den „globalen Terrorismus“ geworden ist.[414] Was man unter Letzterem versteht, harrt immer noch einer genaueren Definition. Verglichen mit dem Nahostkonflikt handelt es sich bei dem New Yorker Ereignis um eine weltgeschichtliche Nebensächlichkeit, die allerdings, hierin dem Attentat von Sarajevo sehr ähnlich, die Rationalität der westlichen Welt vorübergehend außer Kraft gesetzt hat. Der Wissenschaft bleibt vorläufig nur, die Vorgeschichte aufzuarbeiten.[415]

---

410 Peters, *Islam and Colonialism*, S. 99.

411 Art. 15. Vgl. die Übersetzung bei Andreas Meier, *Der politische Auftrag des Islam* (Wuppertal 1994), S. 391, und Yonah Alexander, *Palestinian Religious Terrorism* (Ardsley, NY 2002), S. 56.

412 Alexander, *Palestinian Religious Terrorism*, S. 48 (Präambel), und Meier, *Der politische Auftrag*, S. 390 / Alexander, *Palestinian Religious Terrorism*, S. 53 (Art. 11). Wichtig ist dabei der Gedanke, daß Palästina den Muslimen als ewiges *waqf* zu eigen gegeben sei.

413 Die palästinensische Begründung ist ebenso alles andere als neu. Schon der armenische Chronist Sebeos (7. Jh.), eine unserer ältesten Quellen über den Islam, sieht Muhammads Lehre darin, daß das Hl. Land den Nachkommen Abrahams, also den Muslimen gehöre (*The Armenian history attributed to Sebeos. Part I: Transl. by R. W. Thomson*. Liverpool 1999, S. 95 ff.).

414 Dazu Cook, *Understanding Jihad*, S. 128 ff.

415 Zum Thema auch St. Wild, *Koran, Dschihad und Moderne*, ein Vortrag zur Eröffnung eines Berliner Projektes „Europa im Nahen Osten, Naher Osten in

Als weiteres Beispiel sei hier nur noch Tschetschenien angeführt. Denn auch dort hatte es schon einmal einen Freiheitskampf gegeben, den des Šāmil (1796–1871, geboren als Avare in Daghestan, gestorben in Medina), der zwischen 1834 und 1859 gegen die russische Besetzung der durch Sufi-Bruderschaften islamisierten Kaukasusregionen kämpfte.[416] Šāmil war von seinem Lehrer Qāḍī Muḥammad (= Kazi Magoma), einem Naqšbandī-Sufi, in die Lehre vom Dschihad eingeführt worden; wie dieser stand er einem reformerischen Zweig der Naqšbandīya nahe, nämlich der von dem Inder Aḥmad Sirhindī (gest. 1624) gegründeten „Erneuerungsbewegung" (Muğaddidīya).[417] Da er sich lange gegen die Russen behaupten konnte, läßt sich an seiner Herrschaft recht gut studieren, wie ein „Jihad State" funktionierte.[418] Später hatte er bei russischen Schriftstellern das Image eines „edlen Wilden". In Deutschland schrieb schon Friedrich Bodenstedt (1819–1892) über ihn.[419] Mit Bezug auf die heutigen Aufstandsbewegungen umgeht man in Rußland allerdings die Erinnerung an Šāmil, indem man von „Wahhabiten" spricht und damit insinuiert, daß es sich nicht um eine nationale Tradition, sondern um geldgesteuerten Fremdeinfluß handele.[420]

Europa" (Berlin-Brandenburgische Akademie der Wissenschaften, Jahrbuch 2006, S. 230–241).

416 Vgl. den ausführlichen Artikel in EI² IX, S. 283 ff., s. n. (A. Knysh); dazu Cook, *Understanding Jihad*, S. 84 ff., und jetzt vor allem die Dissertation von Clemens P. Sidorko, *Dschihad im Kaukasus. Antikolonialer Widerstand der Dagestaner und Tschetschenen gegen das Zarenreich (18. Jahrhundert bis 1859)*, Wiesbaden 2007 (zu Šāmil dort vor allem S. 183 ff.). Der Name erscheint nicht immer unter der gleichen Form; in Rußland ist eher Šamīl gebräuchlich. Zugrunde liegt Šāmāʾīl = Samuel.

417 Sie trat im Kaukasus als Ḫālidīya auf, die von dem Kurden Ḍiyāʾaddīn Ḫālid as-Suhrawardī (gest. 1827) gegründet worden war; vgl. EI² VII, S. 935b und 936 f., s. v. *Nakshbandiyya*, und A. Popović / G. Veinstein (edd.), *Les Voies d'Allah* (Paris 1996), S. 454 ff. (Th. Zarcone).

418 Dazu Sidorko, *Dschihad im Kaukasus*, S. 266 ff.

419 *Die Völker des Kaukasus und ihre Freiheitskämpfe gegen die Russen* (Frankfurt 1848). Bodenstedt wurde vor allem als Übersetzer der *Lieder des Mirza-Schaffy* bekannt (Berlin 1851); zu dem azerbaidschanischen Dichter Mīrzā Šafīʿ Wāḍiḥ Tabrīzī (1794–1852) vgl. EI² XII, S. 621, s. n. (T. Atabaki).

420 Auch in Indien gab es nach der Mutiny schon die sog. „Wahhabi trials" (s. o. Anm. 362); W. W. Hunter ging in seinem Buch *The Indian Musalmans* 1871 näher auf sie ein (dort S. 47 ff.).

S. 23: Der Islam wird bei Weber als „Kriegerreligion“ bezeichnet in *Wirtschaft und Gesellschaft* (ed. J. Winckelmann, 5., rev. Auflage Tübingen 1976), S. 228 f. und 375 f.; gemeint ist, daß der Krieger der Idealtypus des Muslims sei. Die These wird kritisiert bei B. S. Turner, *Weber and Islam. A critical study* (London 1974),[421] und in den Beiträgen bei W. Schluchter (ed.), *Max Webers Sicht des Islams* (Frankfurt am Main 1987). Schluchter selber hat sie in seiner Einleitung zurückgenommen.[422] Wenn man von einem Idealtypus sprechen will, so müßte für den Islam aufs Ganze gesehen wohl der Händler an die Stelle des Kriegers treten, wie auch beim Judentum. Islamische Kaufleute kamen schon sehr früh nach Indien, Indonesien und China; in Sind am unteren Lauf des Indus und in Kanton gab es seit dem 2./8. Jahrhundert islamische Gemeinden. Nur Sind war in militärischer Expansion erreicht worden, also vielleicht aufgrund eines Dschihad; China dagegen war dazu viel zu weit weg.[423] An beiden Orten verdankten die muslimischen Gemeinden wohl eher alten Handelsverbindungen ihre Existenz, vor allem zu Basra und dem Irak; sie saßen auf früheren jüdischen und christlichen „Kolonien“ auf, in deren Kontoren verwandtschaftliche und landsmannschaftliche Beziehungen eine wichtige Rolle spielten.

Wenn allerdings heutige Muslime ihre Friedfertigkeit damit beweisen wollen, daß sie „Islam“ mit „Frieden machen“ übersetzen, so ist dies ein bloßes Sprachspiel und zudem eine ganz junge Entwicklung. Die Situation der Muslime in Europa ist ja im Augenblick der in Indien nach der „Mutiny“ recht ähnlich. Zwar ist im Arabischen *silm* der „Friede“ und *ḥubb as-silm* „Friedensliebe, Pazifismus“; *islām* ließe sich von daher theoretisch als „Frieden machen“ verstehen. Aber praktisch ist dies bis vor kurzem nie geschehen; zumindest ist es in einer „klassischen“ Quelle nicht zu belegen. Der Streit darüber, was *islām* und verwandte Formen im Koran bedeute, schwelt zwar immer noch;[424] aber mit dieser neuen Deutung, die uns vermutlich aus dem

---

421 S. 138–141; vgl. auch S. 34 ff. und 95.

422 S. 92 f.

423 Vgl. EI² IX, S. 632 ff., s. v. *Sind*, und S. 622, s. v. *Ṣīn*; auch EI² IV, S. 1024, s. v. *Khānfū* (= Kanton).

424 Vgl. H. Ringgren, *Islam, ʾaslama and muslim* (Uppsala 1949); jetzt Donner, *Muhammad and the Believers*, S. 57 f. und 71 f.

englischsprachigen Raum erreichte,[425] ist er gewiß nicht beizulegen. Andererseits steht es natürlich jedem Muslim frei, das Wort *islām* so zu verstehen, wie er dies für gut hält. Wenn sich die neue Interpretation durchsetzen sollte und wenn sie dann mehr ist als eine bloße apologetische Schutzbehauptung, wäre dies für die Dschihad-Diskussion von Belang. Religionen entwickeln sich häufig, indem sie gewisse Traditionen oder Schriftzeugnisse „vergessen"; das ist auch im Christentum immer wieder geschehen. Grundsätzlich gilt allerdings, daß wer sich darauf einläßt, damit rechnen muß, daß seine gut gemeinte Uminterpretation sich unter veränderten Bedingungen leicht wieder aushebeln läßt.

Dasselbe Phänomen ist unter Muslimen, die sich als friedfertige Bürger in ein westliches Staatswesen eingliedern wollen, auch noch an anderer Stelle zu beobachten. Dort hat nämlich auch die Rede vom *ǧihād akbar* eine Renaissance erlebt, jetzt allerdings mit dem Akzent, daß der „größere" Dschihad, auch *ǧihād an-nafs* oder *ǧihād aš-šaiṭān* genannt („Kampf gegen sich selbst" oder „Kampf gegen den Satan"), dem normalen Dschihad nicht nur überlegen sei, sondern ihn geradezu ausschließe. Auch das ist, wie wir sahen (S. 74 ff.), historisch gesehen falsch und trifft mit Recht auf „fundamentalistische" Kritik. Die beiden Arten des Dschihad hatten vielmehr nebeneinander Bestand gehabt; auch Sufis propagierten häufig den militanten Dschihad oder nahmen an ihm teil, ohne von einem *ǧihād akbar* zu träumen (allerdings auch ohne ihn auszuschließen). Ḥasan al-Bannāʾ (ermordet 1949), der Begründer der „Muslimbrüder" (Iḫwān al-Muslimūn), verwies darauf, daß das zugrundeliegende Prophetenwort ohnehin apokryph sei.[426] Darüber allerdings hatten die Mystiker und Asketen sich wenig Gedanken gemacht.

S. 24: Zur wörtlichen Bedeutung von *ǧihād* siehe oben S. 52, zur Wortbildung „Heiliger Krieg" die mehrfach zitierte Monographie von

---

425 „To make peace" ist im Englischen ja gebräuchlicher als im Deutschen „Frieden machen". Vertreten wird diese Etymologie von Kelsay, *Arguing the Just War in Islam*; E. Landau-Tasseron kritisiert dies mit Recht (*Is jihād comparable to just war?*, S. 536 f.; dort Anm. 2 auch weitere Literatur neben der Monographie von Ringgren).

426 Peters, *Jihad*, S. 116 und 118. Ḥasan al-Bannāʾ verfaßte eine *Risālat al-ǧihād*, die dort zitiert wird (S. 185, Anm. 39); zu ihm EI² I, S. 1018 f., s. n.

C. Colpe. „Heilig" heißt auf arabisch *muqaddas*; dieses Wort taucht aber in klassischen religiösen Texten kaum auf und wird auch heutzutage von arabischen Christen viel häufiger gebraucht als von Muslimen. Allerdings ist *al-Quds* der arabische Name für Jerusalem; das ist von der hebräischen Bezeichnung für das „Heiligtum" *(haq-qōdæš)*, also den Tempel, abgeleitet. In islamischen Texten wird das Bedeutungsfeld „heilig" normalerweise durch Ableitungen der Wurzel *ḥ-r-m* abgedeckt; vgl. etwa *ḥarām*, das dann eher „unverletzlich, unantastbar" heißt und meist ein Verbot oder Tabu umschreibt. *Ḥarām* ist etwas nicht nur, wenn es „heilig", sondern auch wenn es „unrein" ist. Die EI^2 enthält merkwürdigerweise keinen Eintrag zu diesem Wort; stattdessen findet sich dort das Lemma *Ḳadāsa* (von der Wurzel *q-d-s* wie in *muqaddas*), das als relativ junger Neologismus bezeichnet wird (EI^2 IV, S. 371: J. Chelhod). *Al-Ḥaram* ist ein heiliger Ort oder ein „Heiligtum", aber auch die „Ehefrau"; *al-ḥarīm* ist der „Harem". Zu hebr. *ḥēræm* siehe oben S. 56f. Allgemein zur Frage auch RGG^4 III, Sp. 1528–1539, s. v. *Heilig und profan.*

Ǧang-i muqaddas, im Persischen bzw. Urdu die wörtliche Entsprechung zu „Heiliger Krieg", wird in Indien gegen Ende des 19. Jahrhunderts gebraucht; Sanāʾullāh Amritsarī (gest. 1948) nimmt die Vokabel auf.[427] Es handelt sich um eine Lehnübersetzung aus engl. „holy war". Im Arabischen ist *ǧihād muqaddas* noch jünger.[428] Die europäische Wortverbindung erscheint zum ersten und lange Zeit einzigen Mal im alten Griechenland (ἱερὸς πόλεμος, s. o. S. 57). Ob die Deutschen sich daran erinnerten, als sie während der Befreiungskriege sich des gleichen Ausdrucks bedienten, weiß ich nicht. Der kurze Artikel in RGG^4 III, Sp. 1565, der sich mit der Frage befaßt (H.-R. Reuter), schließt sich an Colpe an; eine nähere Einzeluntersuchung ist mir nicht bekannt. „Heilig" berührte sich damals mit dem ebenfalls aus dem religiösen Vokabular übernommenen Modewort „erhaben"; hiermit wurde ein Begriff von Heiligkeit vorausgesetzt, dem jeglicher ethische oder moralische Bezug fehlte.[429] Die Wortgeschichte von „guerre sainte" im Französischen und „holy war" im Englischen liegt meines Wissens noch völlig im Dunkeln; man müßte die ganze Kolo-

427 Riexinger, *Sanāʾullāh Amritsarī*, S. 269.

428 Peters, *Islam and Colonialism*, S. 4 mit Anm. 12 > Colpe, Der „Heilige Krieg", S. 69.

429 Siehe oben S. 24 und 57.

nialliteratur durchsehen, wo denn auch Gespenster wie „Islamic peril“ oder „Panislamismus“[430] ihr Wesen treiben.

Zu *ḥarb* = „Krieg“ im normalen Sinne s. o. S. 60 und EI² III, S. 180 (M. Khadduri). Ibn Ḫaldūn betrachtete den Krieg als „integralen Bestandteil der menschlichen Gesellschaft“ (ibid. S. 181b); vgl. *Muqaddima*, übers. Abdesselam Cheddadi, *Le Livre des Exemples*, Bd. I (Paris 2002), S. 589 f.: « Les guerres et les différentes formes de combat existent depuis que Dieu a créé le monde ». Zu *ḥarb* läßt sich, anders als zu *ǧihād*, ein Plural bilden (s. o. S. 52).

S. 24 f.: Zum Selbstmord vgl. EI² III, S. 1246 ff., s. v. *Intiḥār* (F. Rosenthal); zu den Koranstellen ausführlich EQ V, S. 159 ff., s. v. *Suicide* (A. T. Karamustafa). Das Verbot liest man im allgemeinen aus Sure 4:29 heraus: „Und tötet nicht euch selber *(anfusakum)*!“. Jedoch wird man den Vers vermutlich anders übersetzen müssen: „Und tötet nicht einander!“[431] oder „Und bringt nicht eure eigenen Glaubensgenossen um!“; *anfusakum* hat „kollektive, nicht individuelle Bedeutung“.[432] Dennoch besteht kaum ein Zweifel, daß der Prophet ebenso wie die frühe Gemeinde den Selbstmord mißbilligten; die Belege dafür finden sich bloß eher im Ḥadīṯ als in der Schrift selber. Wie ein muslimischer Intellektueller zu dem westlichen Begriff des „Selbstmordattentäters“ steht, läßt sich aus einem Artikel des libanesischen Dichters und Zeitungsmannes Abbas Beydoun erkennen.[433] Der Opfergedanke wird allerdings durch das hemmungslose Märtyrertum unserer Tage pervertiert. Der Tod ist dann nur noch ein symbolischer Akt, mit dem die Aufmerksamkeit der Medien erzwungen werden soll. Das Märtyrertum, das an sich nur eine unvermeidliche Begleiterscheinung des Dschihad war, tritt dabei auf eine Weise in den Vordergrund, wie dies in der Geschichte kaum je der Fall war.[434] Es hilft

430 Dazu oben Anm. 44.

431 Khoury, *Der Koran* V, S. 80.

432 Paret, *Der Koran. Übersetzung*, S. 63; dazu *Der Koran. Kommentar*, S. 93.

433 *Terrorismus hat kein Gesicht – Rassismus verbirgt das seine*, in: Der Arabische Almanach 12.2 (2001), S. 3–8.

434 Vgl. dazu F. Pannewick, *Sinnvoller oder sinnloser Tod? Zur Heroisierung des Opfers in nahöstlichen Kulturen*, in: St. Conermann / S. von Hees (edd.), Islamwissenschaft als Kulturwissenschaft I: Historische Anthropologie. An-

freilich nicht, dagegen Sure 2:195 in Stellung zu bringen: „Und stürzt euch nicht ins Verderben!“, wie dies heute manchmal geschieht; denn auch dieser Satz ist mehrdeutig.[435]

Zu Irenäus Eibl-Eibesfeldt will und kann ich nichts Weiteres sagen. Gedacht hatte ich an seine Beobachtung, daß Tiere normalerweise nicht innerhalb ihrer Art töten. Wenn Menschen sich also gegenseitig töten, so ist dies kulturbedingt; der biologische Normenfilter wird überlagert von einem kulturellen Normenfilter. Das führt dann dazu, daß Menschen anderen Menschen die Menschlichkeit absprechen. Die gleichgültige Grausamkeit moderner Kriege würde sich so recht gut erklären – ebenso wie die der „Heiligen“ Kriege, für die man sonst meist die Religionen verantwortlich macht.[436] Man könnte natürlich auch im geisteswissenschaftlichen Rahmen bleiben und einmal nachfragen, ob es denn stimmt, daß Demokratien nicht gegeneinander Krieg führen, und wenn ja, ob dies etwas mit ihrer immanenten Friedfertigkeit zu tun hat. Aber auch damit würde ich meine Kompetenzen überschreiten. Vielleicht wird man sagen dürfen, daß der Dschihad heutzutage ein Krisenphänomen ist, in dem das Gewaltpotential, das den Religionen ebenso innewohnt wie ihren modernen Schwestern, den Ideologien, aktiviert wird. Er nimmt jene Stelle ein, die im westlichen Denken vom Widerstandsrecht ausgefüllt wird; Letzteres ist im Islam seit jeher nur schwach entwickelt gewesen.[437]

Carsten Colpe schloß seine Studie mit den Worten: „Damit ist der Krieg nicht mehr da. Vielleicht kann dann endlich der Friede faszi-

---

sätze und Möglichkeiten (Bonner Islamstudien, Bd. 4, Schenefeld 2007), S. 291–314.

435 Vgl. Paret, *Der Koran. Kommentar*, S. 40 f. Khoury übersetzt wörtlich: „Und streckt nicht eure Hände nach dem Verderben aus!“ (*Der Koran* II, S. 278 mit Kommentar S. 285).

436 Auf Eibl-Eibesfeldt beruft sich H. G. Kippenberg in seinem Grundsatzartikel *Heilige oorlogen. Godsdienstwetenschappelijke aspecten*. Ähnlich Burkhard Gladigow, *Homo publice necans. Kulturelle Bedingungen kollektiven Tötens*, in: Saeculum 37 (1986), S. 150–165, dort S. 152; auf S. 161 ff. auch zum „gerechten Krieg“.

437 Siehe oben S. 91. Allgemein jetzt Ch. Tomuschat, *Das Recht des Widerstands nach staatlichem Recht und Völkerrecht*, in: Über die Pflicht zum Ungehorsam gegenüber dem Staat (Göttingen 2007), S. 60 ff.; dort S. 85 ff. auch zum Fall Palästina.

nieren". Das bezog sich zwar auf eine Utopie, die Johannes Kepler vor knapp 400 Jahren in seiner „Neuen Astronomie" entwickelt hatte. Aber Colpe hielt das für aktuell; Anlaß für seine Studie war der sog. Zweite Golfkrieg (1991). Die neue aufbrechende Militanz des „Westens" erschreckte ihn.[438] Er notierte, daß die Tendenz, den Krieg zu heiligen, wieder steige,[439] und zog daraus für sich die Konsequenz: „Für den Krieg bedeutet dies, daß wir ihn abschaffen wollen".[440] Colpe ist am 24. November 2009 gestorben; seine Intention ist von den Nachgeborenen nicht aufgenommen worden.

---

438 So auch schon in der Vorarbeit *Zur Bezeichnung und Bezeugung des „Heiligen Krieges"* (Berliner Theologische Zeitschrift 1 [1984], S. 45 ff., und 2 [1985], S. 189 ff.). Dort werden, einige Jahre vor dem Golfkrieg, Khomeini und die USA als Beispiele herangezogen.

439 Colpe, *Der „Heilige Krieg"*, S. 45.

440 Ibid. S. 74.

Bibliographie

ʿAbbās, Iḥsān, *al-Ǧānib as-siyāsī min riḥlat Ibn ʿArabī ilā l-mašriq*, in: al-Abhath 16 (1963), S. 217 ff.

Abou El Fadl, Khaled, *Ahkam al-Bughat. Irregular Warfare and the Law of Rebellion in Islam*, in: James Turner Johnson / John Kelsay (edd.), *Cross, Crescent, and Sword. The Justification and Limitation of War in Western and Islamic Tradition*. New York 1990, S. 149 ff.

— *Rebellion and Violence in Islamic Law*. Cambridge 2001.

Abū Yūsuf, *Kitāb ar-Radd ʿalā siyar al-Auzāʿī*. Ed. Abū l-Wafāʾ al-Afġānī, Kairo 1957.

Adam, Volker, *Rußlandmuslime in Istanbul am Vorabend des Ersten Weltkrieges. Die Berichterstattung osmanischer Periodika über Rußland und Zentralasien*. Frankfurt 2002.

Aerts, Remigius Augustinus Michael, *De letterheren. Liberale cultuur in de negentiende eeuw: het tijdschrift De Gids*. Amsterdam 1997.

Ahmad, Aziz, *Islamic Modernism in India and Pakistan 1857–1964*. Oxford 1967.

— *Studies in Islamic Culture in the Indian Environment*. Oxford 1964.

Ahmad, Aziz / Grunebaum, Gustave Edmund von (edd.), *Muslim Self-Statement in India and Pakistan 1857–1958*, Wiesbaden 1970.

Aḥmad Khān, *Asbāb-i baġāwat-i Hind = The Causes of the Indian Revolt*. Benares 1858.

— *Loyal Muhammadans of India*. 3 Teile, Meerut 1860–1861.

— *Tārīḫ-i sarkašī-yi Biǧnaur*. Agra 1858.

Alexander, Yonah, *Palestinian Religious Terrorism: Hamas and Islamic Jihad*. Ardsley, NY 2002.

Anooshahr, Ali, *The Ghazi Sultans and the Frontiers of Islam. A comparative study of the medieval and early modern period*. London u. a. 2009.

Arberry, Arthur J., *The Koran Interpreted.* London 1955 (weitere Auflagen und Ausgaben: London1963, 1964; Oxford 1986, New York 1996).

Baljon, Johannes Marinus Simon, *The Reforms and Religious Ideas of Sir Sayyid Ahmad Khân.* Leiden 1949.

Baneth, David H., *Kitāb al-radd wa-'l-dalīl fi 'l-dīn al-dhalīl. The book of refutation and proof on the despised faith, by Judah Ha-Levi.* Jerusalem 1977.

Beck, Edmund, *Das christliche Mönchtum im Koran.* Helsinki 1946.

Becker, Carl Heinrich, *Deutschland und der Heilige Krieg*, in: Internationale Monatsschrift für Wissenschaft, Kunst und Technik 9 (1915), S. 631–662.

— *Deutschland und der Islam*, in: Ernst Jäckh (ed.), *Der deutsche Krieg.* Politische Flugschriften, Heft 3, Stuttgart/Berlin 1914.

— *Die Fetwa's des Schejch-ül-Islâm über die Erklärung des heiligen Krieges, nach dem Ṭanîn, Nummer 2119 vom 15. November 1914*, in: Der Islam 5 (1914), S. 391–393.

— *Islamstudien: vom Werden und Wesen der islamischen Welt*, 2 Bände, Leipzig 1924–1932.

— *Panislamismus*, in: Archiv für Religionswissenschaft 7 (1904), S. 169–192.

Die Bedeutung des Qurʾāns (= at-Tarǧama al-mufassara li-maʿāni l-Qurʾān al-karīm ilā l-luġa al-Almānīya). 5 Bände, 2., neu bearbeitete und verbesserte Auflage, München 1998.

Bell, Richard, *Muhammad's Pilgrimage Proclamation*, in: Journal of the Royal Asiatic Society (JRAS) 69.2 (1937), S. 233–244.

Bernard von Clairvaux, *De laude novae militiae ad milites Templi*, in: Patrologiae cursus completus, accurante J.-P. Migne, Series Latina, Bd. 182: *S. Bernardi abbatis primi Clarae-Vallensis opera omnia* 1, Paris 1854.

Beydoun, Abbas, *Terrorismus hat kein Gesicht – Rassismus verbirgt das seine*, in: Der Arabische Almanach 12.2 (2001), S. 3–8.

Biesterfeldt, Hans Hinrich, *Enno Littmann – Leben und Arbeit. Ein autobiographisches Fragment (1875–1904)*, in: Oriens 29/30 (1986), S. 1–101.

Blankinship, Khalid Yahya, *The End of the Jihād State. The Reign of Hishām Ibn ʿAbd al-Malik and the Collapse of the Umayyads.* Albany 1994.

Bodenstedt, Friedrich, *Die Lieder des Mirza-Schaffy, mit einem Prolog*. Berlin 1851.
— *Die Völker des Kaukasus und ihre Freiheitskämpfe gegen die Russen. Ein Beitrag zur neuesten Geschichte des Orients*. Frankfurt 1848.
Bonner, Michael, *Aristocratic Violence and Holy War. Studies in the Jihad and the Arab-Byzantine Frontier*. New Haven 1996.
— *Ja'ā'il and Holy War in early Islam*, in: Der Islam 68/1 (1991), S. 45–64.
— *Some Observations concerning the Early Development of Jihad on the Arab-Byzantine Frontier*, in: Studia Islamica 75 (1992), S. 5–31.
Bonwetsch, Nathanael (ed.), *Doctrina Iacobi nuper baptizati*. Berlin 1910.
Bosworth, C. Edmund, *The City of Tarsus and the Arab-Byzantine Frontiers in Early and Middle 'Abbāsid Times*, in: Oriens 33 (1992), S. 268–286.
Bredow, Mathias von, *Der Heilige Krieg (ǧihād) aus der Sicht der mālikitischen Rechtsschule [Ibn Abī Zaid al-Qairawānī: al-Ǧihād ḥasaba l-maḏhab al-Mālikī ma'a taḥqīq kitāb al-Ǧihād min kitāb an-Nawādir wa-z-ziyādāt]*. Stuttgart 1994.
Brockelmann, Carl, *Geschichte der arabischen Litteratur*. Zweite, den Supplementbänden angepasste Auflage, Bände I–II, Leiden 1943–1949. Supplementbände I–III, Leiden 1937–1942.
Brodersen, Kai, *Heilige oorlog en heilige vrede in de vroeg-Griekse geschiedenis*, in: Martin Gosman / Hans Bakker (edd.), *Heilige oorlogen. Een onderzoek naar historische en hedendaagse vormen van collectief religieus geweld*. Kampen 1991, S. 39 ff.
Brown, Daniel, *Rethinking Tradition in Modern Islamic Thought*. Cambridge 1996.
Brugman, Jan / Schröder, Frank, *Arabic Studies in the Netherlands*. Leiden 1979.
Brunschvig, Robert, *Études d'islamologie*. 2 Bände, Paris 1976.
Buhl, Frants, *Das Leben Muhammeds*. Deutsch von Hans Heinrich Schaeder, Leipzig 1930.
Burkert, Walter, *Krieg und Tod in der griechischen Polis*, in: Heinrich von Stietencron / Jörg Rüpke (edd.), *Töten im Krieg*. Freiburg im Breisgau 1995, S. 179–196.

Burton, John, *Abū ʿUbaid al-Qāsim b. Sallām's K. al-nāsikh wa-l-mansūkh. Edited with a commentary by John Burton*. Cambridge 1987.

— *The Collection of the Qurʾān*. Cambridge 1977.

— *The Sources of Islamic Law. Islamic theories of abrogation*. Edinburgh 1990.

Būṭī, Muḥammad Saʿīd Ramaḍān al-, *al-Ǧihād fī l-islām*. Beirut/Damaskus 1995 (frz. Übers.: *Le jihâd en Islam*. Damaskus 1996).

Canard, Marius, *La guerre sainte dans le monde islamique et dans le monde chrétien*, in: Revue Africaine 79.2 (1936), S. 605–623 (Reprint in: M. Canard, *Byzance et les musulmans du Proche Orient* [London 1973], nr. VIII).

— *Mutanabbî et la guerre byzantino-arabe*, in: idem, *Al-Mutanabbi. Recueil publié à l'occasion de son millénaire*. Beirut 1936, S. 99 ff. (Reprint in: M. Canard, *Byzance et les musulmans du Proche Orient* [London 1973], nr. VI).

— *Sayf al Daula. Recueil de textes rélatifs à l'émir Sayf al Daula le Hamdanide*. Algier 1934.

Cassel, David, *Der Kusari = Sēfer hak-Kûzārî / [aufgrund des in arab. Sprache verf. Originals von] Jehuda Halevi. Übers. ins Dt. und Einl. von David Cassel. Mit dem hebr. Text des Jehuda Ibn-Tibbon*. Zürich 1990.

Cheddadi, Abdesselam, *Le Livre des Exemples / Ibn Ḫaldūn. Texte traduit, présenté et annoté par Abdessesalm Cheddadi*. Band I: *Autobiographie, Muqaddima*. Paris 2002.

Cholidis, Nadja / Martin, Lutz (edd.), *Die geretteten Götter aus dem Palast vom Tell Halaf*. Begleitbuch zur Sonderausstellung des Vorderasiatischen Museums „Die geretteten Götter aus dem Palast vom Tell Halaf" vom 28.1. bis 14.8.2011 im Pergamonmuseum, für das Vorderasiatische Museum – Staatliche Museen zu Berlin hrsg. von Nadja Cholidis und Lutz Martin, Regensburg 2011.

Colpe, Carsten, *Der „Heilige Krieg". Benennung und Wirklichkeit, Begründung und Widerstreit*. Bodenheim 1994.

— *Zur Bezeichnung und Bezeugung des „Heiligen Krieges"*, in: Berliner Theologische Zeitschrift 1 (1984), S. 45 ff., und 2 (1985), S. 189 ff.

Conrad, Gerhard, *Die quḍāt Dimašq und der maḏhab al-Auzāʿī. Materialien zur syrischen Rechtsgeschichte*. Beiruter Texte und Studien (BTS) 46, Stuttgart 1994.

Cook, David, *Martyrdom in Islam*. Cambridge u. a. 2007.

— *Understanding Jihad*. Berkeley u. a. 2005.

Crone, Patricia / Cook, Michael, *Hagarism. The making of the Islamic world*. Cambridge 1977.

Crone, Patricia / Zimmermann, Fritz, *The Epistle of Sālim ibn Dhakwān*. Oxford u. a. 2001.

Cuypers, Michel, *The Banquet. A Reading of the Fifth Sura of the Qurʾan*. Miami 2009 [französisches Original: *Le Festin. Une lecture de la sourate al-Mâʾida*. Paris 2007].

Dajani-Shakeel, Hadia, *Jihād in twelfth-century Arabic poetry: a moral and religious force to counter the Crusades*, in: The Muslim World (MW) 66.2 (1976), S. 96–113.

Daniel, Norman, *The Arabs and Mediaeval Europe*. London 1975.

Dickson, William Edmund Ritchie, *East Persia. A backwater of the Great War*. London 1924.

Dictionary of Ibāḍī Terminology [Muʿǧam muṣṭalaḥāt al-Ibāḍīyā: al-ʿaqīda – al-fiqh – al-ḥaḍāra. Taʾlīf maǧmūʿa min al-bāḥiṯīn]. Masqaṭ 1429/2008.

Donner, Fred McGraw, *Fight for God – But Do So with Kindness. Reflections on War, Peace, and Communal Identity in Early Islam*, in: Kurt A. Raaflaub (ed.), *War and Peace in the Ancient World*. Malden, Mass. u. a. 2007, S. 297 ff.

— *Muhammad and the Believers. At the Origins of Islam*. Cambridge, Mass. 2010.

Drewes, Gerardus Willebordus Joannes, *Directions for Travellers on the Mystic Path. Zakariyyāʾ al-Anṣārī's Kitāb Fatḥ al-Raḥmān and its Indonesian Adaptations*. Den Haag 1977.

EEW = *Enzyklopädie Erster Weltkrieg*. Hrsg. von Gerhard Hirschfeld, Gerd Krumeich, Irina Renz, Paderborn 2003, ^{2}2004, aktualisierte und erweiterte Studienausgabe 2009 [erschienen 2008].

EI^{1} = *Enzyklopaedie des Islām: geographisches, ethnographisches und biographisches Wörterbuch der muhammedanischen Völker*. Hrsg. v. M. Th. Houtsma u. a., 4 Bände, Leiden 1913–1936, und Ergänzungsband, Leiden 1938.

EI^2 = *The Encyclopaedia of Islam, New Edition.* 11 Bände, Leiden 1960 (Erscheinungsbeginn 1954) bis 2002, und Supplementband, Leiden 2004.

Eicher, Peter, *Gottesfurcht und Menschenverachtung. Zur Kulturgeschichte der Demut*, in: Heinrich von Stietencron (ed.), *Angst und Gewalt. Ihre Präsenz und ihre Bewältigung in den Religionen.* Düsseldorf 1979, S. 111–136.

Einheitsübersetzung der Heiligen Schrift. Katholische Bibelanstalt, Stuttgart 1979.

EIran = *Encyclopaedia Iranica.* Ed. Ehsan Yarshater, London u. a. 1982–.

Elisséeff, Nikita, *Nūr ad-dīn. Un grand prince musulman de Syrie au temps des Croisades 511–569 H. / 1118–1174.* 3 Bände, Damaskus 1967.

(The New) Encyclopædia Britannica. 15. Aufl., Chicago 1985.

(The) Encyclopedia of Religion. Hrsg. von Mircea Eliade, 16 Bände, New York u. a. 1987.

(The) Encyclopedia of World War I. Hrsg. von Spencer C. Tucker, 5 Bände, Santa Barbara (California) 2005.

Ende, Werner, *Iraq in World War I. The Turks, the Germans and the Shiʿite Mujtahids' Call for Jihad*, in: Rudolph Peters (ed.), Proceedings of the Ninth Congress of the UEAI, Leiden 1981, S. 57 ff.

EQ = *Encyclopaedia of the Qurʾān.* Ed. Jane Dammen McAuliffe, 5 Bände und Indexband, Leiden u. a. 2001–2006.

Erdmann, Carl, *Die Entstehung des Kreuzzugsgedankens.* Stuttgart 1935.

Ess, Josef van, *Der Eine und das Andere. Beobachtungen an islamischen häresiographischen Texten.* 2 Bände, Berlin 2011.

— *Der Fehltritt des Gelehrten: Die „Pest von Emmaus" und ihre theologischen Nachspiele.* Heidelberg 2001.

— *Islam and the Axial Age*, in: Johann P. Arnason / Armando Salvatore / Georg Stauth (eds.), *Islam in process: historical and civilizational perspectives.* Yearbook of the Sociology of Islam 7, Bielefeld 2006, S. 220 ff.

— *Ketzer und Zweifler in den ersten Jahrhunderten des Islam*, in: Orden Pour le mérite für Wissenschaften und Künste, Reden und Gedenkworte, Bd. 38 (2009–2010), S. 103–129.

— *Sivan, L'Islam et la Croisade* [Rezension]. Zeitschrift des Deutschen Palästina-Vereins (ZDPV) 87 (1971), S. 219 f.

— *Theologie und Gesellschaft im 2. und 3. Jahrhundert Hidschra. Eine Geschichte des religiösen Denkens im frühen Islam.* 6 Bände, Berlin 1991–1997.

— *Zwischen Ḥadīṯ und Theologie. Studien zum Entstehen prädestinatianischer Überlieferung.* Berlin 1975.

Fagnan, Edmond, *Abū Yūsuf: Le Livre de l'impôt foncier (Kitâb El-Kharâdj). Traduit et annoté par E. Fagnan.* Paris 1921.

Fārisī, Muḥammadi / Ritter, Helmut (sic!), *Kriegsurkunden. 17. Fetwa des Scheich es-Saijid Hibet ed-Din esch-Schahrastani en-Nedschefi über die Freundschaft der Muslime mit den Deutschen. Mit Erläuterungen von Muḥammadi Fārisī. Aus dem Persischen übersetzt von Dr. Helmut Ritter*, in: Die Welt des Islams 4 (1917), S. 217–225.

Fierro, Maribel, *El proceso contra Abū ʿUmar al-Ṭalamankī a través de su vida y su obra*, in: Sharq al-Andalus 9 (1992), S. 93–127.

Firestone, Reuven, *Jihād. The Origin of Holy War in Islam.* Oxford 1999.

Fischer, Fritz, *Griff nach der Weltmacht: die Kriegszielpolitik des kaiserlichen Deutschland 1914/18.* 4. Auflage, Düsseldorf 1971.

Flasch, Kurt, *Die geistige Mobilmachung. Die deutschen Intellektuellen und der Erste Weltkrieg. Ein Versuch.* Berlin 2000.

Förstel, Karl, *Manuel II. Palaiologos, Dialoge mit einem Muslim.* Kommentierte griechisch-deutsche Textausgabe, 3 Bände, Corpus Islamo-Christianum, Series Graeca, Nr. 4, Würzburg 1993–1996.

Freedman, David Noel (ed.), *The Anchor Bible Dictionary.* 6 Bände, New York 1992.

Friedmann, Yohanan, *Tolerance and coercion in Islam: interfaith relations in the Muslim tradition.* Cambridge 2003.

GAL², s. Brockelmann.

Gardner, W. R. W., *Jihád*, in: The Muslim World (MW) 2.4 (1912), S. 347–357.

Ǧarrāḥ, Muḥammad Adīb al-, *Risālat al-ǧihād ʿalā fatwā ḫalīfatinā al-aʿẓam as-Sulṭān al-Ġāzī Muḥammad Rašād.* Mosul, Ninive-Druckerei, 1333 h. (= 1914/15).

GAS, s. Sezgin, Fuat.

Gentz, Jochen, *Tunesische Fatwās über das Fasten im Ramaḍān*, in: Die Welt des Islams 7 (1962), S. 39–66.

Geoffroy, Eric, *Djihâd et contemplation. Vie et enseignement d'un soufi au temps des croisades*. Paris 1997.

Gesenius, Wilhelm, *Hebräisches und aramäisches Handwörterbuch über das Alte Testament*. 18. Aufl., Berlin 1987–2010.

Ghalib, Mirza Asadullah Khan, *Dastanbuy. A diary of the Indian revolt of 1857*. Transl. from the orig. Persian with a critical introd., glossary and notes by Khwaja Ahmad Faruqi, Bombay u. a. 1970.

Gladigow, Burkhard, *Homo publice necans. Kulturelle Bedingungen kollektiven Tötens*, in: Saeculum 37 (1986), S. 150–165.

Goldziher, Ignaz, *Muhammedanische Studien*. 2 Bände, Halle 1888–1890.

Gramlich, Richard, *Die Gaben der Erkenntnisse des ʿUmar as-Suhrawardī*. Wiesbaden 1978.

Greschat, Martin (ed.), *Theologen des Protestantismus im 19. und 20. Jahrhundert*. 2 Bände, Stuttgart u. a. 1978.

Groß, Walter, *Keine „Heiligen Kriege" in Israel: Zur Rolle JHWH's in Kriegsdarstellungen der Bücher Jos bis 2Kön*, in: Andreas Holzem (ed.), *Krieg und Christentum. Religiöse Gewalttheorien in der Kriegserfahrung des Westens*. Paderborn 2009, S. 107–127.

Grothe, Hugo, *Deutschland, die Türkei und der Islam. Ein Beitrag zu den Grundlinien der deutschen Weltpolitik im islamischen Orient*. Zwischen Krieg und Frieden 4, Leipzig 1914.

Guichard, Pierre, *Les musulmans de Valence et la Reconquête (XIe–XIIIe siècles)*. 2 Bände, Damaskus 1990–1991.

Hagen, Gottfried, *German Herolds of Holy War. Orientalists and Applied Oriental Studies*. In: Comparative Studies of South Asia, Africa and the Middle East 24.2 (2004), S. 145–162.

— *Die Türkei im Ersten Weltkrieg. Flugblätter und Flugschriften in arabischer, persischer und osmanisch-türkischer Sprache aus einer Sammlung der Universitätsbibliothek Heidelberg*. Frankfurt am Main 1990.

Hahn, Ernest, *Sir Sayyid Aḥmad Khān's The Controversy over Abrogation (in the Qurʾān). An Annotated Translation*, in: The Muslim World 64 (1974), S. 124–133.

Ḫair Haikal, Muḥammad, *Al-Ǧihād wal-qitāl fī s-siyāsa aš-šarʿīya*. 3 Bände, Beirut 1993.

Ha-Levi, Judah: s. Baneth.

Hanisch, Ludmila, *Gelehrtenselbstverständnis, wissenschaftliche Rationalität und politische „Emotionen": Ein Nachtrag*, in: Die Welt des Islams 32/1 (1992), S. 107–123.

Hardy, Peter, *The Muslims of British India*. Cambridge 1972.

Hartmann, Martin, *Das Ultimatum des Panislamismus*, in: Das Freie Wort 11 (1911), S. 605–610.

Hatschek, Julius, *Der Musta'min. Ein Beitrag zum internationalen Privat- und Völkerrecht des islamischen Gesetzes*. Berlin u. a. 1919.

Heffening, Willi, *Das islamische Fremdenrecht bis zu den islamisch-fränkischen Staatsverträgen. Eine rechtshistorische Studie zum Fiqh*. Hannover 1925.

Heine, Peter, *Al-Ǧihād – Eine deutsche Propagandazeitung im 1. Weltkrieg*, in: Die Welt des Islams 20 (1980), S. 197–199.

— *C. Snouck Hurgronje versus C. H. Becker. Ein Beitrag zur Geschichte der angewandten Orientalistik*, in: Die Welt des Islams 23/24 (1984), S. 378–387.

— *Die „Nachrichtenstelle für den Orient" und die deutsche Öffentlichkeit*, in: Spektrum Iran 19.2 (2006), S. 8–13.

Hengel, Martin, *Gewalt und Gewaltlosigkeit. Zur „politischen Theologie" in neutestamentlicher Zeit*. Stuttgart 1971.

— *War Jesus Revolutionär?* Stuttgart 1970.

Hentig, Werner Otto von, *Ins verschlossene Land. Ein Kampf mit Mensch und Meile*. Potsdam 1928.

Hermansen, Marcia K., *The conclusive argument from God. Shāh Walī Allāh of Delhi's Ḥujjat Allāh al-Bāligha*. Leiden 1996.

Heywood, Colin, *A Subterranean History: Paul Wittek (1894–1978) and the Early Ottoman State*, in: Die Welt des Islams 38.3 (1998), S. 386–405.

Horovitz, Josef, *Koranische Untersuchungen*. Berlin 1926.

Hoyland, Robert G., *Seeing Islam as others saw it: a survey and evaluation of Christian, Jewish and Zoroastrian writings on early Islam*. Princeton 1997 (^{2}2001, ^{3}2007).

HThKAT = *Herders Theologischer Kommentar zum Alten Testament*. Hrsg. von Erich Zenger, voraussichtlich 56 Bände, Freiburg im Breisgau 1999–.

Hunter, William Wilson, *The Indian Musalmans. Are they bound in conscience to rebel against the Queen?* London 1871.

Ḥusrīya, ʿIzzat (ed.), *Šurūḥ Risālat aš-Šaiḫ Arslān.* Damaskus 1389/1969.

Ibn ʿAsākir, ʿAlī ibn al-Ḥasan, *Taʾrīḫ madīnat Dimašq.* Hrsg. von Ṣalāḥ ad-Dīn al-Munağğid, Damaskus 1951–1954.

Ibn Ḫaldūn: s. Cheddadi.

Ibn Ḥanbal, *al-Musnad.* 6 Bände, Kairo 1313/1895. Auch ed. Aḥmad Muḥammad Šākir, Kairo 1368/1949–.

Ibn Ḥauqal, Abū l-Qāsim Ibn ʿAlī, *Configuration de la terre (Kitāb Ṣūrat al-arḍ). Introd. et trad., avec index par Johannes H. Kramers.* 2 Bände, Beirut 1964.

Ibn Huḏail al-Andalusī: s. Mercier.

Ibn Saʿd, Muḥammad, *Kitāb aṭ-Ṭabaqāt al-kabīr. Biographien Muhammads, seiner Gefährten und der späteren Träger des Islams bis zum Jahre 230 der Flucht.* Hrsg. von Eduard Sachau, 9 Bände. Leiden 1904–1940.

Ibrahim, Yasir S., *Al-Ṭabari's Book of Jihād. A Translation from the Original Arabic.* Lewiston 2007.

Imber, Colin, *The Ottoman Empire 1300–1481.* Istanbul 1990.

İnalcık, Halil, *The Ottoman Empire. The Classical Age, 1300–1600.* London 1973.

İslâm Ansiklopedisi. İslâm âlemi, coğrafya, etnografya ve biyografya lugati. Istanbul 1941–.

Jacobshagen, Arnold / Mücke, Panja (edd.), *Händels Opern. Das Händel-Handbuch,* hrsg. von Hans Joachim Marx, Band II, Laaber 2009.

Jacobson, Abigail, *A City Living through Crisis: Jerusalem through World War I,* in: British Journal of Middle Eastern Studies (BrJMES) 36.1 (2009), S. 73–92.

Jain, Mamraj S., *Muslim Political Identity.* Jaipur u. a. 2005.

Jansen, Johannes J. G., *The Neglected Duty. The creed of Sadat's assassins and Islamic resurgence in the Middle East.* London u. a. 1986.

Jarrar, Maher, *Die Prophetenbiographie im islamischen Spanien. Ein Beitrag zur Überlieferungs- und Redaktionsgeschichte.* Frankfurt am Main 1989.

Jens, Walter, *August 1914. Die Literaten und der Erste Weltkrieg*, in: Radius-Almanach 82 (1981), S. 7 ff.

Johnson, James Turner, *The Holy War Idea in Western and Islamic Traditions*. University Park, Pa. (Pennsylvania State University Press) 1997.

Judah Ha-Levi: s. Baneth.

Julien, Charles André, *Histoire de l'Afrique du Nord : Tunisie – Algérie – Maroc*. Paris 1931.

Kafadar, Cemal, *Between Two Worlds. The construction of the Ottoman State*. Berkeley 1995.

Kahle, Paul, *Curt Prüfer* (Nachruf), in: Zeitschrift der Deutschen Morgenländischen Gesellschaft (ZDMG) 111 (1961), S. 1–3.

Kelsay, John, *Arguing the Just War in Islam*. Cambridge, Mass. u. a. 2007.

Kepel, Gilles, *Le Prophète et Pharaon. Les mouvements islamistes dans l'Egypte contemporaine*. Paris 1984.

Khadduri, Majid, *The Islamic Law of Nations: Shaybani's Siyar*. Baltimore 1966.

— *War and Peace in the Law of Islam*. Baltimore 1955.

Khoury, Adel Theodor, *Der Koran: arabisch–deutsch. Übersetzung und wissenschaftlicher Kommentar*. 12 Bände, Gütersloh 1990–2001.

— *Entretiens avec un musulman : 7. controverse / Manuel II Paléologue*. Paris 1966.

— *Polémique byzantine contre l'Islam (VIIIe–XIIIe s.)*. Leiden 1972.

Kiesling, Hans von, *Mit Feldmarschall von der Goltz Pascha in Mesopotamien und Persien*. Leipzig 1922.

Kippenberg, Hans G., *Heilige oorlogen. Godsdienstwetenschappelijke aspecten*, in: Martin Gosman / Hans Bakker (edd.), *Heilige oorlogen. Een onderzoek naar historische en hedendaagse vormen van collectief religieus geweld*. Kampen 1991, S. 18 ff.

Köbler, Gerhard, *Juristisches Wörterbuch: für Studium und Ausbildung*. 14., neubearbeitete Auflage, München 2007.

Kohlberg, Etan, *The Development of the Imāmī-Shīʿī Doctrine of jihād*, in: Zeitschrift der Deutschen Morgenländischen Gesellschaft (ZDMG) 126 (1976) S. 64–86.

Köhler, Michael A., *Allianzen und Verträge zwischen fränkischen und islamischen Herrschern im Vorderen Orient. Eine Studie über das zwischenstaatliche Zusammenleben vom 12. bis ins 13. Jahrhundert.* Berlin 1991.

Koningsveld, P. Sj. van, *Abdoel-Ghaffaar: sources for the history of islamic studies in the western world.* Bd. 1: *Orientalism and Islam: the letters of C. Snouck Hurgronje to Th. Nöldeke*, Bd. 2: *Scholarship and friendship in early Islamwissenschaft: the letters of C. Snouck Hurgronje to I. Goldziher*, Bd. 3: *Minor German correspondences of C. Snouck Hurgronje.* Leiden 1985–1987.

Krämer, Gudrun, *Geschichte Palästinas. Von der osmanischen Eroberung bis zur Gründung des Staates Israel.* München 2002.

Kramers, Johannes Hendrik, *De Koran, uit het arabisch vertaald.* 2. Auflage, Amsterdam 1956.

Krawietz, Birgit, *Hierarchie der Rechtsquellen im tradierten sunnitischen Islam.* Berlin 2002.

Krüger, Hilmar, *Fetwa und Siyar. Zur internationalrechtlichen Gutachtenpraxis der osmanischen Şeyh ül-Islâm vom 17. bis 19. Jahrhundert unter besonderer Berücksichtigung des „Behcet ül-Fetâvâ“.* Wiesbaden 1978.

Kruse, Hans, *Die Begründung der islamischen Völkerrechtslehre. Muhammad aš-Šaibānī – „Hugo Grotius der Moslimen“*, in: Saeculum 5 (1954), S. 221–241.

— *Islamische Völkerrechtslehre: Der Staatsvertrag bei d. Hanefiten d. 5./6. Jahrhundert d. H. (11./12. Jahrhundert nach Christus).* Göttingen 1953 (2. Auflage unter dem Titel *Islamische Völkerrechtslehre*, Bochum 1979).

Kulke, Hermann (et al.), *Indische Geschichte vom Altertum bis zur Gegenwart. Literaturbericht über neuere Veröffentlichungen.* Historische Zeitschrift, Sonderheft 10, hrsg. von Lothar Gall, München 1982.

Lagardère, Vincent, *Abū Bakr b. al-ʿArabī, Grand Cadi de Séville*, in: Revue de l'Occident musulman et de la Méditerranée (REMMM) 40 (1985), S. 91–102.

Landau, Jacob M., *The Politics of Pan-Islam: ideology and organization.* Oxford 1990.

Landau-Tasseron, Ella, *Is jihād comparable to just war?* in: Jerusalem Studies in Arabic and Islam (JSAI) 34 (2008), S. 535–550.

Lecker, Michael, *The "Constitution of Medina", Muḥammad's First Legal Document.* Princeton 2004.

Lewis, Bernard, *Saladin and the Assassins*, in: Bulletin of the School of Oriental and African Studies (BSOAS) 15.2 (1953), S. 239–245.

Lindner, Rudi Paul, *Nomads and Ottomans in medieval Anatolia.* Bloomington 1983.

Lindqvist, Sven, *„Rottet die Bestien alle aus". Auf den Spuren des Völkermordes*, in: Uni-Journal Jena – Juli 1999, S. 14 f.

Lohfink, Norbert, *Studien zum Pentateuch.* Stuttgart 1988.

Lohlker, Rüdiger, *Islamisches Völkerrecht. Studien am Beispiel Granada.* Bremen 2006.

Lowick, Nicholas, *The Religious, The Royal and The Popular in The Figural Coinage of The Jazira*, in: idem, *Coinage and History of the Islamic World.* Aldershot 1990, nr. IX.

Lüdke, Tilman, *Jihad made in Germany. Ottoman and German Propaganda and Intelligence Operations in the First World War.* Münster 2005.

Madelung, Wilferd / Walker, Paul E., *The Advent of the Fatimids: a contemporary Shiʿi witness. An edition and English translation of Ibn al-Haytham's Kitāb al-Munāẓarāt.* London 2000.

Malazgirt Armağanı. Türk Tarih Kurumu Basımevi, Ankara 1972.

Malik, M. Usman / Schimmel, Annemarie (edd.), *Pakistan: Das Land und seine Menschen. Geschichte, Kultur, Staat und Wirtschaft.* Tübingen 1976.

Mālik ibn Anas, *al-Muwaṭṭaʾ*. Ed. Muḥammad Fuʾād ʿAbd al-Bāqī, Kairo 1370/1951.

Mann, Thomas, *Betrachtungen eines Unpolitischen.* Berlin 1918.

Marx, Karl / Engels, Friedrich, *Aufstand in Indien.* Zsgest. und eingel. von Richard Sperl, Berlin 1978.

— *Werke.* Berlin 1956–.

Mayer, Cornelius (ed.), *Augustinus-Lexikon.* Basel 1994– (Erscheinungsbeginn 1986).

McKale, Donald M., *Curt Prüfer. German diplomat from the Kaiser to Hitler.* Kent, Ohio 1997.

— *War by Revolution. Germany and Great Britain in the Middle East in the era of World War I.* Kent, Ohio 1998.

Meier, Andreas, *Der politische Auftrag des Islam. Programme und Kritik zwischen Fundamentalismus und Reformen: Originalstimmen aus der islamischen Welt.* Wuppertal 1994.

Mejcher, Helmut / Schölch, Alexander (edd.), *Die Palästina-Frage 1917–1948. Historische Ursprünge und internationale Dimensionen eines Nationenkonflikts*. Paderborn 1981.

Melchert, Christopher, *Qurʾānic Abrogation Across the Ninth Century: Shāfiʿī, Abū ʿUbayd, Muḥāsibī, and Ibn Qutaybah*, in: Bernard G. Weiss (ed.), *Studies in Islamic Legal Theory*. Leiden 2002, S. 75 ff.

Mende, Gerhard von, *Der nationale Kampf der Russlandtürken. Ein Beitrag zur nationalen Frage in der Sovetunion*. Berlin 1936.

Mercier, Louis Charles Émile, *La Parure des Cavaliers et l'insigne des preux*. Band I: *Ḥilyat al-fursān wa-šiʿār aš-šuǧʿān de Ben Hoḏeil el Andalusy. Ed. d'après le ms. de M. Nehlil, rev. et corr. sur l'ex. de la bibliothèque de l'Escurial par Louis Charles Émile Mercier*. Paris 1922. Band 2: *Traduction française précédée d'une étude sur les sources des hippiatres arabes et accompagnée d'appendices critiques sur l'histoire du pur-sang, de l'équitation et des sports hippiques arabes, en Maghreb et en Orient par Louis Mercier*. Paris 1924.

— *Ibn Huḏail al-Andalusī: L'Ornement des âmes et la devise des habitants d'el Andalus: traité de guerre sainte islamique. Traduction française par Louis Mercier*. Paris 1939.

Mittwoch, Eugen, *Deutschland, die Türkei und der Heilige Krieg*. Kriegsschriften des Kaiser-Wilhelm-Dank 17, Berlin 1914.

Morabia, Alfred, *La notion de ğihâd dans l'Islâm médiéval. Des origines à al-Gazâlî*. Paris 1975 (Diss. Paris IV, 1974).

Morony, Michael G., *Iraq after the Muslim Conquest*. Princeton 1984.

Morris, Benny, *The birth of the Palestinian refugee problem 1947–1949*. Cambridge 1987.

Muḥāsibī, Ḥāriṯ al-, *Kitāb Fahm al-Qurʾān*. Ed. Ḥusain al-Qūwatlī, Beirut 1971.

Muir, William, *The Life of Mahomet and history of Islam, to the era of the Hegira. With introd. chapters on the orig. sources, for the biography of Mahomet, and on the pre-islamite history of Arabia*. 4 Bände, London 1858–1861.

Münch, Ingo von, *Promotion*. Tübingen 2002.

Muqaddasī, Muḥammad Ibn Aḥmad al-, *Aḥsan at-taqāsīm fī maʿrifat al-aqālīm*. Ed. M. J. de Goeje, [2]Leiden 1906.

Muranyi, Miklos, *Das Kitāb al-Siyar von Abū Isḥāq al-Fazārī. Das Manuskript der Qarawiyyīn-Bibliothek zu Fās*, in: Jerusalem Studies in Arabic and Islam (JSAI) 6 (1985), S. 63 ff.

Nagel, Tilman, *Der Koran. Einführung, Texte, Erläuterungen.* München 1983 (^{2}München 1991).

— *Mohammed. Leben und Legende.* München 2008.

— *Mohammed. Zwanzig Kapitel über den Propheten der Muslime.* München 2010.

Der Neue Pauly: Enzyklopädie der Antike. Hrsg. von Hubert Cancik, 16 Bände, , 5 Supplementbände, Stuttgart 1996–2008.

Niedermayer, Oskar von, *Unter der Glutsonne Irans. Kriegserlebnisse der deutschen Expedition nach Persien und Afganistan.* Hamburg 1925.

Norton, Robert E., *Wilamowitz at War*, in: International Journal of the Classical Tradition 15 (2008), S. 74 ff.

Noth, Albrecht, *Der a priori legitime Krieg im Islam: Hauptaspekte des islamischen Rechts zum Thema „Krieg und Frieden"*, in: Heinrich von Stietencron / Jörg Rüpke (edd.), *Töten im Krieg.* Freiburg im Breisgau 1995, S. 277–296.

— *Der Dschihad: sich mühen für Gott*, in: Gernot Rotter (ed.), *Die Welten des Islam. Neunundzwanzig Vorschläge, das Unvertraute zu verstehen.* Frankfurt 1993, S. 22–32.

— *Heiliger Krieg und Heiliger Kampf in Islam und Christentum. Beiträge zur Vorgeschichte und Geschichte der Kreuzzüge.* Bonn 1966.

Obbink, Herman Theodorus, *De heilige oorlog: volgens den Koran.* Leiden 1901.

Oberhaus, Salvador, *„Zum wilden Aufstande entflammen". Die deutsche Propagandastrategie für den Orient im Ersten Weltkrieg am Beispiel Ägypten.* Saarbrücken 2007.

Oppenheim, Max Freiherr von, *Tell Halaf.* 4 Bände, Berlin 1943–1962.

(The) Oxford Encyclopedia of the Modern Islamic World, 4 Bände, hrsg. v. John L. Esposito, New York u. a. 1995.

Palmer, Andrew, *De overwinning van het kruis en het probleem van de christelijke nederlaag. Kruistochten en Djihaad in Byzantijnse en Syrisch-Orthodoxe ogen*, in: Martin Gosman / Hans Bakker (edd.), *Heilige oorlogen. Een onderzoek naar historische en he-*

dendaagse vormen van collectief religieus geweld. Kampen 1991, S. 84 ff.

Pannewick, Friederike, *Sinnvoller oder sinnloser Tod? Zur Heroisierung des Opfers in nahöstlichen Kulturen*, in: Stephan Conermann / Syrinx von Hees (edd.), *Islamwissenschaft als Kulturwissenschaft I: Historische Anthropologie. Ansätze und Möglichkeiten.* Bonner Islamstudien, Bd. 4, Schenefeld 2007, S. 291–314.

Paret, Rudi, *Der Koran. Übersetzung.* Stuttgart 1966. *Kommentar und Konkordanz.* Stuttgart 1971.

Peters, Francis E., *Jerusalem: Holy City in the eyes of chroniclers, pilgrims and prophets from the days of Abraham to the beginnings of modern times.* 2. Auflage, Princeton 1995.

Peters, Rudolph, *Islam and Colonialism: the doctrine of jihad and modern history.* Hague u. a. 1979.

— *Jihad in classical and modern Islam: a reader.* Princeton 1996.

— *Jihad in mediaeval and modern Islam: The chapter on Jihad from Averroes' legal handbook "Bidāyat al-mudjtahid" and the treatise "Koran and fighting" by the late Shaykh-al-Azhar, Mahmūd Shaltūt.* Leiden 1977.

Pleticha, Heinrich, *Der Mahdiaufstand in Augenzeugenberichten.* Düsseldorf 1967 (Taschenbuch-Ausgabe München 1981).

Popović, Alexandre / Veinstein, Gilles (edd.), *Les Voies d'Allah. Les ordres mystiques dans l'Islam des origines à aujourd'hui.* Paris 1996.

Puin, Gerd-Rüdiger, *Der Dīwān von ʿUmar ibn al-Ḫaṭṭāb. Ein Beitrag zur frühislamischen Verwaltungsgeschichte.* Bonn 1970.

Quraishi, Salim al-Din al-, *Cry for Freedom. Proclamations of Muslim Revolutionaries of 1857.* Lahore 1997.

Rad, Gerhard von, *Der Heilige Krieg im alten Israel.* Abhandlungen zur Theologie des Alten und Neuen Testamentes 20, Zürich 1951.

— *Deuteronomium-Studien.* Göttingen 1947.

Radtke, Bernd, *De betekenis van de ṭarīqa muḥammadiyya in de Islamitische mystiek van de 18e en 19e eeuw*, in: Marjo Buitelaar / Johan ten Haar (edd.), *Mystiek, het andere gezicht van de islam.* Bussum 1999, S. 35 ff.

— *Neue kritische Gänge. Zu Stand und Aufgaben der Sufikforschung.* Utrecht 2005.

Rağabī, Muḥammad Ḥasan, *Rasāʾil ve-fatāvā-yi ğihādīya*. Teheran, Wizārat-i Iršād-i Islāmī, 1999.
Ratschow, Carl Heinz, *Lutherische Dogmatik zwischen Reformation und Aufklärung*. 2 Bände, Gütersloh 1964–66.
Reinert, Benedikt, *Der islamische Begriff des „heiligen Krieges". Ursprung und Entwicklung*, in: Fritz Stolz (ed.), *Religion zu Krieg und Frieden*. Zürich 1986, S. 89–112.
RGG[3] = *Religion in Geschichte und Gegenwart: Handwörterbuch für Theologie und Religionswissenschaft*. 3., völlig neu bearbeitete Auflage, hrsg. von Kurt Galling, Tübingen 1957–1965.
RGG[4] = *Religion in Geschichte und Gegenwart: Handwörterbuch für Theologie und Religionswissenschaft*. 4., völlig neu bearbeitete Auflage, hrsg. von Hans Dieter Betz, Tübingen 1998–2007.
Riexinger, Martin, *Sanāʾullāh Amritsarī (1868–1948) und die Ahl-i-Ḥadīs im Punjab unter britischer Herrschaft*. Würzburg 2004.
Ringgren, Helmer, *Islam, ʾaslama and muslim*. Uppsala 1949.
— *Studies in Arabian Fatalism*. Uppsala/Wiesbaden 1955.
— *The Concept of Ṣabr in pre-Islamic poetry and in the Qurʾan*, in: Islamic Culture 26/1 (1952), S. 75–90.
Ritter, Hellmut, *Dem Andenken an Carl Heinrich Becker, den Begründer dieser Zeitschrift*, in: Der Islam 38 (1963), S. 272–282.
— *Ein arabisches Handbuch der Handelswissenschaft*, in: Der Islam 7 (1916), S. 1–91.
— *al-Ḥasan Ibn Mūsā an-Naubaḫtī, Kitāb Firaq aš-Šīʿa, Die Sekten der Schīʿa*. Bibliotheca Islamica 4, Istanbul u. a. 1931.
— *La Parure des Cavaliers und die Literatur über die ritterlichen Künste*, in: Der Islam 18.1 (1929), S. 116–154.
Rodinson, Maxime, *Peuple juif ou problème juif?* Paris 1981 (2. Auflage 1997).
Rohe, Mathias, *Das islamische Recht: Geschichte und Gegenwart*. München 2009.
Rüstow, Dankwart A., *The Army and the Founding of the Turkish Republic*, in: World Politics 11 (1959), S. 513–552.
Ṣafadī, Ḫalīl b. Aibak aṣ-, *al-Wāfī bil-wafayāt*. Ed. Hellmut Ritter u. a., 30 Bände, Istanbul/Wiebaden 1931 ff.
Šāfiʿī, Muḥammad Ibn Idrīs aš-, *Kitāb al-Umm*. Beirut 1980.
Salimi, Abdulrahman al- / Madelung, Wilferd (edd.), *Early Ibāḍī Literature. Abū l-Mundhīr Bashīr b. Muḥammad b. Maḥbūb: Kitāb*

al-Raṣf fī l-Tawḥīd, Kitāb al-Muḥāraba and Sīra. Abhandlungen für die Kunde des Morgenlandes 75,Wiesbaden 2011.

Saraḫsī, Muḥammad Ibn Abī Sahl as-, *Kitāb al-Mabsūṭ*. 30 Bände, Kairo 1331/1913, Nachdruck Beirut 1406/1986.

Schabinger, Karl. E., *Schaich Salih Aschscharif Attunisi, Ḥaqīqat aldschihād, Die Wahrheit über den Glaubenskrieg. Aus dem Arabischen übersetzt von Karl E. Schabinger. Mit einem Geleitwort von Martin Hartmann und einem Bild des Schaichs*. Hrsg. von der Deutschen Gesellschaft für Islamkunde, Berlin 1915.

Schacht, Joseph (ed.), *Das Konstantinopler Fragment des Kitāb Iḫtilāf al-fuqahā' des Abū Ǧa'far Muḥammad Ibn Ǧarīr aṭ-Ṭabarī*. Leiden 1933.

Schirrmacher, Christine, *Mit den Waffen des Gegners. Christlich-muslimische Kontroversen im 19. und 20. Jahrhundert, dargestellt am Beispiel der Auseinandersetzung um Karl Gottlieb Pfanders „Mîzân al-ḥaqq" und Raḥmatullâh Ibn Ḫalîl al-'Uṯmânî al-Kairânawîs „Iẓhâr al-ḥaqq" und der Diskussion über das Barnabasevangelium*. Berlin 1992.

Schluchter, Wolfgang (ed.), *Max Webers Sicht des Islams. Interpretation und Kritik*. Frankfurt am Main 1987.

Schmidt-Dumont, Franz Frederik, *Von Altona nach Ankara. Ein hanseatisches Leben im Vorderen Orient*. Hrsg. v. Helmut Mejcher und Marianne Schmidt-Dumont, Berlin 2010.

Schubert, Hans von, *Die Weihe des Krieges*. Kriegsschriften des Kaiser-Wilhelm-Dank 19, Berlin 1915.

Schwally, Friedrich, *Das Leben nach dem Tode, nach den Vorstellungen des Alten Israel und des Judentums einschließlich des Volksglaubens im Zeitalter Christi. Eine biblisch-theologische Untersuchung*. Gießen 1892.

— *Der heilige Krieg des Islam in religionsgeschichtlicher und staatsrechtlicher Beleuchtung*, in: Internationale Monatsschrift für Wissenschaft, Kunst und Technik 10 (1916), S. 688–713.

— *Der heilige Krieg im alten Israel*. Semitische Kriegsaltertümer, Heft 1, Leipzig 1901.

Schwanitz, Wolfgang G., *Djihad „Made in Germany". Der Streit um den heiligen Krieg 1914–1915*. In: Sozial.Geschichte 18.2 (2003), S. 7–34.

Segev, Tom, *One Palestine, complete. Jews and Arabs under the British mandate.* New York, London 2000 [deutsche Übersetzung: *Es war einmal ein Palästina: Juden und Araber vor der Staatsgründung Israels.* Aus dem Amerikanischen von Doris Gerstner, München 2005].

Sezgin, Fuat, *Geschichte des arabischen Schrifttums.* Bd. I–IX, Leiden 1967–1984. Gesamtindices zu Bd. I–IX, Frankfurt am Main 1995. Bd. X–XII, Frankfurt am Main 2000.

Sezgin, Ursula, *Abū Miḫnaf. Ein Beitrag zur Historiographie der umaiyadischen Zeit.* Leiden 1971.

Sidorko, Clemens P., *Dschihad im Kaukasus. Antikolonialer Widerstand der Dagestaner und Tschetschenen gegen das Zarenreich (18. Jahrhundert bis 1859).* Wiesbaden 2007.

Sinno, Abdel-Raouf, *Deutsche Interessen in Syrien und Palästina 1841–1898. Aktivitäten religiöser Institutionen, wirtschaftliche und politische Einflüsse.* Berlin 1982.

Sivan, Emmanuel, *L'Islam et la Croisade. Idéologie et propaganda dans les réactions aux Croisades.* Paris 1968.

Smend, Rudolf, *Bibel, Theologie, Universität: sechzehn Beiträge.* Göttingen 1997.

— *Jahwekrieg und Stämmebund. Erwägungen zur ältesten Geschichte Israels.* Forschungen zur Religion und Literatur des Alten und Neuen Testaments 84, Göttingen 1963.

— *Julius Wellhausen – Ein Bahnbrecher in drei Disziplinen.* Carl-Friedrich-von-Siemens-Stiftung, Reihe „Themen", Bd. 84, München 2006.

Smith, Wilfred Cantwell, *On Understanding Islam: Selected Studies.* Den Haag 1981.

Snouck Hurgronje, Christiaan, *Mekka.* Bd. 1: *Die Stadt und ihre Herren,* Bd. 2: *Aus dem heutigen Leben.* Den Haag 1888–1889 [englische Übersetzung: *Mekka in the latter part of the 19th century: daily life, customs and learning. The Moslims of the East-Indian-Archipelago.* Transl. by J. H. Monahan, Leiden u. a. 1931].

— *Verspreide Geschriften.* 6 Bände, Bd. 1–5: Bonn u. a. 1923–1925, Bd. 6: Leiden 1927.

Steinbach, Udo, *Ḏāt al-Himma. Kulturgeschichtliche Untersuchungen zu einem arabischen Volksroman.* Wiesbaden 1972.

Stolz, Fritz, *Jahwes und Israels Kriege. Kriegstheorien und Kriegserfahrungen im Glauben des alten Israel.* Abhandlungen zur Theologie des Alten und Neuen Testaments 60, Zürich 1972.

Stürmer, Michael / Teichmann, Gabriele / Treue, Wilhelm, *Wägen und Wagen: Sal. Oppenheim jr. & Cie. Geschichte einer Bank und einer Familie.* München/Zürich 1989.

Sykes, Christopher, *Wassmuss, "the German Lawrence".* London 1936.

Ṭabarī, Muḥammad b. Ǧarīr aṭ-, *Ta'rīḫ ar-rusul wal-mulūk.* Ed. M. J. de Goeje u. a., Leiden 1879–1901.

Tessore, Dag, *La mistica della guerra. Spiritualità delle armi nel christianesimo e nell'islam.* Rom 2003 [deutsche Übersetzung: *Der Heilige Krieg im Christentum und Islam.* Düsseldorf 2004].

Thomson, Robert W., *The Armenian history attributed to Sebeos. Part I: Transl., with notes, by R. W. Thomson.* Liverpool 1999.

ThWNT = *Theologisches Wörterbuch zum Neuen Testament.* Begründet von Gerhard Kittel, hrsg. von Gerhard Friedrich, 10 Bände, Stuttgart 1933–1979 (unveränderter Nachdruck Stuttgart 1990).

Tomuschat, Christian, *Das Recht des Widerstands nach staatlichem Recht und Völkerrecht*, in: *Über die Pflicht zum Ungehorsam gegenüber dem Staat. Mit Beiträgen von Gerhard Casper, Peter von Matt, Albrecht Schöne und Christian Tomuschat. Im Auftr. des Ordens Pour le Mérite hrsg. vom Ordenskanzler Horst Albach*, Göttingen 2007, S. 60 ff.

TRE = *Theologische Realenzyklopädie.* Hrsg. von Gerhard Müller, 36 Bände, Abkürzungsverzeichnis, Gesamtregister (2 Bände), Berlin u. a. 1977–2007.

Trietsch, Davis, *Die Juden der Türkei*, in: Hugo Grothe (ed.), Länder und Völker der Türkei, Heft 8, Leipzig 1915.

Troll, Christian W., *Sayyid Ahmad Khan. A reinterpretation of Muslim theology.* New Delhi 1979.

Tuchman, Barbara Wertheim, *Bible and Sword. England and Palestine from the Bronze Age to Balfour.* London 1957 [deutsche Übersetzung: *Bibel und Schwert. Palästina und der Westen, vom frühen Mittelalter bis zur Balfour-Declaration 1917.* Frankfurt am Main 1983].

Turner, Bryan S., *Weber and Islam. A critical study.* London 1974.

Ungern-Sternberg, Jürgen und Wolfgang von, *Der Aufruf „An die Kulturwelt!". Das Manifest der 93 und die Anfänge der Kriegspropaganda im Ersten Weltkrieg*. Stuttgart 1996.

Urvoy, Dominique, *Averroès. Les ambitions d'un intellectuel musulman*. Paris 1998.

— *Sur l'évolution de la notion de Ǧihād dans l'Espagne musulmane*, in: Mélanges de la Casa de Velázquez 9 (1973), S. 335–371.

Vernet Ginés, Juan, *Alcorán. Traducción castellana de un morisco del año 1606*. Barcelona 2001.

Viguera, María J., *Las cartas de al-Gazālī y al-Ṭurṭūšī al soberano almorávid Yūsuf b. Tāšufīn*, in: Al-Andalus 42.2 (1977), S. 341–374.

Vryonis, Speros, *The Decline of Medieval Hellenism in Asia Minor and the Process of Islamization from the Eleventh through the Fifteenth Century*. Berkeley u. a. 1971.

Waardenburg, Jacobus Diederik Jan, *L'Islam dans le miroir de l'Occident : l'approche compréhensive et la formation de l'image de la religion Islamique chez quelques orientalistes occidentaux*. Den Haag 1961.

Walīyullāh Dihlawī, *Ḥuǧǧat Allāh al-bāliġa*. 2 Bände, Kairo 1952–1953 (2. Auflage 1977).

Wansbrough, John, *Obituary: Paul Wittek*, in: Bulletin of the School of Oriental and African Studies (BSOAS) 42.1 (1979), S. 137–139.

Watt, William Montgomery, *Islamic Conceptions of the Holy War*, in: Thomas Patrick Murphy, *The Holy War*. Columbus, Ohio 1976, S. 141 ff.

Weber, Max, *Wirtschaft und Gesellschaft. Grundriß der verstehenden Soziologie*. 5., rev. Aufl., mit textkrit. Erl. hrsg. von Johannes Winckelmann. 2 Halbbände und Erläuterungsband, Tübingen 1976.

Wechsel, Ruth, *Das Buch Qidwat al-Ġāzī. Ein Beitrag zur Geschichte der Ǧihād-Literatur*. Bonn 1970.

Wehr, Hans, *Arabisches Wörterbuch für die Schriftsprache der Gegenwart*. Unter Mitwirkung von Lorenz Kropfitsch neu bearbeitet und erweitert. 5. Auflage, Wiesbaden 1985.

Weippert, Manfred, *„Heiliger Krieg" in Israel und Assyrien. Kritische Anmerkungen zu Gerhard von Rads Konzept des „Heiligen*

Krieges im alten Israel", in: Zeitschrift für die Alttestamentliche Wissenschaft (ZATW) 84.4 (1972), S. 460–493.

Wellhausen, Julius, *Das Arabische Reich und sein Sturz*. Berlin 1902.

— *Skizzen und Vorarbeiten*. Heft 1–6, Berlin 1884–1899.

Wende, Erich, *C. H. Becker, Mensch und Politiker. Ein biographischer Beitrag zur Kulturgeschichte der Weimarer Republik*. Stuttgart 1959.

Wensinck, Arent J., *The oriental doctrine of the martyrs*. Amsterdam 1921.

Wieczorek, Alfried / Fansa, Mamoun / Meller, Harald (edd.), *Saladin und die Kreuzfahrer*. Begleitband zur Sonderausstellung „Saladin und die Kreuzfahrer" (2005–2006, Halle u. a.), Mainz 2005.

Wild, Stefan, *Koran, Dschihad und Moderne*, in: Berlin-Brandenburgische Akademie der Wissenschaften, Jahrbuch 2006, S. 230–241.

Williamson, Hugh G. M., *Holy, Holy, Holy. The Story of a Liturgical Formula*. Berlin 2008.

Wittek, Paul, *The Rise of the Ottoman Empire*. London 1938.

www.ingramcontent.com/pod-product-compliance
Lightning Source LLC
Chambersburg PA
CBHW070831300426
44111CB00014B/2525
* 9 7 8 3 1 1 0 2 4 5 6 9 1 *